Wie Gott die Welten schuf

Sophia Verlag Bergen

Kabir

Wie Gott die Welten schuf
und die Seelen zu Ihm heimkehren

Der indische Schöpfungsmythos nach Kabir
Übertragen und kommentiert von Wulfing von Rohr

Sophia Verlag Bergen
Wichtige spirituelle Bücher

Sophia Verlag

Wir veröffentlichen wenige, aber wichtige spirituelle Bücher, die Menschen wirklich weiterbringen. Dazu gehören klassische Grundlagentexte, die bislang bei uns wenig Beachtung fanden, echte Esoterik, mystische Gedichte und spirituelle Lebenshilfe.

Anschrift: Sophia Verlag, Angererstr. 12, D 83346 Bergen; Tel/Fax: (08662) 5842; E-Mail:wulfing@12move.de; Webseite:www.sophia-verlag.de (Unverlangte Vorschläge, Manuskripte und/oder Bildvorlagen können – weil Kleinstverlag – nicht beantwortet und/oder zurückgesandt werden, leider auch dann nicht, wenn ein frankierter Umschlag beiliegt!)

ﬄ ﬄ

Impressum
Kabir: Wie Gott die Welten schuf und die Seelen zu Ihm heimkehren – Der indische Schöpfungsmythos. Ein Klassiker der religiös-spirituellen Literatur Asiens zum ersten Mal in deutscher Sprache. Herausgegeben, übertragen aus dem Englischen ins Deutsche und kommentiert von Wulfing von Rohr

© der dt. Ausgabe bei Sophia Verlag Bergen, Wulfing von Rohr
ISBN-Nr. 3-935698-03-8 € 18

Ein Teil des Reinerlöses aus diesem Buch geht an den gemeinnützigen Verein Life Forum e.V. zur Förderung von Völkerverständigung und interreligiösem Austausch, ein anderer Teil zur Förderung der spirituellen Bildung.

Deutscher Text aufgrund der Vorlage von: „The Ocean of Love – The Anurag Sagar of Kabir", Sant Bani Ashram, Sanbornton, NH, USA; 3. Aufl. 1995; ohne ©; „Translated from the Braj by Raj Kumar Bagga with the assistance of Partap Singh and Kent Bicknell; edited with Introduction and Notes by Russell Perkins."
Lektorat: Mag. Elvira Pfeffer, Salzburg / Maria Gallinger, Hurtöst
Cover: Günter Leisering, Kunst + Grafik, Salchtweg 5a, Rottau, D 83224 Grassau; Tel. +49-8641-598611; E-Mail: Gleisering@t-online.de
Druck: WB-Druck, Im Tal 14-16, D 87669 Rieden im Allgäu; Tel. +49-8362-91020

Inhaltsverzeichnis

4. Im Bronzenen Zeitalter: Die Inkarnation als Karunamai

5. Im Eisernen Zeitalter: Die Inkarnation als Kabir

Teil IV: Die Geschichte der Zukunft

Teil V: Epilog

Anhang

꙰ ꙰

Kabirs Bedeutung für die moderne Spiritualität

„Der Weg der Mystik, die spirituelle Botschaft der Befreiung der Seele, der Bewußtwerdung und Erlösung des göttlichen Funkens, ist eine uralte Wissenschaft. Ihre Spuren finden sich im Schrifttum aller Glaubensrichtungen, aber zu voller Blüte kam sie in der uns bekannten Geschichte erst durch Kabir und Guru Nanak. Die große Tradition, die diese Meisterseelen begründet haben, wurde von den Nachfolgern Guru Nanaks fortgesetzt und an Tulsi Sahib von Hathra und von ihm an Soamiji (Shiv Dayal) aus Agra weitergegeben, ehe sie mit Baba Jaimal Singh zum Punjab zurückkam. (Sie) war über die Grenzen Indiens hinaus auch bei den größten Sufis bekannt, und historische Zeugnisse deuten darauf hin, daß sich beide Bewegungen in Indien und dem Mittleren Osten vielfach berührt und miteinander verbunden haben. Es war ein Pfad, der allen Menschen offenstand und für unsere Zeit am besten geeignet ist."
- Kirpal Singh, *Von der Gottsuche zur Verwirklichung*, Origo, S. 130f, 127f

꙰ ꙰

ﾟ⍺ ⍺ﾟ

"Kabir ist durch die Mittlerschaft der fünf Worte
nun für immer mit dem Schweigen des Formlosen vereint."

„Die Schöpfung als solche existiert nicht aus sich heraus. Das
Tatsächliche und Wahre ist immer dasselbe und unterliegt dem
Wandel nicht. Das Unbedingte kann nicht bedingt werden, wie
Unendlichkeit nicht endlich gemacht werden kann. Alles was ist,
ist das Höchste, und es kann nichts geben, was von der Absoluten
Einheit getrennt ist (getrennt davon existieren könnte). Sie proji-
ziert sich selbst in unterschiedliche Formen, welche ein Ausdruck
Ihrer Kraft sind; wenn wir sie (die Formen) jedoch nach Begriffen
von Pluralität oder Dualität und von Begrenzung wahrnehmen,
heißt das nicht, daß solche Qualitäten dem Absoluten innewohnen,
sondern daß unsere eigene Wahrnehmung durch das enge, alltäg-
liche, menschliche Bewußtsein begrenzt ist. Jener, der von *avidya* zu
vidya gelangt ist, vom Unwissen zum Wissen, erkennt die Welt des
Relativen als nur *maya* oder Illusion, und schaut das Absolute in
allem, genauso wie einer, der das wahre Wesen von Eis kennt, in
ihm nur eine andere Form von Wasser sieht. Die Kraft des Absoluten, ... die Schöpfer genannt wird, ist die Wurzelursache allen
Bewußtseins."
- Kirpal Singh, *The Crown of Life*, SK Publications, S. 124

ﾟ⍺ ⍺ﾟ

8

Einführung

Zur Einordnung des Textes in die spirituelle Weltliteratur

Die Veden und Upanishaden, der Mahabharata-Epos, die Bhagavad Gita und der Ramayana-Epos zählen zu den ältesten schriftlichen Zeugnissen über Religion und Mythologie. Auch der Pali-Kanon und andere Aufzeichnungen von Lehrreden des Prinzen Gautama, der zum Buddha wurde, gehören zu den Schätzen spiritueller Weltliteratur. Wir haben das chinesische Buch der Wandlungen, das I Ging-Weisheitsorakel, vielleicht schon selbst in der Hand gehabt und im Tao te king des Lao tse gelesen: „Das Tao, das man nennen kann, ist nicht das wahre Tao."

Sicher haben wir von der jüdischen Torah, vom Pentateuch und vom Talmud gehört. Wir kennen vermutlich einiges aus dem Neuen Testament wie Evangelien, Apostelgeschichte und Johannesoffenbarung, sind vielleicht sogar lange Zeit verschollenen Texten der Essener, den Schriftrollen aus Qumran oder denen von Nag Hammadi wie dem „Thomas-Evangelium" begegnet. Der Koran als Gotteswort, das der Erzengel Gabriel dem Propheten Mohamed offenbarte, findet heute aufgrund der notwendigen Verständigung zwischen Religionen und Kulturen stärkere Beachtung auch in der nicht-islamischen Welt. Manche werden vielleicht sogar vom Adi Granth Sahib, dem Heiligen Buch des Sikhismus, gehört haben, in dem zweiundsiebzig Heilige aus Sikhismus, aber auch Hinduismus und Islam zu Wort kommen. Selbst Texte aus anderen Epochen und Kulturen – das Gilgamesh-Epos, der Mythos von Isis und Osiris, die Edda, sind zumindest Kennern ein Begriff.

Ein herausragender und zugleich grundlegender Text der spirituellen Weltliteratur ist außerhalb seines Ursprungslandes Indien jedoch bislang praktisch unbekannt geblieben, obwohl er einen hohen und höchsten Rang im Reigen der Schöpfungsmythen und der Erlösungswege einnimmt: der *Anurag Sagar* des Kabir (Anurag Sagar: Das Meer der göttlichen Liebe). Es ist als ein Lehrgespräch zwischen dem Meister und dem Schüler angelegt, der Nachfolger des Meisters wird. Dieser Text wird hier erstmals auf deutsch vorgestellt, unter dem Titel *Wie Gott die Welten schuf und die Seelen zu Ihm heimkehren*. Es ist Russell Perkins und anderen, die die englische Ausgabe besorgt haben, besonders zu danken, daß diese deutsche Ausgabe überhaupt erscheinen kann.

Wie Gott die Welten schuf gehört neben Veden, Pali-Kanon und Talmud, neben Bibel, Koran und Adi Granth, zu den zentralen Schriften der Weltreligionen. Es ist ein einzigartiges, manches Mal auch revolutionäres Dokument einer Schöpfungssicht, einer Weltanschauung und eines Menschenbildes, das jedoch über die Schöpfungsmythologie hinaus auf einen konkreten Weg zur *unio mystica* der verlorenen Seele in diesem Leben weist. Aufmerksame LeserInnen werden im Text zahlreiche Paralellen zu Aussagen der drei abrahamitischen Religionen (Judentum, Christentum und Islam) finden. Die alles überragende Notwendigkeit der Erlösung der weltlich gebundenen Seele durch einen Heiland, Gottessohn, *Moshiach* bzw. Propheten, die existentiellen Widrigkeiten des „kleinen" Menschen in der „großen" Welt, die Schwierigkeiten von Gemüt und Psyche, die Auseinandersetzung zwischen Kräften des Lichts und des Dunkels, finden sich auch in Kabirs Schöpfungsentwurf. Den Gedanken der ständigen Wiederkehr der Seele in irdischen Körpern bis zur endlichen Erlösung, die sogenannte Reinkarnation, finden wir jedoch nicht nur in indischen Quellen, sondern durchaus auch in der Auffassung etlicher jüdischer und frühchristlicher Mystiker sowie in manchen Sufilehren.
Einiges wird also vertraut klingen, vieles jedoch neu, das meiste vermutlich durchaus faszinierend, manches aber unter Umständen sogar erschreckend. Der Herausgeber lädt die LeserInnen herzlich ein, jedoch auch dann in der Lektüre „durchzuhalten", wenn manches sehr fremd wirkt oder auch wenn die Anmerkungen den Lesefluß zu hemmen scheinen. Zumal bei dieser ersten deutschen Ausgabe mochte der Herausgeber auf Erläuterungen nicht ganz verzichten, um ein besseres Verständnis des religiösen und gesellschaftlichen Hintergrundes dieses Textes zu fördern.

Biographische Notizen zu Kabir

Kashi, einer der angeblich heiligsten Orte Indiens, der am angeblich heiligsten Fluß Indiens liegt, dem *Ganges*, ist uns im Westen besser vertraut unter dem englischen Namen *Benares*. Es hieß eine Zeit lang auch *Varanasi*. Pilger aus ganz Indien ziehen hierher, um einmal in den Wassern der "Mutter Indiens" einzutauchen, in Wasser, die nach westlichen Verhältnissen unsäglich verschmutzt sind. Wundersam und wissenschaftlich ungeklärt ist und bleibt, daß diese schmutzige Brühe keineswegs zu Epidemien führt, sondern zur subjektiven seelischen Erhebung. Müßten nicht, wenn die Wasser tatsächlich so heilig sind, alle Fische und Tierchen darin auch erlöst werden?

An diesem Ort tauchte 1398 ein Neugeborenes auf, das von einem kinderlosen muslimischen Ehepaar, *Nima* und *Niru*, an Sohnes statt angenommen und aufgezogen wurde. Es erhielt den Namen *Kabir* und sollte zum bedeutendsten Meister Indiens werden. Auch heute noch wird das Auftauchen von Kabir zumindest in Indien als Wendepunkt des *Kali Yuga*, des dunklen Zeitalters, betrachtet und sein Wirken, sein Leben und seine Lehren, als Auftakt zur Ära der modernen Spiritualität.

Obwohl es im Islam keine Kasten gibt, blieben nach den Massenübertritten von Hindus, die von den Moghulkaisern erzwungen wurden, die Hindukasten oft bestehen. Kabir gehörte zur *Julaha*-Kaste, der Kaste der Weber. Diesen Beruf erlernte er auch von seinem angenommenen Vater und übte ihn zeitlebens aus. Er selbst sagte über sich, "Ich stamme aus einer niederen Gemeinschaft, meine Kaste ist *Julaha*; ich habe nur einen Vorzug, und das ist *Naam*." ("Naam" bedeutet "Heiliger Geist", WORT, siehe Glossar.)

Dieser Kabir offenbarte sich im Verlauf seines Lebens immer mehr als ein großer Geist und Weiser, der von Hindus und Muslimen gleichermaßen als Prophet und Heiliger erkannt und anerkannt wurde. Die Geschichten über ihn sind Legion. Sie erzählen von Wundern über Wundern, und sie berichten davon, wie Kabir die dogmatisch erstarrten Religionen mit ihren sinnentleerten Ritualen anprangerte und die nur auf Reichtum und Ruhm bedachten Priester als eitle Hohlköpfe bloßstellte.

Kabir wandte sich gegen Idolverehrung und äußerliche Riten, gegen das bezahlte Priestertum und den geistigen Vorrang von vermeintlich weltabgeschiedenen Wegen zur Erleuchtung. Sein Weg zur höchsten Spiritualität war (und ist) der Weg der Erweckung der Seele für ihren göttlichen Ursprung, für ihr ganz eigenes Bewußtsein und ihre ganz eigene Wahrnehmungsfähigkeit ohne die begrenzten Sinnesorgane und weit über sie hinaus, sowie der Rückweg dieser erwachten Seele über alle irdischen und überirdischen Formen in die rein geistige Heimat der Schöpferkraft.

Sowohl Erweckung der Seele wie Rückkehr in die Heimat ist nur in Verbindung mit *Naam, Shabd, Bani, Wort, Sphärenmusik* oder *Heiligem Geist* möglich, wie immer man diese unsichtbare, jedoch höchst machtvolle Kraft nennen möge. Die Verbindung mit ihr erhält man durch eine andere Seele, die bereits voll erwacht oder "erleuchtet" ist, und die als Lehrer, Meister und "Reiseleiter" durch die inneren Ebenen fungiert. Auch Kabir hatte übrigens der Tradition entsprechend einen eigenen lebenden Meister, nämlich *Ramananda*.

Kabir war mit *Loi* verheiratet, die auch als seine Schülerin galt; sie hatten den Sohn *Kamal* und die Tochter *Kamali*. Er lebte vor, daß Familienleben und Beruf, um den Lebensunterhalt zu sichern, der spirituellen Selbstverwirklichung und Gotterkenntnis nicht widersprach. Während in Indien weithin der (Aber-)Glaube gilt, daß "automatisch" Erlösung derjenige erlange, der in Kashi sterbe, legte Kabir Wert darauf, vor seinem Tod 1518 in das berüchtigte *Magahar* zu ziehen und dort seine sterbliche Hülle abzulegen. Nicht nur gab er damit die so begehrte "Chance" auf, in Kashi hinzuscheiden, sondern durch sein Sterben in Magahar führte er den damals ebenfalls verbreiteten Aberglauben *ad absurdum*, daß wer in Magahar sterbe, geradewegs in die Hölle marschiere.

Kabirs Lehren und Aussprüche, oft in Gedichtform, wurden von ihm selbst, der aller Forschung nach selber gar nicht lesen oder schreiben konnte, mündlich überliefert. Man findet sie heute vor allem in zwei Niederschriften, im *Guru Granth Sahib* oder *Adi Granth*, dem heiligen Buch der Sikhs, und im *Anurag Sagar*. Die "Bibel" der Sikhs ist übrigens in vielerlei Hinsicht ungewöhnlich, vor allem darin, daß sie Lehren und Aussprüche von Heiligen aus unterschiedlichen Religionen enthält und auch von solchen Weisen, die keiner Religion angehörten.

"Anurag Sagar", das "Meer der Liebe", so eine Übersetzung des Begriffs, ist die göttliche, unwandelbare, unbegrenzte und ewige Wirklichkeit. Gleichzeitig ist dies der Titel des Hauptwerks von Kabir, in dem er aus seiner eigenen inneren Schau darlegt, wie die Schöpfung entstand, wer "Gott" ist, wer "Luzifer" ist, warum dieser „Fürst der Welt" überhaupt wirken kann, wer die Seelen sind und was der Sinn des menschlichen Lebens ist. Dieses Werk erscheint nun erstmalig auf deutsch im Sophia Verlag, um den Text hierzulande überhaupt bekannt zu machen. Der vorgelegte Text kann eine künftige philologisch, historisch und theologisch-exegetisch kritische Ausgabe selbstverständlich nicht ersetzen.

☙ ❧

Hinweise zur englischen Vorlage und zur deutschen Übersetzung

Namen: Die *englische* Vorlage behält eine Vielzahl von Namen aus dem Sanskrit bei, die den indischen Vorlagen entsprechen. Dabei tragen manche handelnden Gestalten (Gott, „Luzifer", Lichtmeister) oft wechselnde unterschiedliche Bezeichnungen. Die *deutsche* Ausgabe führt in der Regel nur einen Namen für ein und dieselbe Gestalt an, um die Lesbarkeit zu erleichtern. Das gilt vor allem für Gott (im Text meist als Sat Purush bezeichnet), für Kal (auch Kal Niranjan, Dharam Rai, Nirankar und Yama

13

genannt; der nach den abrahamitischen Religionen Belial, Scheitan, Iblis, Luzifer heißt und dem „Fürsten der Welt" entspricht), für Naam (Heiliges Wort, Heiliger Geist, Shabd(a), unsichtbare kosmische Wirkkraft), und für die „Urfrau" Adhya (auch als Bhavani, Ashtangi etc. bezeichnet).

Fußnoten: Der deutsche Herausgeber bietet Fußnoten an, und hat sie aus Gründen der besseren Lesbarkeit nicht an das Ende des Gesamttextes, sondern unten auf die zugehörigen Seiten gestellt. Manche LeserInnen würden vielleicht weitere Fußnoten wünschen, andere mögen etliche für überflüssig halten. Für Korrekturen und Hinweise, auch diesbezüglich, ist der Verlag im Hinblick auf kommende Ausgaben dankbar.

Klammern: Alle (Worte in Klammern) im laufenden Text stammen vom Übersetzer und sind als sprachliche und manchmal auch inhaltliche Verständnishilfen gedacht, um zusätzliche Fußnoten zu vermeiden.

idV: Abkürzung für „in der englischen Vorlage"; taucht in Fußnoten auf.

Texttreue: Keine Übersetzung kann dem Original gerecht werden, zumal bei einer Übersetzung aus einer anderen Übertragung, die wiederum auf verschiedene Textversionen mündlicher Überlieferungen zurückgeht. Da Kabirs Schöpfungsmythos bislang in deutscher Sprache nicht existiert hat, legt der Sophia Verlag diese Fassung als eine erste Arbeitsgrundlage vor, die, auch wenn es keine wissenschaftlich-kritische Ausgabe ist, jedoch dem spirituellen Kern hoffentlich gerecht wird.

Überschriften: Überschriften stammen teils aus der englischen Vorlage, teils vom Herausgeber der deutschen Ausgabe.

Der Text ist teilweise schwierig-dunkel, deshalb hat sich der Herausgeber entschlossen, im Zweifelsfall an der englischen Vorlage zu bleiben, auch wenn sich Eloquenz oder Eleganz der Sprache dabei nicht einstellen will. Allerdings besitzt auch die englische Vorlage diese nicht, und über die verschiedenen Fassungen in indischen Sprachen wissen wir nicht genug. Eine Besonderheit ist, daß der Begriff „machen", zum Beispiel in „Kal makes the souls believe ..." wirklich als „machen" übersetzt wird, und nicht als „veranlassen" oder „lassen", weil sonst die aktive Handlung der Täuschung nicht deutlich würde: im Beispiel also „Kal macht die Seelen glauben" und nicht „Kal läßt die Seelen glauben".

14

Teil I: Prolog

Hymne über Gottes Gnade

Zuallererst grüße ich den Sat Guru, der mir den unfaßbaren Gott[1] gezeigt hat, der, indem er das Licht der Weisheit des Meisters entzündet und den Schleier fortgenommen hat, mich Gott schauen ließ.[2] Mit des Meisters Gnade habe ich Ihn erreicht, Jenen, den zu erreichen Gelehrte hart gearbeitet haben. Seine Form kann nicht beschrieben werden; Seine Seele ist der Nektar, in den ich mich selbst vertieft habe.

Der Meister ist ein Meer der Gnade, er gießt Gnade über die Elenden aus. Wenige sind es, die sein Geheimnis kennen: Er manifestiert sich selbst in jenen, die Ihn erkennen.[3]

Nur der Wissende, der das Wort[4] prüft und den Lehren mit voller Aufmerksamkeit lauscht, und in dem diese Lehren ihre Wohnstatt nehmen, nur der wird dies verstehen. Nur jener, in dem sich die Sonne des Wissens offenbart und die Dunkelheit der Verstrickungen löst, nur der wird dies verstehen. Ich sage euch, daß nur seltene Heilige diesen Text Anurag Sagar[5] verstehen werden. Jeder gebildete Heilige, der meine Worte überdenkt und Liebe in seinem Herzen trägt, wird Befreiung erlangen.[6]

Die Zeichen eines Liebenden[7]

Dharam Das sprach: O Sat Guru, in dem ich meine Hände falte, bitte ich dich, kläre bitte diesen meinen Zweifel auf: Wie erkenne ich jemanden, in dem sich Liebe offenbart? Wie sieht ein Gottliebender aus? Ohne Liebe kann die Seele[8] nicht befreit werden – o mein Gott, berichte mir über eine solche Liebe und gib mir Beispiele, um sie zu erläutern.

---

[1] idV: *Agam Purush*; bezieht sich auf den ersten Ausdruck des absoluten Gottes *Anami Purush* auf der siebenten inneren Ebene. *Sat Guru:* siehe Glossar

[2] idV: mich Seinen *Darshan* haben ließ; Darshan: Gnadenblick eines Heiligen.

[3] Gemeint ist, daß sich Gott in Heiligen und Meistern manifestiert.

[4] idV: *Shabda:* „Wort" wie im Johannes-Evangelium, „Heiliger Geist", Tonstrom, Naam, die „positive Kraft" Gottes oder von Sat Purush

[5] Anurag Sagar: Titel dieser Beschreibung des Schöpfungmythos nach Kabir; eine Übersetzung lautet „Meer der Liebe"

[6] idV: *Nirvana*; hier ist jedoch nicht der buddhistische Begriff gemeint

[7] idV: Liebender; gemeint ist Gottliebender

[8] idV: *jiva:* Seele; auch verkörperte, noch nicht erwachte Seele

Der Sat Guru sprach: O Dharam Das, ich werde dir die Eigenschaften eines Gottliebenden erklären; höre mir aufmerksam zu, damit du sie erkennen kannst.

Von der Musik berauscht, läuft das Reh und kommt zum Jäger. Es hat keinerlei Angst, noch nicht einmal, wenn es seinen Kopf opfert. Wenn es die Musik hört, opfert es sein Leben – ein Gottliebender sollte das gleiche tun. Ein Gottliebender sollte wie eine Motte sein, die zum Licht fliegt.

O Dharam Das, höre weitere Beispiele und manifestiere (du) das Wort des Sat Gurus.[9] O Dharam Das, da ich die Wirklichkeit kenne, berichte ich dir über Liebe.

Jene, die über Naam[10] auf eine solche tiefe Weise meditieren, daß sie ihre Familie vergessen, die keine Bindung an Sohn und Frau haben, und die dieses Leben als Traum erkennen, sind wahre Gottesliebende.

Bruder, das Leben in dieser Welt ist sehr kurz, und am Ende des Lebens hilft diese Welt nicht. In dieser Welt wird die Frau am meisten geliebt; noch nicht einmal die Eltern werden so sehr geliebt. Aber die Frau, für die man sein Leben opfert, hilft zum Zeitpunkt des Todes nicht. Sie weint um ihrer selbst und geht sogleich in das Haus ihrer Eltern (zurück). Kinder[11], Verwandte und Besitz sind Träume: mein Rat für dich lautet also, das Heilige Wort[12] zu erlangen. Nichts wird uns am Ende begleiten – noch nicht einmal der Körper, den wir so sehr lieben.

Bruder, ich sehe keinen, der uns am Ende der Zeit befreien kann außer dem Einem, den ich beschreiben werde, und den zu lieben

---

[9] Kabir spricht über das Beispiel von Sati, der Witwenverbrennung, als Gleichnis für absolute Vereinigung; es erscheint dem dt. Hrsg. jedoch als zweifelhaft, ob es sich dabei um ein authentisches Kabir-Zitat handelt.

[10] *Naam:* Wort; siehe auch Fußnote 4

[11] idV: Sohn, da in der alten indischen Gesellschaft Söhne besonders begehrt waren; gemeint sind die Menschen, an denen man sehr hängt.

[12] idV: *Sat Naam;* siehe auch Fußnote 4

dein Trachten erfüllen wird. Der Sat Guru ist der einzige, der uns befreien kann; betrachte das als wahr. Indem er Kal besiegt, nimmt er die Seele auf die bewegungslose Ebene[13], wo Sat Purush weilt. Wenn man dorthin gelangt, findet man unendliche Glückseligkeit und wird davon befreit, in diese Welt zurückzukehren.

Wer vermag diese Ebene zu erreichen? Einer, der den Pfad der Wahrheit erklimmt und meinen Worten glaubt, wie ein Krieger, der vorwärts in den Kampf marschiert und sich nicht darum kümmert, was hinter ihm liegt; werde also wie der Krieger (...) und nimm das Wissen des Pfades (der Wahrheit) vom Heiligen an. Nimm Zuflucht im Sat Guru und befreie dich vom Leiden Kals, indem du dich zum Mritak entwickelst.

Wer ist ein Mritak (gestorbener Lebender)?

Dharam Das sagte: O mein Gott, berichte mir über die Eigenschaften eines Mritak, damit das Feuer, das in meinem Gemüt lodert, gelöscht werden möge. O Wolke voller Nektar, erkläre mir: wie kann dieses Leben sterben?

Kabir sprach: Dharam Das, das ist eine verwickelte Angelegenheit. Nur wenige können das von einem vollkommenen Meister erlernen. Jene, die den Heiligen als Mritak dienen, werden schließlich – indem sie das Wort ergreifen – den Pfad zu Gott erreichen. Genauso wie das Insekt, welches mit dem Bringhi[14] in Berührung gelangt, dessen Körper entwickeln. Das Bringhi greift das Insekt mit seinem Ton an, und wer dessen Klang auffängt, wird vom Bringhi in dessen Heim gebracht, wo es sich in dessen Gestalt verwandelt. Das Insekt, das den Ton des Bringhi auffängt, wird selbst zum Bringhi. Manche fangen es beim zweiten Versuch auf, manche beim dritten,

---

[13] idV: *Achival* = bewegungslose Ebene; die spirituelle Schöpfung von *Sat Lok* oder *Sach Khand*, „Wohnstatt der Wahrheit" bzw. „Heimat der Seelen" an aufwärts (s. Glossar).

[14] *Bringhi*: ein Insekt mit eigentümlichen Eigenschaften, das andere Insekten fast tötet, sie dann aber wieder zum Leben erweckt, nun aber als neue „Bringhis". Sant Kirpal Singh sagte ldV dazu: „In genau derselben Weise sagt Kabir, daß jemand, der Simran (Wiederholung von Namen Gottes, die durch eine Meisterseele besonders „geladen" sind) ausführt und sich darin tief verwurzelt, eine neue Geburt und ein neues Leben erlangt, das sich vom früheren Leben auf der Ebene der stark begrenzten Sinne unterscheidet."

und – indem sie (den eigenen) Körper und (das eigene) Gemüt aufgeben – erlangen sie die Form des Bringhi. Das Insekt, das den Klang des Bringhi nicht auffängt, bleibt ein gewöhnliches Insekt wie zuvor. O Dharam Das, der Schüler sollte das Wissen des Meisters empfangen, wie das Insekt den Ton des Bringhi auffängt.

Den Menschen, der entschlossen ist, die Lehren anzunehmen, den mache ich zu meiner eigenen Form: Die Seele, die keine Dualität (mehr) hat, erkennt mich. Nur jener Mensch, der den Worten des Meisters vertraut, wird zum Bringhi. Wenn die Krähe mit dem Wort verschmilzt und all ihr Begehren hinter sich läßt, wird sie zum Schwan[15].

Jener Mensch, der den Weg der Krähe verläßt und sich in das wahre Wort im Inneren einläßt und Perlen ißt, der sein Leben Gott[16] weiht, indem er dem Pfad folgt, der von den Meistern gezeigt wird, dieser Mensch ist ein Schwan.

Hört, ihr Heiligen, vom Wesen des Mritak; selten sind jene, die den Pfad Gottes praktizieren. Hört mehr von den Eigenschaften des Mritak: Ein Mritak dient dem Sat Guru. Ein Mritak offenbart Liebe in der Seele, und wenn sie diese Liebe empfängt, erlangt die Seele Befreiung.

Die Erde verletzt keinen – seid ihr so wie sie. Manche setzen Sandelholzbäume in sie hinein, andere werfen Schmutz auf sie nieder – und doch haßt sie immer noch keinen. Auch ein Mritak haßt keinen – ein Mritak ist sogar glücklich, wenn man sich ihm widersetzt. Höre von noch mehr von den Eigenschaften eines Mritak und schreite auf den Pfad, den der Meister zeigt, nur nachdem du ihn überprüft und verstanden hast. Wenn der Bauer Melasse aus Zukker herstellt, schneidet er das Zuckerrohr in Stücke; dann wird es in der Presse zerstoßen und der Saft wird im Kessel erhitzt. Nach dem Kochen des Saftes wird Melasse gemacht, und wenn man

---

[15] idV: *Hansa*, mythologischer Schwan, der sich von Perlen ernährt; auch Synonym für die Seele, die von Karma, Maya und Reinkarnation befreit ist - vgl. z.B. Param-Hansa Yogananda; „Perlen" ist wohl als „spirituelle Speise", „Manna", Elixier zu verstehen.

[16] idV: Sat Purush

diese kocht, erhält man Rohzucker. Wenn der Rohzucker erhitzt wird, erhält man verfeinerten Zucker. Wenn der Zucker nochmals gebrannt wird, erhält man Kandiszucker.

Kabir sagt: Aus Kandiszucker werden Süßigkeiten gemacht, die jedermann gern mag. Wenn der Schüler auf die selbe Weise alle seine Leiden erträgt, kann er – mit der Gnade des Meisters – leicht das Meer des Lebens überqueren.

Wie wird man zu einem „gestorbenen Lebenden"?

Dharam Das, die Eigenschaften eines „gestorbenen Lebenden" zu entwickeln ist schwer; nur eine tapfere Seele vermag dies zu tun. Der Feigling kann sich das noch nicht einmal anhören. Er rennt fort und fühlt sich, als ob sein Körper und Gemüt[17] brennen würden.

Nur jene Schüler, um die sich der Meister kümmert, können an Bord des Schiffes des Wissens des Meisters gehen. Und das ist wahr: Jener, der dieses Wissen erhält, wird mit Sicherheit in seine ewige Heimat gehen.

Nur jener, der zum „gestorbenen Lebenden" wird, ist ein Weiser[18] und nur er wird den Sat Guru erkennen. Er (der Weise) löst sich von allen Illusionen und selbst die Götter sind ihm untertan. O Dharam Das, der Pfad des Weisen ist sehr schwierig. Jener, der als ein „gestorbener Lebender" lebt, ist ein vollkommener Weiser. Jener Mensch, der die fünf Sinnesorgane beherrscht hat und den Nektar von Naam, den Nektar des heiligen Wortes, Tag und Nacht trinkt, ist ein Weiser.

Die Beherrschung der Sinnesorgane

Zuallererst beherrsche die Augen, und meditiere über das Naam[19], das du vom Meister erhalten hast. Die bezaubernde Gestalt Gottes zu betrachten ist die einzige (angemessene Form der) Anbetung für

---

[17] Gemüt: im Englischen *mind*, womit nicht etwa Geist im spirituellen Sinn, sondern Gefühl und Verstand, Spüren und Denken gemeint sind.

[18] idV: *Sadhu;* hier bezieht sich der Begriff auf eine Seele, die in die inneren Ebenen aufgestiegen ist bzw. emporgenommen wurde.

[19] bezieht sich auf Initiation (siehe auch Glossar) durch einen Lichtmeister und die Verbindung mit dem inneren Licht und Klang, bzw. Heiliges Wort, Naam etc.

diese Augen; sie sollten nach nichts anderem gelüsten. Wenn jemand „schön" und „häßlich" als dasselbe begreift, und die irdischen Körper nicht betrachtet, erfreut er sich immerwährenden Glücks.

Die Ohren sollten es mögen, gute Worte zu hören, und sollten es nicht mögen, schlechte Worte zu hören; wer aber beides erträgt – gute wie schlechte Worte – trachtet danach, daß das Wissen des Meisters in seinem Herzen bleibt.

Die Nase wird von angenehmen Düften beherrscht, die klugen Heiligen halten sie jedoch unter Kontrolle.

Die Zunge möchte angenehme Dinge schmecken: sauer, süß und köstliche Gaumenfreuden. Der „gestorbene Lebende" kennt jedoch keinen Unterschied zwischen schmackhaften und geschmacklosen Dingen. Er wird nicht erregt, selbst wenn man ihm die fünf Nektare bringt. Er lehnt keine Speise ohne Salz ab und nimmt liebevoll alles an, was man ihm auch reichen mag.

Lust: Das (männliche Geschlechts-)Organ ist bösartig und sehr sündig[20]. Lust wird nur von wenigen besiegt. Eine lüsterne Frau ist die Grube von Kal[21]. Gehe aus ihrer Gegenwart und werde zum Erkennenden des Gurus. Wann immer die Welle von Lust kommt, sollte man sich selbst aufwecken. Man sollte seine Aufmerksamkeit auf das Heilige Wort richten, still bleiben, und den Nektar von Naam trinken. Wenn ein Mensch in das eintaucht, was ohne Elemente ist, wird die Lust beendet sein.

Lust ist eine mächtige, gefährliche, negative Kraft, die Leiden verursacht, die (sogar) Götter, Munis, Yakshas und Ghandharvas[22] der Geschlechtslust frönen ließ. Alle von ihnen wurden ausgeplündert – nur wenige, die entschlossen in ihrem (höheren) Wissen blieben, wurden gerettet. Jene, die das Licht des Wissens des Sat Gurus erhalten haben und mit Ihm sind, haben das Geheimnis des Pfades (erkannt).

---

[20] sündig: alles was den Menschen vom göttlichen Ursprung und vom göttlichen Ziel fernhält oder trennt bzw. absondert.
[21] gilt für Männer umgekehrt sicher ebenso; Grube: idV „Mine" = ergiebiges „Bergwerk".
[22] diverse spirituelle bemühte Seelen.

Erleuchte dein inneres Selbst mit dem Licht des Wissens. Meditiere über das Heilige Wort des Sat Gurus und der Dieb der Dunkelheit wird davonlaufen.

Der mythische Anul-Vogel[23]
Mit der Gnade des Meisters wird die Seele „Weiser" genannt und kehrt, indem sie wie der Anul-Vogel wird, in ihre ewige Heimat zurück. Dharam Das, verstehe diese Worte: Ich berichte dir über den Anul-Vogel, der im Himmel lebt und Tag und Nacht (nur) von der Luft getragen wird.

Der (weibliche) Anul-Vogel vollzieht den Geschlechtsakt über die Augen und wird so schwanger. Sie legt ihre Eier im Himmel, wo es keinen Halt für sie gibt. Das Ei wird gepflegt, während es fällt; noch im Himmel schlüpft der junge Vogel; auf dem (weiteren) Weg öffnet er seine Augen und auf dem Weg entfaltet es seine Flügel. Wenn das Junge schließlich auf der Erde ankommt, erkennt es, daß dies nicht seine Heimat ist – und indem es dies erkennt, schwingt es sich empor und fliegt dorthin, wo seine Eltern leben.

Der Anul-Vogel kommt nicht (selbst) herunter, um das Junge zurück zu bringen – dieses kehrt allein heim und begibt sich auf den Weg. In dieser Welt leben viele Vögel, aber nur sehr wenige unter ihnen sind Anul-Vögel. Solche Vögel sind selten, und selten sind Seelen, die ganz in Naam eintauchen. Wenn die Seele diesen Pfad praktizieren kann, kann sie zurück in die Heimat der Seelen[24] gehen und über Kal triumphieren.

Wenn ein Mensch nur beim Sat Guru Zuflucht sucht und nur ein Verlangen aufrecht erhält – das nach Naam; wenn ein Mensch sich Tag und Nacht im Dienst[25] des Sat Gurus hält, und kein Verlangen

---

[23] das Folgende ist ein psychologisch-spirituelles Gleichnis, natürlich keine biologisch-wissenschaftlich gemeinte Aussage.
[24] idV: *Sat Lok* = wörtlich „Wohnstatt der Wahrheit"; identisch mit *Sach Khand*, eben „Heimat der Seelen".
[25] hier ist nicht etwa persönlicher Dienst für den äußeren Meister gemeint, sondern „Dienst" am inneren Meister, dem „Heiligen Geist", durch Meditation und liebevollen selbstlosen Dienst für Mensch und Schöpfung.

nach Reichtum und Besitz hegt, wenn er Kinder, Ehepartner und alle Freuden vergißt[26] und sich den Lotosfüßen[27] des Sat Gurus verbunden hält – dann wird dieser Mensch wie ein Anul-Vogel. Mit der Gnade des Sat Gurus erlangt er Erleichterung von der unerträglichen Not (des Erdenlebens) und erlangt die Heimat der Seelen. Wenn man die Erinnerung des Meisters aufrecht erhält, in Gedanken, Worten und Taten, und wenn man den Anordnungen des Meisters folgt, gibt der Meister das Geschenk der Befreiung und vereint mit Naam.

Solange die Seele nicht in Naam eintaucht, wandert sie in der Welt umher. Wenn sie über den Formlosen meditiert und in Naam eintaucht, werden alle ihre Zweifel vergehen. Auch wenn sie nur einen Augenblick lang in Naam eintaucht, kann die Großartigkeit von Naam nicht beschrieben werden.

Jeder spricht von Naam oder dem Wort, aber nur wenige erlangen das formlose Naam. Selbst wenn man viele Zeitalter hindurch in Kashi[28] lebt, kommt man ohne das ursprüngliche Naam (doch) in die Hölle. Nimkhar, Badri Dham, Gaya oder Prayag: selbst wenn man an diesen heiligen Orten badet und zu allen sechsundachtzig Wallfahrtstätten pilgert, wird ohne das ursprüngliche Naam die Illusion doch nicht vergehen können. Was kann ich sonst noch über Naam sagen, dessen Wiederholung (bzw. bewußte Erinnerung daran) die Angst vor dem Todesengel vergehen läßt.

---

[26] ähnlich wie oben ist das nicht äußerlich zu verstehen, sondern es geht um die innere Gelöstheit; die Lichtmeister Sant Kirpal Singh und Sant Darshan Singh sprachen in diesem Zusammenhang von „positiver Mystik", die alle irdischen Beziehungen achtet und liebevoll pflegt, und gleichzeitig den Geist auf die ewige Quelle, auf Gott, ausgerichtet bleiben läßt.

[27] nicht die körperlichen Füße des äußeren Lehrers, sondern das Licht, das vom Lichtmeister auf den inneren Ebenen ausstrahlt und die Seele führt.

[28] Kashi: hieß auch Benares oder Varanasi; gilt als „heiligste" Stadt Indiens; wer dort stirbt, erlangt angeblich Erlösung; Kabir wendet sich hier (wie noch mehrfach später) gegen jede Form von Aberglauben.

Wer *Sat Naam*[29] vom Sat Guru erhält, gelangt nach Sat Lok, in die Heimat der Seelen, indem er am Seil von Naam (Heiliges Wort) empor klettert. Der Richter der Seelen[30] verneigt seinen Kopf vor dem, dessen Seele mit dem Unstofflichen eins wird.

Das ursprüngliche Heilige Wort ist eine körperlose Form. Das ursprüngliche Wort ist bezaubernd schön, ohne Worte. Der Körper besitzt Elemente und Natur - das ursprüngliche Naam ist ohne Elemente und körperlos. Man spricht zwar in allen Ecken (der Welt) über das Wort – aber nur das ursprüngliche Wort kann die Seelen befreien.

Das Wort Gottes ist das ursprüngliche Naam, und der Simran[31] von Gott (die rein geistige Wiederholung ursprünglicher Gottesnamen) ist die Erkenntnis des ursprünglichen Naams. Vor einem Menschen, der im ursprünglichen Wort eintaucht, ohne Worte mit der Zunge zu wiederholen[32], hat sogar Kal Angst.

Der Pfad des ursprünglichen Naams ist fein, leicht und vollkommen, aber nur der Tapfere kann ihm folgen. Dabei handelt es sich weder um ein (irdisches) Wort, noch um ein Mantra, noch um ein Gebet. Es ist (vielmehr) etwas Vollkommenes, mit dem man, wenn man es erlangt, Kal besiegen kann.

Die Stütze der Seele ist im (bewußt gewordenen) Kopf, und nun werde ich dir über die Erkenntnis von Naam berichten. Der Mensch, der mit der geistigen Wiederholung (der Gottesnamen) verbunden wird, wird den Lotos mit unendlich vielen Blütenblättern[33] sehen. Wenn man das (dieses) Astraltor erreicht, gelangt man (schließlich) auf dem wahren Pfad nach Agam und Agochar[34]. Das innerste Selbst des Menschen – wo Gott selbst wohnt – wird er-

---

[29] *Sat Naam*: das wahre Wort, das ursprüngliche Naam, die rein geistige Kraft der sich zum Ausdruck bringenden, positiven Schöpferkraft, welche die Seele zu ihrem Ursprung zurück bringen kann.

[30] idV: *Dharam Rai*, der Richter jener Seelen, die nicht aus den niederen Ebenen herausgelangen; anderer Name für Kal.

[31] mehr zu *Simran*: siehe Glossar.

[32] gemeint ist bloß rituelles Mantra-Sprechen.

[33] lichtstrahlender „tausendblättriger Lotus" der Astralebene.

[34] noch höhere, rein spirituelle Ebenen.

leuchtet. Indem die Seele Ihn erkennt, geht sie zu Ihm – und Er führt die Seele zu ihrem Ursprung.

Die Seele ist vom selben Wesen wie Sat Purush (=Gott) und wird auch Jiva-Sohang[35] genannt. Dharam Das, du bist ein weiser Heiliger. Erkenne jenes Naam, das Befreiung verleiht.

Meditationspraxis

Wiederhole im Bewußtsein (rein geistig, „mit der Zunge der Gedanken") die (ursprünglichen) Gottesnamen und überprüfe sie mit der Gnade des vollkommenen Meisters. Indem du die Schwingen des Gemüts stille hältst, schaue das Wort, und indem du dein Gemüt übersteigst, beende dein Karma. Gelange zum Ort, wo der Klang ohne Zunge und Kehle geschaffen wird und wo sich der Rosenkranz ohne Hände und Finger bewegt: Indem du in das ursprüngliche Naam eintauchst, gehe ein in die Welt der Unsterblichkeit.

Die Herrlichkeit des Unbegreifbaren ist unendlich – Millionen von Sonnen und Monde strahlen nicht so hell wie ein Haar (Gottes). Die Leuchtkraft einer Seele ist so hell wie das Licht von sechzehn Sonnen.

Dharam Das frohlockt: O Gott, zu Deinen Füßen werfe ich mich nieder. Indem Du meine Leiden beseitigt hast, hast Du mich glückselig gemacht. Wenn ich Deine Worte höre, bin ich so glücklich wie ein Blinder, dem man das Augenlicht geschenkt hat.

Kabir sprach: Dharam Das, du bist eine reine Seele, die durch die Begegnung mit mir ihre Not aufgelöst hat.[36] So, wie du mich geliebt und Besitz, Heim und Kinder verlassen hast, auf dieselbe Weise werden die (später noch folgenden) Schüler das tun und ihr Gemüt mit Entschlossenheit an die Füße des Meisters heften[37], und sie werden Liebe für die Füße des Meisters offenbaren, und Körper,

---

[35] *Jiva-Sohang*: „Seele-Ich bin Du"; Erkennen der Einheit von Gott und Seele; siehe in der Bibel Paulus Aussage, „Ich lebe, aber jetzt nicht ich, sondern Christus lebt in mir".

[36] man vergleiche mit Jesu Wort, „Kommt her zu mir alle, die ihr mühselig seid und beladen, und ich werde euch erquicken".

[37] nicht die äußeren Füße, sondern das Licht des inneren Meisters ist gemeint.

Gemüt und Besitz dem Sat Guru opfern. Solche (Schüler) sind mir höchst lieb, und niemand wird sie je aufhalten können. Jene Schüler, die nicht alles opfern, und im Herzen Betrug hegen, während sie Liebe auf ihren Gesichtern zeigen, wie können sie in die Heimat der Seelen gelangen? Ohne den Meister im Inneren zu erreichen, können sie Mich nicht erreichen.[38]

Dharam Das dankt: All dies hast Du getan, mein Gott; ich war sehr schmutzig. Du hast mich mit Gnade überschüttet und Du Selbst bist zu mir gekommen, hast meine Hand gehalten und mich vor Kal errettet.

---

[38] „opfern" heißt nicht, wie erwähnt, dem äußeren Meister irgend etwas zu geben (er nimmt nie etwas an), sondern sich darüber bewußt zu sein und entsprechend zu handeln, daß alles im Leben nur Gott gehört; der weitere spirituelle Aufstieg in die rein spirituellen Ebenen ist nicht möglich, wenn sich die strahlende Lichtgestalt des Geistführers im Inneren nicht zeigt und die Seele durch die ungeheuren, verführerischen, sowie gefährlichen Weiten der niederen Geistwelten Kals hindurch zu Sat Purush geleitet.

Teil II: Die Geschichte der Schöpfung

1. Der Beginn
Frage über die Schöpfung

Dharam Das sagte: Nun, mein Herr, sage mir, wo sich die Ebene der Unsterblichkeit befindet. Beschreibe mir alle Ebenen – und laß mich, den Durstigen, den Nektar trinken. Wo lebt die Seele und wo ist die Wohnstatt Gottes? Was nimmt die Seele dort zu sich und woher kommt dieser Ton? Wie hat Gott die Ebenen geschaffen und warum wollte Er sie schaffen? Erzähle mir von der Erschaffung der drei Welten – beschreibe mir alles und halte nichts vor mir verborgen.

Wie wurde Kal[1] geboren und wie wurden die sechzehn Söhne (Gottes) geboren? Wie wurden die vier Arten der geschaffenen Wesen[2] vermehrt und wie wurden die Seelen in die Hände Kals geworfen? Wie wurden Kurma und Shesh Nag geboren, und wie inkarnierten Matsya und Varah[3]? Wie wurden die drei Götter[4] geboren und wie wurde die gestirnte Himmelskugel geschaffen?

Wie wurde dieser Körper geschaffen? O Herr, berichte mir von der Geschichte der Schöpfung, damit alle meine Zweifel zerstreut werden und mein Gemüt zufrieden wird.

O Sat Guru, sei so gnädig und erzähle diesem Deinen Diener die Geschichte der Schöpfung. Wirf Licht auf mich mit dem Nektar Deiner Worte, so daß die Furcht vor dem Todesengel[5] zerstört wer-

---

[1] idV: *Kal Niranjan* = „Zeit jenseits der Illusion"; da Kal = Zeit (auch „Luzifer" als Fürst der Welt) die Illusion selber geschaffen hat (wie wir später lesen werden), unterliegt er selbst dieser Illusion nicht; daher dieser Name

[2] aus Schleim (Insekten), aus Samenkörnern (Pflanzen), aus Eiern (Vögel, Reptilien) und aus dem Schoß (Säugetiere und Menschen) geborene Kreaturen; der Text geht später darauf näher ein

[3] *Kurma*: Gottes erstgeborener Sohn, in dem die niedere Schöpfung latent angelegt ist; *Shesh Nag*: Prototyp eines mythischen Urdrachens, der die Erde vor ihrer materiellen Manifestation nährt; *Matsya*: die erste Inkarnation des „Gottes" Vishnu als Fisch oder Wal; *Varah*: die dritte Inkarnation Vishnus in Gestalt eines Ebers

[4] Brahma, Vishnu und Shiva, die später noch ausführlich Erwähnung finden

[5] idV: *Yama* = Todesgott, Todesengel, Herrscher der Unterwelten

den möge. Betrachte mich als Deinen Sklaven, berichte mir alles im Einzelnen und beschreibe es. O Sat Guru, ich bin davon überzeugt, daß das, was Du mir sagst, wahr sein wird!

Deine Worte sind wahr und mir sehr teuer. Deine Gnade ist unbeschreiblich – es ist mein großes Glück, daß Du mir Deinen Darshan[6] gegeben hast.

Kabir sprach: Dharam Das, ich habe in dir einen geeigneten Menschen gefunden, und deshalb werde ich dir die Geheimnisse berichten. Höre auf die Worte vom Anfang der Schöpfung, die (auch bereits) das Zeichen ihrer Auflösung sind.

Was war am Anfang?

Dharam Das, höre! Als es keine Erde gab, keinen Himmel oder niedere Regionen, als Kurma[7], Varah und Shesh Nag (noch) nicht existierten, und Sadaswat Parwant und Ganesha (noch) nicht geboren waren, und noch nicht einmal die dreißig anderen Götter geschaffen waren – über diese Zeit will ich dir berichten.

Als es weder Brahma, noch Vishnu oder Mahesh[8] gab, und die Shastras und Puranas[9] noch nicht geschrieben waren, waren all diese Dinge in Sat Purush, in Gott, wie der Schatten im Banyan-Baum lebt.

O Dharam Das, höre auf die Geschichte der Schöpfung, die (sonst) keiner kennt. Da die (bekannte) Schöpfung (der höheren und niederen Welten und Wesen) nach diesen Ereignissen (der nachfolgend von Kabir beschriebenen allerersten Schöpfung) entstand, welchen Beweis könnte ich dafür geben? Die vier Veden kennen die Geschichte Gottes nicht, weil auch die vier Veden noch nicht existierten – wie könnten sie also das Unbeschreibliche beschreiben? Die Veden wissen nichts über diese (allererste) Schöpfung und verstehen das Formlose nicht: Die Welt folgt dem Weg der

---

[6] *Darshan*: Gnadenblick eines Erleuchteten oder Gottessohnes, der eine Seele zu erheben und zu erlösen vermag.

[7] *Kurma* etc.: Aufzählung von Gottessöhnen und mythologischen Urwesen.

[8] *Mahesh*: anderer Name für Shiva.

[9] *Shastras, Puranas, Veden*: heilige Schriften im Hinduismus; üblicherweise als unmittelbare göttliche Offenbarung angesehen ähnlich wie Bibel und Koran.

Veden (und anderen heiligen Schriften), der Wissende[10] jedoch verwirft[11] sie und zeigt den rechten Weg.

Die Geburt der Schöpfung – Die Schöpfung Gottes

Als Sat Purush (Gott) in latenter Form lebte, hatte Er Körper und Materie (noch) nicht geschaffen. Wie Öl im Lotos verborgen ist, lebte Gott im Verborgenen. Nach Seinem Willen schuf er die Seelen und als Er sie anblickte, fühlte Er sich sehr glücklich.
Aus dem ersten von Ihm geschaffenen „Wort"[12] wurden die Welten und das Meer geschaffen, in dem Er wohnte. Er machte den Thron der vier Welten[13] und saß auf dem Lotos. Wo Sat Purush saß, dort wurde der Wille (Gottes) geschaffen. Nach dem Willen Gottes wurden achtundachtzigtausend Inseln geschaffen. In allen Welten existiert Sein Wille. Sein Wille duftet sehr süß.

Die Manifestation von sechzehn Söhnen

Aus dem zweiten Wort von Gott wurde Kurma geschaffen, (der) mit dem Willen (erfüllt wurde), zu Seinen (Gottes) Füßen zu bleiben. Als Gott sein drittes Wort sprach, wurde ein Sohn namens Gyan geboren. Als er vor Gott trat und sich vor Ihm verneigte, beauftragte Gott ihn, in die Schöpfung zu gehen. Als das vierte Wort gemacht wurde, wurde der Sohn Vivek[14] geschaffen. Ihm wurde aufgetragen, in der von Gott geschaffenen Schöpfung zu leben.

Mit dem fünften Wort entstand ein strahlendes Licht: als Gott das fünfte Wort hervorbrachte, wurde Kal[15] inkarniert. Er wurde vom

---

[10]idV: *Gyani* = Erleuchteter, Wissender; gleichzeitig auch Name des dritten Sohnes von Sat Purush oder der ersten (rein geistig) „sichtbaren" Manifestation des absoluten Gottes; später auch gleichbedeutend mit Kabir bzw. dem Erlöser der jeweiligen Zeit.

[11] idV: „verdammt" sie ...

[12] idV: *Shabda* = Energiestrom, „heiliges Wort", Lichtklang.

[13] rein geistige Welten: Sat Lok oder Sach Khand, Alakh Lok, Agam oder Agochar Lok, und Anami, die absolute unmanifestierte Essenz.

[14] *Vivek*: Unterscheidungskraft.

[15] idV: *Kal Niranjan* = „Zeit jenseits der Illusion"; da Kal = Luzifer der Schöpfer bzw. Fürst der höheren und niederen materiellen Welten ist, und die illusion (der Getrenntheit)

herrlichsten Teil des Körpers Gottes geschaffen – deshalb bereitet er den Seelen so viel Leid. Seelen sind die Essenz Gottes und niemand kennt ihren Anfang und ihr Ende.

Als Gott mit Seinem Mund das sechste Wort äußerte, wurde Sahaj[16] geboren. Mit dem siebenten Wort wurde Santosh geschaffen, dem erlaubt wurde, in die Schöpfung zu gehen. Als Gott das achte Wort hervorbrachte, wurde Surat in der Welt der Schönheit verankert. Mit dem neunten Wort wurde unendliche Glückseligkeit geschaffen und das zehnte Wort schuf Vergebung. Das elfte Wort schuf einen Sohn namens Nishkam und das zwölfte einen Sohn Jal-Rangi; das dreizehnte Wort schuf Achint, und mit dem vierzehnten wurde Liebe geschaffen. Mit dem fünfzehnten Wort wurde Din Dayal geboren und das sechzehnte schuf Geduld. Mit dem siebzehnten Wort wurden Yoga und die Heiligen geschaffen; sie alle wurden aus demselben Ursprung geboren.

Das Wort schuf alle Söhne, das Wort schuf alle Welten und Meere. In jeder Welt[17] wurden Teile Seiner Essenz wohnhaft und ihre Nahrung war Nektar[18]. Die Schönheit der Seelen ist endlos und dort gibt es immer Glückseligkeit. Die Herrlichkeit der Seelen ist endlos und dort gibt es immer Glückseligkeit. Die Herrlichkeit der Seelen ist unzugänglich und unbeschreiblich – wer kann Ihre unendliche Schönheit beschreiben?
Alle Söhne meditieren über Gott, ernähren sich von Nektar und erfreuen sich der Glückseligkeit. Auf diese Weise wurden sechzehn Söhne geboren: Dharam Das, nimm dir dies zu Herzen.

---

erst geschaffen hat, wie später zu lesen ist, ist Kal selbst „jenseits von Illusion"; da Kal aus dem „herrlichsten Teil" Gottes geschaffen wurde, vermag Kal auch nach dem „(Ab-)Fall" aus den rein geistigen göttlichen Welten die Seelen mit seinem Ihm dennoch verbliebenen Glanz zu blenden und zu verführen, obwohl dieser (Ab-)Glanz kein eigener, sondern ein von Gott ursprünglich verliehener ist.
[16] *Sahaj*: Mühelosigkeit, Furchtlosigkeit; *Santosh*: Zufriedenheit; *Surat*: Bewußtheit, Aufmerksamkeit; *Nishkam*: Selbstlosigkeit; *Achint*: Sorgenlosigkeit; *Din Dayal*: Gnadenreicher (gegenüber Armen und Schwachen).
[17] Welt: die bis dahin von Gott geschaffenen, rein geistigen Welten.
[18] Nektar: „Manna", geistige Speise, Lichtklang, Himmelselixier, etc.

30

Die unbegrenzte Schönheit der (von Gott) geschaffenen Welten kann nicht beschrieben werden. Es ist eine wundervolle Schöpfung; ihre Schönheit ist in Worten unmöglich zu beschreiben. Alle Welten erhalten ihr Licht von Sat Lok. Selbst die Sonne und der Mond strahlen mit dem Licht eines Haares von Gott. Der Sat Guru ist eine Wohnstatt von Glückseligkeit. Trauer, Verhaftung und Leid existieren dort nicht. Die Seelen erfreuen sich (dort) des Anblicks Gottes.

2. Der Fall von Kal („Luzifer", „Fürst der Welt")
Die Hingabe von Kal und sein Erwerb der Leere
Auf diese Weise vergingen viele Tage und danach geschah dies: Kal[19] spielte sein Spiel. O Dharam Das, höre zu:
Indem er auf einem Fuße stand, widmete Kal seine ganze Hingabe siebzig Zeitalter lang (nur) Gott und erfreute[20] Ihn. Er vollzog eine sehr schwierige Hingabe, deshalb war Gott[21] über ihn erfreut. Das Wort Gottes kam zu ihm und fragte: „Warum hast du diese hingebungsvolle Übung vollzogen?" Kal verneigte sich und sagte: „Bitte gib mir einen (eigenen) Ort, an dem ich leben kann."
Dann wurde ihm von Gott aufgetragen, „O Sohn, gehe nach Mansarovar[22]." Da fühlte Kal viel Glück in seinem Herzen und

---

[19] idV: *Dharam Rai*: Herr des Todes; im gesamten Text wechseln die Bezeichnungen für Kal laufend, allerdings ohne sichtlichen Textbezug.

[20] Kabir macht weder hier noch später klar, warum Gott dadurch „erfreut" sein sollte. Russell Perkins, der Herausgeber der amerikanischen Ausgabe, bemerkt dazu u.a.: Die Dauer der asketischen Hingabe Kals an Gott – siebzig Zeitalter oder *Yugas* – ist mehr als fünfzehn mal so lang wie die Dauer der Schöpfung der rein göttlichen geistigen Welten, die vier *Yugas* dauerte. Indem er sich so lange wie leblos verhielt, zögerte Kal seinen eigenen Fall hinaus und erlaubte dadurch den Seelen so viel mehr Zeit in der Gegenwart ihres Schöpfergottes, bevor die Seelen (wie wir später noch lesen werden) in die unteren Welten geschickt wurden (die eine Schöpfung Kals sind, wie wir ebenfalls später noch erfahren werden). Falls diese Sicht zutreffend ist, handelte es sich um ein kosmisches Paradox: Kals lang andauernde Hingabe verzögerte seinen Fall, aber erst die Frucht seiner Hingabe (daß er dafür die Vollmacht zu Schaffung niederer Welten erhielt und diese Vollmacht aber mißbrauchte), machte seinen Fall in die „Gottesferne" unausweichlich.

[21] „Gott": idV ist meist von *Sat Purush* die Rede, jedoch im Sinne, wie wir das Wort „Gott" auffassen (im gegensatz zu „Göttern" oder „Gottheiten").

[22] *Mansarovar*: Der See des Nektars, auch „Amritsar" genannt; gehört zu Daswan Dwar, einem „Ort" bzw. einer Ebene zwischen Sat Lok und Kals später geschaffenen niederen

ging nach Mansarovar. Als er dorthin gelangte, war er erneut von Glück erfüllt. Und wiederum erinnerte er sich an Gott und vollzog erneut seine Hingabe weitere siebzig Zeitalter hindurch. Er verharrte in Hingabe (an Gott) auf einem Fuß und der gnädige Gott spürte Mitgefühl für ihn.

Als Gott Seine Worte manifestierte, kam dies von Seinen Lippen: „O Sahaj, gehe zu Kal und frage ihn, warum er sich dieses Mal an Mich erinnert hat. Er hat eine sehr schwierige Übung vollzogen, und deshalb gebe ich ihm den Ort[23], an dem er (jetzt) lebt."
„Ich tat dies, weil ich seinen Dienst betrachtete. Der liebe (Sohn Kal) hat die drei Welten erhalten und ist glücklich. Gehe also nun zu ihm und frage ihn; was immer er sagen möchte, komme und berichte es mir."

Indem er sich verneigte, ging Sahaj von dort weg und zu Kal hin. Sahaj sagte: „Höre, mein Bruder, Gott hat deine Hingabe angenommen. Was möchtest du nun? Sage es mir, Gott hat dir diese Botschaft gesandt."
Kal sprach: „O Sahaj, mein Bruder – gehe und bringe diese Bitte zu Gott: Ich mag diesen kleinen Ort hier nicht. Gib mir bitte ein großes Reich. Ich meinem Herzen habe ich so viel Liebe für Ihn gespürt! Er sollte mich mit einem großen Reich segnen. Er sollte mir entweder die Welten der Götter geben oder eine (eigene) getrennte Welt."

Nachdem er Kal zugehört hatte, kehrte Sahaj zu Gott zurück und übermittelte Ihm dessen Bitte. Nachdem er die Worte von Sahaj hörte, sprach Gott dieses: „Ich bin über Kal erfreut; nimm dir dies zu Herzen: Ich habe ihm die drei Welten gegeben, nun gehe (zu

---

Welten. Dies war der von Gott am weitesten „entfernte" Ort, dessen Zuweisung an Kal vom Anfang seines Falls kündet.
[23] In diesem Augenblick also erhielt Kal von Gott die Herrschaft über die erst später von ihm geschaffenen „drei Welten", die kausale, astrale und irdische.

Kal) und trage ihm auf, die Ebene der Leere[24] zu entwickeln. O Sahaj, sage ihm, daß er seine Schöpfung dort macht. O Sahaj, eile und sage dies Kal: Ihm ist die Ebene der Leere gegeben worden, wo er sein eigenes Universum schaffen kann."

Wie Kal erhielt, was er brauchte, um sein Universum zu schaffen
Was Gott Sahaj gesagt hatte, übermittelte dieser an Kal. Als er die Worte von Sahaj hörte, war Kal erfreut, er war glücklich und ein wenig überrascht.

Kal sagte: „Höre, lieber Sahaj, *wie* erschaffe ich das Universum? Der gnädige Herr hat mir dieses Reich gegeben, aber ich weiß nicht, wie ich es entwickeln soll! Ich weiß nichts über das Unfaßbare! Bitte laß Segen auf mich fließen und verrate mir Sein Geheimnis; bitte übermittle meine Bitte an Gott, o mein Bruder, ich lege mein Schicksal in deine Hände: Wie erschaffe ich neun Universen, wie Er es mir aufgetragen hat? O mein Gott! Gib mir, was ich brauche, um das Universum zu schaffen."

Dann ging Sahaj nach Sat Lok, wo er sich vor Gott wieder und wieder verneigte. Gott sprach zu Sahaj: „O Sahaj, sage mir, warum du gekommen bist; berichte mir alles, was geschehen ist, ganz genau." Dann erzählte Sajah Gott alles, was Kal gesagt hatte; er übermittelte Gott die von Kal gestellten Bitten.

Dann ordnete Gott dies an: „Höre auf meine Worte, o Sahaj. Alles, was es zur Schöpfung braucht, ist in Kurma[1]. Indem Kal dies von Kurma nimmt, soll er seine Arbeit tun. Kal soll zu Kurma gehen, sich vor ihm verneigen, und soll ihn um das bitten, was er braucht."

---

[24] Ebene der Leere: die drei Welten in ihrem Zustand, bevor sie von Kal geformt wurden; Parallele zur alttestamentarischen Schöpfungsgeschichte, wonach Gott zuerst Himmel und Erde schuf, die Erde zunächst aber noch „wüst und leer" war.

[1] Kurma: erstgeschaffener Gottessohn; der Herausgeber der englischsprachigen Ausgabe bemerkt zum folgenden Bericht, daß offensichtlich die niedere Schöpfung von Gott in Kurma durchaus bereits angelegt war, aber Kals Gier und Ungeduld sowie seine Mißachtung der Gebote Gottes die Schöpfung „durch den Einfluß von Kal = Zeit(lichkeit) ruiniert".

Wieder ging Sahaj zu Kal und übermittelte ihm die Anordnungen Gottes: „Geh zu Kurma und bitte ihn um das, was du brauchst, indem du dich vor ihm verneigst. Wenn du dich vor ihm verbeugst und wenn er dir Segen spendet – nur dann wirst du erhalten, was du brauchst."

Kabir sprach zu Dharam Das: Kal näherte sich Kurma mit Glück im Herzen und Stolz im Geist (bzw. Gemüt). Er stellte sich vor Kurma hin, grüßte ihn jedoch nicht noch verneigte er sich vor ihm. Aber Kurma ist wie Nektar und schenkt Glückseligkeit. Er besaß keinerlei Ärger, er war gelassen[2] und ohne jede Leidenschaft.

Voller Stolz angeschwollen, sah Kal, daß Kurma sehr ruhig und mächtig war. Der Körper von Kurma bestand aus zwölf Teilen[3] und der Körper des mächtigen Kal (nur) aus sechs Teilen.
Kal ging um Kurma voller Zorn herum und überlegte, wie er die Stoffe zur Schöpfung von ihm erhielte. Kal attackierte die Köpfe Kurmas mit seinen Nägeln und zerbrach seinen Bauch, aus dem Luft herauskam. Aus den drei Köpfen Kurmas kam die Dynastie von Brahma, Vishnu und Mahesh (Shiva) heraus. Fünf Elemente[4] kamen heraus, einschließlich des Himmels mit Mond, Sonne und Sternen; sie alle gingen aus ihm (Kurma) hervor. Matsya, Shesh Nag, Varah[5] und die Säulen, welche die Erde stützen, kamen heraus, und auf diese Weise wurde die Schöpfung der Erde[6] begonnen.
Als Kal am Kopf Kurmas zog, trat Schweiß hervor. Als sich dieser Tropfen Schweiß ausbreitete, begann die Erde, darauf zu schwimmen. Wie Sahne auf der Milch lebt, auf dieselbe Weise ruhte die

---

[2] idV: kühl.
[3] idV: Einheiten.
[4] Elemente: die *tattvas* Erde, Feuer, Wasser, Luft und Äther, die als Aggregatzustände von Energie in verschiedenen Manifestationen betrachtet werden.
[5] *Matsya*: 1. Inkarnation Vishnus; *Shesh Nag*: mythische Schlangengestalt; *Varah*: 3. Inkarnation Vishnus; Kurma als Sohn des Gottessohnes Kurma: „Schildkrötengestalt" als Symbol des Universums (der drei Welten).
[6] Erde: nicht nur die physische Welt, auch die feinstofflichen astralen und kausalen Welten sind gemeint.

34

Sah Jesus als 12jähriger so aus? Spezialisten der italienischen Kripo fertigten dieses Phantombild an. Als Vorlage diente das Grabtuch von Turin. Sie rekonstruierten zunächst das Antlitz des erwachsenen Jesus, „verjüngten" es dann

_____ große TV-
_____ seiner Erkran-
_____ am Burn-out-Syndrom.
Sven Hannawald (30), un-
ser Skisprung-Liebling, bei
Günter Jauch in stern-TV. Er
sagte, was uns glücklich
macht: „Es geht besser. Ich
würde gerne
wieder zu-
rückkom-
men. Ich
merke sel-
ber, was
ich ver-
misse. Ich
weiß, daß
der Sport
mein ein
und alles

war. V_____
starten? Hann____
„Sobald ich merke, ___
mein Kopf nicht mehr __
Kilo, sondern nur noch 5 __
lo wiegt." Den A___
takt der Viersch____
zen-Tournee am M____
woch w__
Hanni ___
als ___
schau___
er li___
in
Oberst___
dorf er___
ben.

Sven
Han-
na-
wald
(30):
2002 er-
ster Tour-
neesieger
mit allen vier
Tagessiegen

Morgen in *Bil*
am Sonn___

Exklusiv
So leben die
Illgners in Spanie

Report

Erde auf Wasser; die Erde wird von den Zähnen von Varah gestützt und in (auf) der physischen Erde blasen wilde Winde.

Erkenne den Himmel als ein Ei, und betrachte in ihm die Existenz der Erde. Aus dem Bauch von Kurma wurde dessen Sohn Kurma geboren – auf dem Shesh Nag und Varah erbaut wurden. Erkenne den Kopf von Shesh Nag als die Erde, unter dem der Sohn Kurma wohnt. Der von Kurma geschaffene Sohn ist im Ei, während der ursprüngliche Kurma getrennt davon in Sat Lok lebt, wo er wie zuvor in Gott versunken ist.[7]

Kurma sagte zu Gott: „Kal kam mit voller Macht über mich, und indem er seinen Charakter offenbarte, stieg er auf meinen Körper. Er riß mir den Leib auf und gehorchte nicht Deinen Anordnungen."

Dann sprach Gott so zu Kurma: „Er ist dein jüngerer Bruder. Dies ist die Verhaltensweise der Älteren: sie sollten sich nicht um die schlechten Eigenschaften der Jüngeren kümmern, und sie sollten sie lieben."

Kabir sprach zu Dharam Das: Als er die Worte Gottes hörte, war Kurma erfreut. Er war seinem Wesen nach Nektar und blieb immer in Glückseligkeit.

Nun erinnerte sich Kal erneut an Gott und vollzog wiederum viele Zeitalter hindurch seine Anbetung. Er führte dies jedoch aufgrund seiner Ichsucht aus, und nachdem er die Schöpfung gemacht hatte, bereute Kal dies.

Er dachte: „Wie *entwickle* ich diese Welten? Ohne den Samen – was mache ich mit der himmlischen Welt, mit der sterblichen Welt, und der Welt darunter? Womit denke ich? Wie mache ich den Körper? Ich werde erneut meine Anbetung vollziehen, und dann werde ich um das bitten, womit ich *Leben* in meine drei Welten geben kann."

---

[7] Kurma – Vater und Sohn: Das jeweils niedrigere ist, wenn auch schwach und verzerrt, ein Abbild des Höheren. Insofern sind auch die drei niederen von Kal geschaffenen Welten (die kausale, astrale und phyische) jeweils Spiegelungen. Daraus erklärt sich auch der Begriff *Maya* – „Illusion" –, oder besser Scheinwirklichkeit.

Er entschloß sich, Leben für die Welten (seine drei Welten) zu erhalten und begann, sich Gottes zu erinnern. Er führte seine Anbetung vierundsechzig Zeitalter aus, indem er auf einem Fuße stand.

Gott sendet Sahaj wieder zu Kal

Gott, die Wohnstatt der Gnade, war über Kals Dienst erfreut. Er sagte zu Sahaj: „Um welche neue Sache bittet er nun? Sahaj, gehe zu Kal und gib ihm, was immer er haben möchte. Sage ihm, er soll das Universum schaffen, und dabei alle Täuschungen lassen."

Als Gott ihm das auftrug, verneigte er sich vor Ihm, und dann ging Sahaj zu Kal. Als er ankam, stand Kal und führte seine Anbetung aus. Als er Sahaj betrachtete, wurde Kal glücklich und davon überzeugt, daß Gott mit ihm (Kal) zufrieden wäre.

Sahaj sagte: „Höre, o Kal! Warum führst du *jetzt* diese Anbetung aus?" Indem er sich verneigte, sagte Kal, „Gib mir einen Platz, an dem ich wohnen kann." Da sagte Sahaj, „Höre, Kal! Gott hat dir alles gegeben; was aus Kurmas Leib heraus kam, wurde dir nach Gottes Anordnung gegeben. Dir wurde die Herrschaft über das Reich der drei Welten gegeben! Nun schaffe ohne Furcht das Universum."

Dann sagte Kal: „*Wie* erschaffe ich das Universum? Bitte sage Gott, indem du deine Hände faltest, dieses: `Ich (Kal) bin Dein Diener und kein Fremder.´ Sage Gott, daß ich zu Ihm bettle, daß er mir den Samen für den Acker meiner Schöpfung gibt. Ich bin Sein Diener und vertraue auf keinen anderen (als Gott). Täglich erinnere ich mich an Ihn. Geh und sage Gott dies: `Bitte gib mir (Kal) den Samen, das Zeichen der Unsterblichkeit.´"

Kabir sprach zu Dharam Das: Sahaj kehrte wieder zu Gott zurück und teilte Ihm Kals Bitte mit. Dann ging Sahaj auf Geheiß Gottes nach Sat Lok, das voller Glückseligkeit ist. Der gnädige Gott schaut nicht auf gute oder schlechte Taten – Er wird durch Dienen kontrolliert[8].

Die Erschaffung der „Urfrau"

Dann schuf Gott nach Seinem Willen ein weibliches Wesen, welches acht Teile in ihrem Körper hatte. Sie hatte acht Hände, und kam und stand zur Linken Gottes. Indem sie ihren Kopf verneigte, fragte sie Ihn: „O Gott, was sind Deine Anordnungen für mich?"

Dann sagte Gott dieses: „Tochter, gehe zu Kal. Ergreife, was Ich dir geben werde, und zusammen mit Kal erschaffe das Universum."

Dann gab Gott ihr den Samen der Seele[9], deren Name Sohang ist. Es gibt keinen Unterschied zwischen der Seele und Sohang; die Seele ist die Essenz Gottes. Gott schuf drei Kräfte: Furchtlosigkeit, Bewußtsein Seiner Selbst und *Ulghani* (?).

Als Gott (über sein neues Geschöpf) erfreut war, gab Er Adhya[10] an Kal. Ihr wurde aufgetragen, daß sie nach Mansarovar gehen und sich ihm (Kal) dort anschließen solle. Die Frau Adhya war sehr schön und anziehend: ihr wurde aufgetragen, nach Mansarovar zu gehen und (von dort aus, mit Kal) die dichte (grobstoffliche, niedere) Schöpfung (der drei Welten) zu erschaffen.

Ihr wurde der Wurzelsame von 8,4 Millionen[11] Geburten gegeben. Sie ging, um das lebendige Universum zu schaffen, nachdem sie sich vor Gott verneigte. All das wurde (also) an die erste Frau gegeben, die nach Mansarovar ging.

Gott rief sogleich Sahaj, der herbeigelaufen kam. Gott sprach: Sahaj, gehe zu Kal und sage ihm, „Dir ist gegeben worden, was du gewünscht hast. Der Wurzelsame ist dir gesandt worden. Nun kannst du das Universum schaffen, wie du es möchtest. Gehe und

---

[8] idV: *Seva* = selbstloser Dienst; idV auch „kontrolliert"; gemeint ist wohl: geneigt gemacht, gnädig gestimmt.

[9] idV: *Jiva*; *Sohang* bedeutet etwas Ähnliches wie das Bibelwort „Ich und der Vater sind eins".

[10] idV erscheinen abwechselnd auch andere Namen für die Urfrau *Adhya*, vor allem *Ashtangi* und *Bhavani*.

[11] idV: vierundachtzig *Lakhs*; ein *Lakh* ist 100.000.

lebe in Mansarovar, auf daß das Universum geschaffen werden kann." Wiederum ging Sahaj dorthin, wo Kal in der Hingabe an Ihn (an Gott) stand. Als er (Sahaj) ihm die Worte Gottes sagte, gehorchte Kal.

Wie Kal Adhya verschlang, um ihr Wissen zu erlangen

Als (nachdem) er das Wort Gottes vernommen hatte, ging Kal und ließ sich in Mansarovar nieder. Als er die Frau zum ersten Mal sah, war Kal zufrieden. Indem er Adhya betrachtete, benahm sich Kal auf dünkelhafte Weise. Er sagte: „Es gibt keine Grenzen für den grenzenlosen Herrn." Erfreut durch die Schönheit der Frau, blickte er sie an. Er betrachtete jeden einzelnen Teil ihres Körpers und wurde sehr ungeduldig., und er verschlang die Frau[12]! O Dharam das, höre vom Charakter Kals! Als dieser ungerechte Kal die Frau verschlang, war sie erstaunt. Sie rief sofort um Hilfe und rief aus: „Kal hat mich zu seiner Nahrung gemacht."

Dann kam Kal zu Sahaj, welcher ihm (Kal) die Ebene der Bewußtseinsleere wieder fortnahm. Da erinnerte sich Gott an das, was Kurma widerfahren war: wie Kal auch diesen attackiert hatte, um ihn zu beherrschen, und dessen drei Köpfe zerstört hatte. Gott ist gnädig – aber Er weiß alles – da er den Charakter von Kal kannte, verfluchte Gott ihn – worüber ich dir jetzt berichten werden:

Gott verflucht Kal

„Falls du (Kal) einhunderttausend Seelen täglich verschlingst, werden einhundertfünfundzwanzigtausend (neue Seelen) entwickelt." Dann dachte Gott, „Wie kann ich Kal fertigmachen[13]? Er ist sehr gefährlich und wird die Seelen ruhelos machen. Ich kann ihn nicht

---

[12] Der „point of no return", der Punkt, an dem man nicht mehr umkehren kann, ist erreicht: Kals weiterer Fall ist nicht mehr aufzuhalten. Durch das „Verschlingen" der Urfrau versucht Kal, sich eine eigene göttliche und gottgegebene Weiblichkeit einzuverleiben. „Verschlingen" bezeichnet im Zusammenhang mit Kal, der auch „Gott des Todes" ist, immer Sterben im köprerlichen Sinne (nicht als Seele!); hier jedoch wird die unsterbliche Adhya nicht im üblichen Sinne getötet.

[13] idV: „How can I finish Kal?"; nur durch eine völlige Wiederauflösung der gerade begonnenen Schöpfung könnte Kal und dessen Wirken beendet werden.

zerstören oder stoppen; er ist mein unwürdiger Sohn. Falls ich ihn in mich selbst zurückziehe, muß ich alles zurück bringen. Dies ist mein unwiderrufliches Wort: Ich werde Kal von hier entfernen. Ihm wird nie erlaubt sein, meine Region zu betreten! Ich werde mein Wort halten."

Gott rief nach Sahaj[14] und ließ ihn den Charakter von Kal verstehen: „Sahaj, gehe schnell und weise Kal (aus Mansarovar) aus, nachdem du ihn geschlagen hast. Er kann nun (nicht mehr) in Mansarovar leben und in diese Ebene von Sat Lok darf er nie (mehr) kommen. Im Bauch von Kal ist diese Frau. Sage ihr, daß sie sich an mein Wort erinnern soll, herauskommen und im Himmel in der sterblichen Welt leben soll und in der Welt darunter, deren König Kal ist. Sie sollte aus dem Leib von Kal herauskommen und sie wird für diese gute Tat gute Frucht[15] erhalten. Geh und sage Kal, daß diese Frau nun seine ist."

Kabir sprach zu Dharam Das: Nachdem er sich vor Gott verneigte, ging Sahaj nach Mansarovar. Als Kal ihn sah, wurde er sehr furchterregend. Kal fragte ihn: „Warum bist du hierher gekommen? Wer hat dich heute gesandt?"
Sahaj sagte: „O Kal, du hast diese Frau verschlungen! Und Gott hat mir aufgetragen, dich von hier auszuweisen." Sahaj fragte die Frau, „Warum bist du in seinem Leib?" Reiß ihn auf und komme heraus! Und erinnere dich an die Herrlichkeit Gottes!"
Als er das hörte, brannte Kal vor Zorn und er trat vor Sahaj und krachte mit ihm zusammen. Da erinnerte sich Sahaj an Gott und erhielt Sein Licht und Seine Macht: Gott wies ihn an, voller Kraft auf die Mitte von Kals Stirn zu schlagen. Sahaj tat, was ihm aufgetragen war.

---

[14] idV: *Jogjit*; Jogjit ist vermutlich ein anderer Name für den Gottessohn *Sahaj*.
[15] Die göttliche Urfrau macht sich also nur auf ausdrückliches Geheiß Gottes mit Kal gemein; deshalb wird sie offensichtlich – obwohl sie später selber auch weiter „hinunterfällt" (aber eben nur, um Gottes Auftrag auszuführen) – eines Tages „gute Frucht" erhalten, was als „Erlösung" gedeutet werden darf.

Als Sahaj ihn schlug, fiel Kal weit von Sat Lok entfernt hinunter. Er hatte Angst vor Gott und erhob sich von selbst wieder. Die Frau kam aus seinem Leib heraus und wurde, als sie ihn (Kal) sah, wieder furchtsam. Sie zweifelte an Kal und hatte Angst vor ihm. Sie stand da, dachte nach, und schaute hier und dort auf den Boden.

Kal sagte: „Höre, Frau! Gib deine Furcht vor mir auf. Gott hat dich für mich geschaffen, nun laß uns das Universum zusammen erschaffen. Ich bin dein Mann und du bist meine Frau: gib deine Angst auf!"

Die Frau sagte: „Warum sprichst du auf diese Weise? Du bist mein älterer Bruder!" Die Frau sagte: „Höre Vater, warum sprichst du so zu mir, wo du doch unsere Verwandtschaft kennst? Jetzt bin ich deine Tochter, seit (weil) du mich in deinen Leib getan hast! Davor warst du mein älterer Bruder – nun bist du mein Vater. Sieh mich mit reinen Augen an, oder du wirst eine Sünde begehen! Falls (wenn) du mich mit Begierde anblickst, wirst du zu einem Sünder werden."

Kal sagte: „Höre, Adhya, ich werde dir die Wahrheit sagen: Ich habe keine Angst vor Sünden und Tugenden, denn ich selbst bin deren Schöpfer. Alle Sünden und Tugenden werden von mir geboren, und mich wird keiner zur Rechenschaft ziehen[16]. Ich werde Sünden und Tugenden verbreiten, und jeder, der sich in ihnen verfängt, ist unser. Deshalb sage ich dir, daß du verständig sein und mein Wort annehmen sollst. Gott hat dich mir gegeben, Adhya! Gehorche meinem Wort!"

Kabir sprach zu Dharam Das: Als sie dies hörte, lachte die Frau; sie stimmten miteinander überein und beide waren sie entzückt. Sie sprach anziehende Worte mit einer süßen Stimme; sie dachte

---

[16] Kal ist *mit* Adhya Schöpfer des Gesetzes von Karma und Reinkarnation (in den drei Welten), und auch Schöpfer von *Maya*; Kal wirkt in der Gestalt von *Dharam Rai* als Gott des Todes und als vermeintlich höchster Richter; im Paar von *Shiva* und *Shakti* spiegeln sich Kal und Adhya auf der Kausalebene.

daran, mit Kal geschlechtliche Beziehungen zu haben. Als er ihre süßen Worte hörte, war Kal erfreut und entschloß sich, den Geschlechtsakt mit ihr zu vollziehen.

Die Frau sagte: „Ich habe kein Geschlechtsorgan." Darauf handelte Kal so: Mit seinem Nagel schnitt er sogleich die Öffnung ihres Geschlechtsorgans, und auf diese Weise wurde das Tor zur Schöpfung geformt. Blut begann, aus dem Geschlechtsorgan herauszufließen, da es vom Nagel verletzt worden war, und seither existiert der Akt des Geschlechtsverkehrs.

O Dharam Das! Höre auf die Geschichte der Schöpfung, die (bis dahin!) keiner kennt: Kal frönte drei Male (dem Geschlechtsverkehr), und Brahma, Vishnu und Mahesh (Shiva) wurden geboren. Als Kal und die Frau sich zusammen vergnügten, begann die Schöpfung.

3. Die Erschaffung der niederen Welten

Dharam Das, verstehe, was danach geschah: Feuer, Luft, Wasser, Erde und Himmel (Äther) – sie alle kamen aus Kurmas Leib hervor. Die fünf Elemente wurden aus seinem Bauch genommen und die drei Qualitäten[1] kamen aus seinem Kopf hervor. Auf diese Weise wurden die drei Eigenschaften manifestiert und Kal schuf das (niedere, nicht-göttliche) Universum.

Er vermischte die Elemente und die Eigenschaften und gab sie der Göttin (Adhya), und dann schuf er seine eigene Essenz. Er ließ drei Tropfen in das Geschlechtsorgan der Frau fallen und drei Teile wurden geschaffen. Fünf Elemente und drei Qualitäten wurden vermischt: auf diese Weise wurde die Welt geschaffen.

Aus dem ersten Tropfen wurde Brahma geboren, dem die Eigenschaft der Aktivität[2] gegeben wurde und die fünf Elemente. Aus

---

[1] die drei Qualitäten oder *Gunas* sind Harmonie, Aktivität und Stillstand (*Sattva*, *Rajas* und *Tamas*); sie entsprechen Vishnu, Brahma und Shiva

[2] idV: Brahma erhält „Rajo Guna", Vishnu erhält „Sato Guna" und Mahesh/Shiva „Tamo Guna".

dem zweiten Tropfen wurde Vishnu geboren, dem die Harmonie und die fünf Elemente gegeben wurden. Aus dem dritten Tropfen wurde Shiva geboren, der mit Stillstand und den fünf Elementen gesegnet wurde. Fünf Elemente und drei Qualitäten wurden vermischt, und so wurden ihre Körper gebildet. Das ist die Ursache, warum wieder und wieder die Welt zerstört (bzw. aufgelöst) wird, und niemand kennt das Geheimnis seines Anfangs.

Dann sagte Kal: „Höre, o Frau! gehorche mir. Du hast den Samen des Lebens. Benutze ihn, um das Universum zu schaffen." Erneut sprach Kal, „Höre, meine Königin – tue, wie ich es dir auftrage. Ich habe dir drei Söhne gegeben. Nun werde ich meine Aufmerksamkeit (mein Bewußtsein) in den Dienst Gottes stellen[3].
Nimm diese drei Kinder, herrsche über die Welt, und verrate keinem das Geheimnis meiner Existenz[4]. Keiner meiner drei Söhne wird meinen Darshan (Anblick) haben; falls einer nach mir sucht, wird er sein Leben vergeuden. Verbreite solche Glaubensansichten in der Welt, daß keine Seele in der Lage sein wird, das Wissen um (den wahren) Gott zu erlangen. Wenn meine drei Söhne älter werden, sende sie aus, um das Meer aufzuwühlen.

Kabir sprach zu Dharam Das: Nachdem er der Göttin (Adhya) diese Dinge erklärt hatte, wurde Kal unsichtbar. Er wohnte in der Höhle des Leeren Bewußtseins – wer kann sein Geheimnis erkennen? Er ist unsichtbar geworden; begreife nun dein Gemüt als Kal. Wenn man das Gemüt[5] besiegt und Wissen von Gott erlangt, dann offenbart sich Gott Selbst in einem solchen Menschen.

---

[3] Kal weiß, daß „seine" Welten letztlich weiterhin nur von Gottes Zustimmung zu ihrer Existenz und von Gottes Lebensimpuls in Gestalt der sie bevölkernden Seelen abhängen und widmet sich wieder der Anbetung Gottes, um diese Zustimmung aufrecht zu erhalten.
[4] Wenn keiner weiß, daß es Kal gibt, werden alle seine „positiven" Gesetze und Handlungsimpulse Gott zugeschrieben, bzw. negative einer anderen, niederen Kraft. Die „Unsichtbarkeit" Kals (Luzifers, des Fürsten der Welt) macht es erst möglich, daß Kal die Seelen in seinen - positiven und negativen - Gesetzen immer mehr verstrickt.
[5] Gemüt: idV „mind", was nicht „Geist" im spirituellen Sinne bedeutet, sondern in diesem Zusammenhang vielmehr Gefühle und Verstand, Ego, begrenztes Bewußtsein, Ich, u.ä.

Alle Seelen sind töricht geworden und denken, daß Kal der Unbegreifliche Eine sei. Da sie in den Gezeiten des Karma gefangen sind, leiden sie von Geburt zu Geburt. Kal quält die Seelen, verstrickt sie in vielen Karmas: Er selbst denkt sich die Listen[6] aus, gibt die Folgen jedoch an die Seelen.

Das Aufwühlen des Meeres:
Die Erschaffung der vierzehn Edelsteine

Als die drei Jungen weise (erwachsen) geworden waren, trug ihre Mutter ihnen auf, das Meer aufzuwühlen. Sie aber spielten Spiele und wollten nicht gehen. Dharam Das, höre und begreife, was dort geschah!

In der Zwischenzeit ergab es sich, daß Kal Yoga praktizierte und begann, viel Wind zu blasen. Als er ausatmete, kamen die Veden heraus. Die Veden kamen mit seinem Atem heraus, aber nur wenige wissen von diesem Geheimnis. Dann beteten die Veden und fragten: „Was sind die Weissagungen für uns, o Kal?" Ihnen wurde geantwortet: „Geht und lebt im Meer. Bleibt (dann) bei dem, der euch (dort) finden wird."
Der Ton erklang, aber die Form blieb unsichtbar. Nur ein tiefes Licht wurde sichtbar. Dann leuchteten die Veden mit ihrem eigenen Licht, so wie die Welt vom Licht der Sonne beschienen wird. Die Veden kamen dort heraus, wo Kal das Meer geschaffen hatte.
Als sie in die Tiefen[7] (des Meeres) gingen, dachte Kal an das Folgende: Er sprach zur Göttin, durch unsichtbare Konzentration[8], und fragte sie, warum sie die Kinder davon abhielte, das Meer aufzuwühlen. Er sagte ihr: „Sende schnell die drei Kinder, das Meer aufzuwühlen! Gehorche meinen Anweisungen mit Entschiedenheit."

---

[6] idV: „tricks".
[7] siehe auch Genesis 1, wie der Geist auf dem Wasser schwebt und es zunächst finster in den Tiefen ist, bevor die sichtbare Schöpfung entsteht.
[8] idV: *dhyan*, Meditation.

Dann ging er selbst ins Meer, während die Göttin darüber nachsann, es aufzuwühlen. Sie sagte den drei Jungen, was sie wünschte, segnete sie und entsandte sie. „Geht schnell zum Meer, meine Söhne! Dort werdet ihr Schätze finden." Brahma gehorchte ihren Worten und ging zum Meer hinaus. Die andere beiden folgten ihm.

Drei Kinder spielten, wie hübsche Schwanenkinder. Sie spielten Fangen miteinander, während sie außerordentlich ausschritten. Manchmal gingen sie, manchmal rannten sie, manchmal standen sie und winkten mit ihren Händen. Noch nicht einmal die Veden besingen die Schönheit jener Zeit.
Die drei gingen und standen am Meer. Jeder von ihnen fragte sich, wie es aufzuwühlen war.

Das erste Aufwühlen des Meeres
Als jeder von ihnen das Meer aufwühlte, erhielten sie drei Dinge: Brahma erhielt die Veden, Vishnu erhielt Feuer und Mahesh erhielt Gift. Sie nahmen die drei Dinge und begaben sich glücklich auf den Rückweg zu ihrer Mutter. Sie kamen zu ihr und zeigten ihr ihre Dinge. Sie sagte ihnen, diese (Dinge) (jeweils) für sich zu behalten.

Das zweite Aufwühlen des Meeres
„Geht erneut hinaus und wühlt das Meer auf. Was ihr dabei auch bekommt, behaltet es bei euch." Während sie dies sagte, dachte sie sich eine List aus und schuf drei Frauen. Jede von ihnen trug ihre (Adhyas) Essenz in sich. Jede von ihnen trat vor ihre Mutter, die sie den Söhnen zuteilte.
Die drei Söhne waren zum Meer gegangen und wußten nichts von den Frauen. Aber als sie das Meer dieses Mal aufwühlten, fanden sie die drei Frauen, was sie sehr beglückte. Sie nahmen die Frauen mit sich, und gingen zu ihrer Mutter, vor der sie sich verneigten.
Die Mutter sagte: „Hört, meine Kinder: Diese (die Frauen) sind für euer Werk." Jeder (Sohn) erhielt eine Frau und den Auftrag, sich mit ihr zu vergnügen: „Brahma, nimm du Savitri; Vishnu, nimm

du Lakshmi." Parvati wurde Mahesh gegeben. Das waren die Anweisungen ihrer Mutter.

Sie (die Söhne) nahmen an, was Adhya ihnen gegeben hatte, und verneigten sich vor ihr. Daß sie die Frauen erhalten hatten, machte sie so glücklich wie den Chakor-Vogel, wenn er nachts das Mondlicht sieht. Alle drei Brüder genossen die Lust und so wurden die Götter und Dämonen geboren.

Dharam Das, begreife dies: Jene, die einst ein Mädchen war, wurde zur Mutter. Und wiederum sagte die Mutter ihnen: „All ihr Brüder! Geht und wühlt das Meer erneut auf! Was ihr bekommt, behaltet es und zögert nicht (erneut hinauszugehen)!"

Das dritte Aufwühlen des Meeres

Die Brüder verneigten sich und gingen von dannen. „Was immer du sagst, werden wir tun." Sie wühlten das Meer ohne weiteres Zögern auf und verteilten unter sich, was sie erhielten. Die Mine der vierzehn Juwelen[8] kam heraus, welche sie zu ihrer Mutter brachten. Alle drei Brüder waren glücklich; Vishnu nahm den Nektar und Mahesh nahm das Gift.

Adhya läßt die Söhne das (niedere) Universum schaffen

Dann sagte ihre Mutter ihnen dies: „Ihr alle drei: schafft das Universum![9]" Sie (selbst) schuf dann die Ei-Geborenen, Brahma schuf die aus dem Schoß Geborenen, Vishnu schuf die aus Feuchtigkeit Geborenen, und Shiva entwickelte die Samenkorn-Geborenen. 8,4 Millionen Lebensarten[10] wurden geschaffen, und die Erde wurde zu halb Wasser und zu halb Land gemacht.

---

[8] Vierzehn Juwelen = lt. R. Perkins nicht näher erklärte Mittel bzw. Instrumente oder Kräfte, um die physische Ebene zu erschaffen, nachdem zunächst erst die kausale und dann die astrale Ebene erschaffen wurden.

[9] Nachdem sich Kal seinen eigenen Welten entzieht, hat nun Adyha die Aufgabe, zusammen mit ihren „Söhnen" Brahma, Vishnu und Shiva (Mahesh) die weitere, „dichtere" Schöpfung zu entwickeln. Deshalb wird sie auch mancherorts als die Göttin Maya, als höchste Göttin Kali oder als deren Form Durga verehrt.

[10] einschließlich astraler „Lebensarten" und „Lebensformen".

In den Samenkorn-Geborenen ist ein Element[11] enthalten, in den aus Feuchtigkeit geborenen Arten sind zwei, die Ei-Geborenen haben drei Elemente und die aus dem Schoß geborenen vier. In den menschlichen Wesen sind fünf Elemente (Wasser, Erde, Luft, Feuer und Äther), und die drei Eigenschaften verschönern sie.

Brahma erfährt über den Formlosen[12] aus den Veden

Dann las Brahma die Veden[13] und als er sie las, fühlte er Liebe. Die Veden sagen: „Es gibt nur einen Gott, Er ist Kal[14] und besitzt keine Form. Er wird in Gestalt von Licht in der Ebene des Bewußtseins der Leere gesehen, und kann nicht mit dem physischen Körper (mit den Sinnen) gesehen werden. Sein Kopf ist in den Himmeln und Seine Füße liegen in den Welten unten."

Als er dies erfuhr, wurde Brahma berauscht. Er sagte zu Vishnu: „Die Veden haben mir über die ursprüngliche Person berichtet." Dann erzählte er Vishnu, daß der Kern der Veden in der Aussage besteht, daß es einen (einzigen) Gott gibt. Die Veden sagen, „Es gibt einen Gott, aber wir kennen Sein Geheimnis nicht."

Kabir sprach zu Dharam Das: Dann kam Brahma zu seiner Mutter. Er begrüßte sie und berührte ihre Füße[15]. „O Mutter, die Veden haben mir gesagt, daß es einen anderen Schöpfer gibt!" Brahma sagte: „Höre, meine Mutter! Sage mir: Wer ist dein Mann? Segne mich mit deiner Gnade und verbirg dies nicht vor mir: *Wo ist unser Vater?"*

Seine Mutter sagte: „Höre, Brahma, du hast überhaupt keinen Vater; alles ist aus mir geschaffen worden, ich habe die gesamte Schöpfung genährt."

---

[11] siehe auch Kirpal Singh: Karma, S. 87f (Origo Verlag); dort wird die Zuordnung von Elementen zu Lebensarten erklärt.
[12] der Formlose: in diesem Fall Kal, der sich ja „unsichtbar" gemacht hat, in den Veden aber als „Gott" auftritt (ohne daß dies den Lesern gemeinhin klar wird) und Gottes Schöpferkraft und Herrlichkeit und demzufolge auch Anbetung für sich in Anspruch nimmt.
[13] *Veden* = eigentlich „Wissen"; älteste heilige Hinduschriften.
[14] idV: *Nirankar*, anderer Name für Kal.
[15] Füße berühren gilt als Ehrerbietung gegenüber Eltern, Lehrern und Heiligen.

Brahma antwortete: „Mutter, höre sorgfältig: Die Veden sind zum Schluß gekommen, daß es einen Gott gibt, der in verborgener Form existiert."

Adhya sagte: „Höre, mein Sohn Brahma: es gibt keinen anderen Schöpfer außer mir. Ich habe die drei Welten geschaffen, und ich allein habe die sieben Meere geschaffen."

Brahma sagte zu Adyha: „Ich glaube dir, daß du all dies getan hast. Aber warum hast du das bisher verborgen? Die Veden sagen, daß es einen einzigen unsichtbaren Gott gibt. Falls du der Schöpfer bist, warum hast du nicht zuvor daran gedacht? Du hast (angeblich) die Veden gemacht: warum hast du dann darin den einzigen unsichtbaren Gott erwähnt? Falls du alles selbst erschaffen hast, Mutter, warum hast du das dann nicht in den Veden niedergelegt? Führe mich nicht in die Irre, sage mir die Wahrheit."

Als Brahma seine Beharrlichkeit zeigte, überlegte Adhya, was zu tun sei. Sie dachte, „Wie kann ich ihm das begreiflich machen? Er glaubt mir nicht. Wenn ich ihm von Kal erzähle, wie wird er das aufnehmen? Außerdem hat Kal mir gesagt, daß niemand seinen *Darshan* (Anblick) erhalten kann. Wenn ich ihm (Brahma) erzähle, daß er (Kal) unsichtbar ist, wie kann ich ihn (Brahma) ihn (Kal) sehen lassen?"

Nachdem sie sorgfältig nachgedacht hatte, sagte sie ihrem Sohn: „Kal gibt seinen Darshan nicht." Brahma sagte, „Sage mir, wo er ist, und sorge dich nicht über das Für und Wider. Ich glaube deinen Worten nicht, ich halte nichts von diesen Dingen. Erst möchtest du mich in die Irre führen, und nun sagst du, `Er gibt seinen Darshan nicht, also wirst du ihn nicht sehen können.´ Sprich keine solch nutzlosen Dinge. Gib mir sofort seinen Darshan. Ich verlasse mich nicht mehr auf dich. Kläre meine Zweifel – zögere dies keinen Augenblick mehr hinaus."

Seine Mutter sagte: „Höre Brahma! Ich sage dir die Wahrheit. Sein Kopf ist im siebenten Himmel (oben) und seine Füße sind in der siebenten Welt unten. Falls du seinen Darshan möchtest, nimm eine Blume in deine Hand, gehe und verneige dich vor ihm."

Als Brahma dies hörte, wandte er sich der Erde zu, mit gebeugtem Kopf.

Seine Mutter dachte, „Er gehorcht mir nicht. Die Veden haben ihn dies gelehrt, aber er wird seinen (Kals) Darshan nicht erlangen."

Adyha sagte: „Höre, mein Kind: Kal ist dein Vater. Aber lieber Sohn, du wirst nie seinen Darshan haben. Das spreche ich mit vollem Wissen."

Als er dies hörte, war Brahma verstört. In seinem Geist (Gemüt?) wohnte die Entschlossenheit, seines Vaters Darshan zu haben. Während er sich vor seiner Mutter verneigte (um sich zu verabschieden und fortzugehen), entschied er sich, daß er erst zurückkehren würde, wenn er den Darshan seines Vaters erhalten hätte. Sogleich brach er nach Norden („oben") auf und bewegte sich schnell vorwärts. Vishnu machte sich auf den Weg in die Welt unten; auch er wollte den Darshan seines Vaters haben. Shiva jedoch ließ sein Bewußtsein nicht abgleiten. Er äußerte kein Wort; er fuhr einfach fort, seiner Mutter zu dienen. Shivaji sorgte sich nicht. Er hielt seine Aufmerksamkeit auf den Dienst für seine Mutter gerichtet. Viele Tage vergingen, während sich die Mutter um ihre Kinder sorgte.

Vishnu kommt von seiner Suche zurück

Zuerst kehrte Vishnu zu seiner Mutter zurück und berichtete ihr dies: „Ich habe die Füße meines Vaters nicht gesehen. Durch das Feuer des Giftes von Shesh Nag wurde mein Körper schwarz. Ich wurde zornig darüber und kam zurück. Ich habe den Darshan meines Vaters nicht gehabt."

Als Adyha dies hörte, war sie sehr erfreut. Liebevoll rief sie Vishnu zu sich und liebkoste ihn. Sie küßte ihn und hielt ihre Hand zum Zeichen der Segnung auf seinem Kopf und sagte: „Mein Sohn, du hast mir die Wahrheit gesagt."

Dharam Das sagte zu Kabir: Meine Zweifel sind geklärt. O mein Herr, berichte mir nun über Brahma. Hatte er den Darshan des Kopfes seines Vaters oder kam er auch enttäuscht zurück? Du hast mir die Geschichte des Tages erzählt, an dem Brahma fortging, um seinen Vater zu sehen. Traf er seinen Vater oder nicht? Hatte er seinen Darshan oder nicht? O mein Satguru, berichte mir all dies, erkläre mir alles genau. Betrachte mich als Deinen Diener, wirf Licht auf diese Sache. Verberge nichts vor mir. Mein Herr, ich bin Dein Diener, bitte mache meine Geburt erfolgreich: Berichte mir, was danach geschah."

Brahmas Suche nach seinem Vater

Kabir sprach zu Dharam Das: Dharam Das, du bist mir sehr teuer. Begreife meine Lehren, und bewahre sie entschlossen in deinem Herzen. Brahma brauchte nicht lange, um dorthin (nach „oben") zu gelangen, da er sich den Darshan seines Vaters wünschte. Er gelangte an den Ort, an dem es weder Sonne noch Mond gibt – dort ist nur die Leere. Auf vielerlei Art betete er, und dann meditierte er über das Licht. Auf diese Weise vergingen viele Tage, und dennoch erhielt er nicht den Darshan seines Vaters. Er vergeudete vier Zeitalter[16] damit, über die Leere zu meditieren, und dennoch erhielt er nicht den Darshan seines Vaters.

Brahma hatte nicht den Darshan seines Vaters; während er über die Leere meditierte, vergingen viele Zeitalter. Seine Mutter sorgte sich in ihrem Herzen, „Wo ist mein ältester Sohn, Brahma? Wie kann ich (ohne seine Mitarbeit) fortfahren zu erschaffen[17]? Wann wird er zurückkommen?

Indem die Mutter ihren Körper rieb, nahm sie etwas „Schmutz"[18] heraus und schuf die Gestalt einer Tochter. Die Essenz von Shakti wurde mit ihr vermischt und sie erhielt den Namen Gayatri. Gaya-

---

[16] idV: *Yugas* (s. Glossar).
[17] Solange Brahma, der „Schöpfergott" der niederen, grobstofflichen "Welten, nicht tätig ist, können die bereits begonnenen niederen Welten nicht „zuende" geschaffen werden.
[18] so idV; vermutlich ist ursprünglich eher der Begriff „Stoff" gemeint.

tri verbeugte sich vor ihrer Mutter, küßte ihre Füße und legte ihren Kopf auf ihre (Adhyas) Füße.

Gayatri faltete ihre Hände und stellte diese Frage: „Höre, Mutter, auf meine Frage: Warum hast du mich geschaffen? Sage es mir, auf daß ich deinen Anweisungen gehorchen kann."

Adhya sagte: „Tochter, höre: Brahma ist dein ältester Bruder. Er ist in den Himmel gegangen, um den Darshan seines Vaters zu haben. gehe und bringe ihn zurück, nachdem du ihm begreiflich gemacht hast, daß er niemals den Darshan seines Vaters haben wird. Er wird seine Geburt[19] mit der Suche nach ihm verschwenden. Was es auch erfordern möge, ihn zurück zu bringen, gehe und tue es, und bringe ihn zurück."

Gayatri sucht nach Brahma

Kabir sprach zu Dharam Das: Gayatri begab sich mit den Worten ihrer Mutter im Herzen auf den Weg. Das Mädchen mit dem zarten Körper wanderte entlang und dachte an die Worte ihrer Mutter. Als sie dort („im Himmel") ankam, sah sie den Weisen Einen (Brahma), dessen Augen geschlossen waren. Einige Tage blieb sie dort, dann sann sie über einen Plan nach: „Wie wird er aufstehen? Was soll ich tun?" Sie erinnerte sich ihrer Mutter, sie dachte an sie und dachte an sie – und schließlich nahm sie Verbindung zu ihr auf. Als Gayatri Kontakt zu Adhya aufgenommen hat, erhielt sie diese Botschaft: „Brahma wird erst dann erwachen, wenn du ihn berührst." Gayatri tat, was ihre Mutter ihr sagte: Nach einiger Überlegung berührte sie seine Lotusfüße.

Als Brahma aufwachte und seine Aufmerksamkeit gestört war, wurde er ärgerlich und sagte: „Wer ist dieser Sünder, dieser Schuldige, der mich meinen Samadhi[20] hat aufgeben lassen? Ich werde dich verfluchen, weil du mich in meiner Erinnerung an meinen Vater gestört hast."

Gayatri sagte, „Höre zuerst von meiner Sünde und dann verfluche mich. Ich sage dir die Wahrheit: deine Mutter hat mich gesandt,

---

[19] Auch die „Götter" Brahma, Vishnu und Shiva sind nicht unsterblich!
[20] Versenkungszustand, Erleuchtungszustand.

um dich zurück zu bringen. Komm nun rasch, zögere es nicht hinaus! Wer wird ohne dich die Schöpfung verbreiten?"
Brahma sagte: „Wie kann ich gehen? Ich habe (bislang) noch nicht den Darshan meines Vaters gehabt!" Gayatri sagte: „Du wirst seinen Darshan erhalten, aber komm jetzt schnell mit mir oder du wirst es bereuen."

Brahma stiftet Gayatri zu falschem Zeugnis an; Gayatri verlangt nach sexueller Verbindung mit Brahma
Brahma sagte: „Falls du bezeugen wirst, daß ich das Haupt meines Vaters mit meinen Augen gesehen habe und meine Mutter davon überzeugst, werde ich mit dir kommen." Als sie dies hörte, sagte Gayatri: „Ich werde keine falschen Worte äußern; aber wenn du meine Begierde erfüllst, mein Bruder, nur dann kann ich lügen."
Brahma sagte: „Ich verstehe nicht. Erkläre dich, werde deutlich."
Gayatri sagte: „Habe sexuellen Verkehr mit mir, und dann werde ich lügen und du wirst siegen."

Kabir sprach zu Dharam Das: Gayatri sagte, „Selbstverständlich ist es selbstsüchtig, aber ich trage dir auf, es zu tun – betrachte es (den Verkehr) als eine tugendhafte, wohltätige Sache." Als er dies hörte, dachte Brahma in seinem Herzen, „Was ist jetzt zu tun? Wenn ich ihr gegenüber gleichgültig bleibe, werde ich mein Ziel nicht erreichen – sie wird kein Zeugnis ablegen und meine Mutter wird mich beschämen. Ich habe meinen Vater nicht gesehen – keine meiner Absichten wird erfüllt, wenn ich über Sünden[21] nachdenke. Ich muß bei ihr liegen!"
Brahma vollzog den Verkehr mit ihr und die Entschlossenheit, den Darshan seines Vaters zu erlangen, verschwand aus seinem Gemüt. Sie beide waren voller Inbrunst und statt nobler Gedanken kam der schlechte Intellekt.

---

[21] Sünden: hier ist wohl gemeint, „wenn ich über die Sündhaftigkeit meines Tuns nachdenke."

Die Erschaffung von Savitri

Als Brahma Gayatri sagte, mit zu ihrer Mutter zu kommen, antwortete sie: „Ich habe eine andere Idee. Laß mich noch einen Zeugen schaffen." Brahma sagte, „Gut. Tu alles, was die Mutter (uns) glauben lässt." Dann dachte Gayatri nach und, indem sie Schleim[22] aus ihrem Körper aussonderte, erschuf sie eine Tochter. Sie vermischte ihre eigene (Gayatris) Essenz in ihr (der Tochter) und nannte sie Savitri[23].

Als Gayatri ihr auftrug zu sagen, daß Brahma den Darshan seines Vaters erhalten hätte, sagte Savitri, „Davon weiß ich nichts. Ich werde dabei verlieren, wenn ich falsches Zeugnis gebe." Als sie dies hörten, waren beide (Brahma und Gayatri) sehr besorgt. Gayatri versuchte, Savitri auf vielerlei Weise zu überzeugen, aber diese ließ sich nicht darauf ein.

Schließlich brachte Savitri diese Worte hervor: „Falls Brahma Verkehr mit mir hat, werde ich lügen." Gayatri sagte zu Brahma, „Habe Verkehr mit ihr und beende unser Werk." Brahma ließ sich mit Savitri ein und trug so eine noch größere Bürde von Sünden auf seinem Kopf. Alle drei begaben sich dann an den Ort, an dem ihre Mutter war.

Brahma, Gayatri und Savitri werden verflucht

Brahma begrüßte seine Mutter, und sie fragte ihn, wie es ihm ging (ergangen war): „Sage mir, Brahma, hattest du den Darshan deines Vaters? Und woher hast du diese andere Frau erlangt?"

Brahma sagte: „Beide sind sie meine Zeugen – daß ich das Haupt des Herrn mit meinen eigenen Augen gesehen habe."

---

[22] idV: „Schmutz".

[23] *Savitri*: manchmal auch *Puhupavati* genannt; R.Perkins, der Hrsg. der engl. Ausgabe, kommentiert u.a., daß die Darstellung der Fragwürdigkeit sogenannter Götter und Göttinnen von Kabir absichtlich so deutlich dar- oder bloßgestellt werde, damit die HörerInnen seiner Verse den Einen Wahren Gott statt der vielen suchen und anbeten mögen.

Dann trug die Mutter Gayatri auf, sorgfältig zu überlegen und die Wahrheit zu sprechen: „Hast du gesehen, daß (wie) er den Darshan gehabt hat? Berichte mir die wahren Tatsachen."

Dann sagte Gayatri dies: „Brahma hatte den Darshan des Hauptes seines Vaters. Ich habe gesehen, daß er dessen Füße mit seinem Kopf berührt hat; Brahma begegnete dem Herrn. Brahma berührte das Haupt seines Vaters mit Blumen in seiner Hand. Ich habe (das) mit meinen eigenen Augen gesehen. Er brachte ihm Blumen dar und goß Wasser (aus, darüber). O meine Mutter, dies ist wahr. Aus diesen Blumen kam Savitri an jenem Ort hervor. Er hat den Darshan seines Vaters gehabt. Frage das Mädchen. O Mutter, dies ist wahr. Du kannst Savitri fragen. Ich berichte dir die Wahrheit. Sie trägt keine Spur von Falschheit in sich."

Mutter fragte Savitri, „Sage mir die Wahrheit. Berichte mir, was geschah, als Brahma seine (Kals?) Stirn berührte. O Savitri, berichte mir die Geschichte des Darshan in allen Einzelheiten. Ich trage dir auf mir zu sagen: Wie hatte Brahma den Darshan seines Vaters?"

Dann sagte Savitri, „Mutter, dies ist die Wahrheit. Der Weise Eine hatte den Darshan des Hauptes seines Vaters und er hat ihm tatsächlich Blumen dargebracht."

Kabir sprach zu Dharam Das: Als sie die Zeugen hörte, war Adhya erstaunt. Sie war überrascht und verstand nicht das Geheimnis dahinter. „Kal hat mir mit Entschiedenheit gesagt, daß niemand ihn je sehen würde. Dann lügen diese drei, o Kal? Erkläre mir das." Adhya erinnerte sich an Kal, der ihr daraufhin sagte: „Brahma hat nicht meinen Darshan gehabt. Er hat falsches Zeugnis vorgebracht. Sie alle haben gelogen. Glaube ihnen nicht, es ist vollständig unwahr."

Als sie dies hörte, wurde die Mutter zornig und verfluchte Brahma[24]: „Niemand wird dich anbeten, da du nicht die Wahrheit

---

[24] R.Perkins kommentiert u.a.: Der Fluch auf Brahma erklärt, warum dieser kaum je Anhänger gehabt hat, während viele Menschen Vishnu und Shiva anbeten, obwohl Brahma der „erste" der drei Götter ist. Damit, so Perkins, werde auch die Brahmanen-Kaste, die

gesprochen hast. Du hast die Unwahrheit erzählt. Darüber hinaus hast du schlechtes Karma verübt und trägst die Last der Hölle auf deinem Kopf. Dein Geschlecht (die Brahmanen) wird gleichfalls lügen, und ihre inneres Wesen wird voll des Schmutzes von Sündern sein. Sie werden viele Regeln und Richtlinien aufstellen; die Anhänger Vishnus werden ihnen folgen und somit in die Hölle fallen. Sie werden andere über die Geschichte der Puranas[25] belehren, sich selbst aber anders verhalten und Schmerz erleiden.

Ich berichte dir wahrheitsgetreu über jene, die dein Geschlecht (Lehren) hören, dessen Wissen erhalten und dessen Gebote zur Anbetung ausführen: Sie werden nach der Essenz der anderen Götter suchen und indem sie (diese) kritisieren, geradewegs in den Schlund von Kal gehen. Sie werden die Götter auf mannigfaltige Weise anbeten, und um mildtätige Gaben zu erhalten, werden sie Köpfe abschneiden lassen[26]. Jene, die deren Schüler werden und ihnen folgen, werden niemals irgendeinen spirituellen Reichtum erlangen. Sie werden niemals den Pfad der Spiritualität erreichen und andere aus Eigeninteresse belehren. Aus Eigensucht werden sie die Welt ihr Wissen hören machen, und werden ihre eigenen Formen der Anbetung in der Welt festigen. Sie werden sich selbst als höhergestellt und andere als niedriger gestellt betrachten. O Brahma, dein Geschlecht wird sehr befleckt sein!"

Kabir sprach zu Dharam Das: Als die Mutter Brahma mit diesem Fluch angriff, wurde er ohnmächtig und fiel nieder.

„Gayatri, nun bist du an der Reihe. Du wirst fünf Ehemänner haben. Dein erster Mann wird Vrishab sein. Deine Rasse wird sich sehr verbreiten, aber sie wird zerstört. Du wirst viele Male inkarniert werden, und du wirst ungenießbare Nahrung essen, weil du fürchterlich gelogen hast. Du hast aus Eigensucht gelogen. Warum

---

sich selbst als „Brahmas eigenes Geschlecht" betrachte und deshalb Vorrechte für sich beanspruche, zum ersten Mal in indischen Religionslehren abschätzig beurteilt. „Eine revolutionäre Passage", urteilt Perkins.

[25] Puranas: sogenannte heilige Schriften im Hinduismus.

[26] es geht um Blutopfer, vermutlich ursprünglich sowohl um Menschen-, wie später um Tieropfer.

hast du falsches Zeugnis abgelegt?" Gayatri nahm den Fluch an; Adhya schaute dann auf Savitri.

„O Savitri, du hast absichtlich gelogen und deine Geburt verdorben. Höre Savitri: niemand wird dir je glauben noch dich seiner eigenen Wünsche willen anbeten. Du wirst dort wohnen, wo Schmutz ist. Gehe und erleide die Hölle, da du der Lust wegen gelogen hast. Jemand, der dich aussät und nährt, dessen Herrschaft (Nachkommenschaft) wird beendet werden. Gehe nun und nimm eine weitere Inkarnation als Kevda-Ketaki auf."

Kabir sprach zu Dharam Das: Sie alle wurden verflucht als Ergebnis des törichten Bösen, das sie getan hatten. Die Frau als Objekt der sexuellen Begierde ist die größte List der Negativen Macht, die jeden vergiftet hat[27]. Weder Brahma noch Shiva, noch nicht einmal Shankadi oder Narada, sind dem entflohen. Höre, o Dharam Das, nur jener, der sich mit Sat Naam verbunden hat, wird ihm entfliehen. Mit der glorreichen Gnade des Sat Shabda (Heiligen Wortes), kann dieser Kunstgriff Kals ihn nie erreichen. Jemand, der den Füssen des Meisters (der inneren Kraft) in Gemüt, Wort und Tat verbunden bleibt – dem kommt diese Sünde niemals nahe.

Adhyas Reue und Furcht vor Kal

Sie bereute in ihrem Geist, nachdem (daß) sie sie mit einem Fluch belegt hatte und dachte: „Was wird Kal mit mir jetzt tun? Ich bin unentschuldbar (Ich habe unentschuldbar gehandelt)."

Ein Ton kam vom Himmel, „O Adhya, was hast du da getan? Ich habe dich gesandt, um das Universum zu erschaffen. Warum hast

---

[27] vergleiche auch das biblische Bild der „Verführung" Evas durch die Schlange, und Adams durch Eva; allerdings wird man aus heutiger Sicht wohl weder eine einseitige Verantwortung oder gar „Schuld" der „Frau an sich" sehen (wenn schon, dann in der Regel Verantwortung von Mann und Frau zu gleichen Teilen), noch wird man Sexualität als das Hauptübel des Abfalls von Gott betrachten (das war „Ego", Sexualität kam erst später), denn immerhin war auch der historische Kabir verheiratet und hatte zwei Kinder. Zur Erinnerung: ob die in der Vorlage durchwegs männliche Sprachform dem Wort vor über fünfhundert Jahren entspricht oder nicht, ist fraglich. Der dt. Hrsg. geht davon aus, daß immer beide Geschlechter gleichermaßen gemeint und angesprochen werden; der einfacheren Lesbarkeit halber wird die einseitige Schreibweise jedoch beibehalten.

du das getan? Falls irgendein Höhergestellter einen Niedrigergestellten bedrängt, bin ich derjenige, der sich um die Vergeltung kümmert. Wenn das dritte Zeitalter kommt, wirst du fünf Ehemänner haben[28].

Als Adhya den Fluch hörte, sagte sie nichts, aber dachte, „Ich werde verflucht, weil ich selber (Gayatri) verflucht habe. Nun, Kal, was werde (soll) ich tun? Ich bin in deiner Macht. Tue, was immer du tun willst."

Dann liebkoste Adhya Vishnu und fragte ihn, „Höre mein Sohn, auf mein Wort. Sage mir aufrichtig: als du (fort)gegangen bist, um den Darshan der Füße deines Vaters zu erlangen, warst du weiß. Wie(so) bist du schwarz geworden?"

Vishnu sagte zu Adhya: „Sobald du es mir erlaubt hattest, begab ich mich auf den Weg zur Welt unten um den Darshan der Füße meines Vaters zu erlangen. In meinen Händen trug ich Akshat-Blüten und begann, auf dem Weg in die Welten unten zu gehen. Ich kam Shesh Nag nahe, dessen Gift mich verlangsamte. Die Macht dieses Giftes breitete sich in mir aus und machte mich schwarz. Da hörte ich einen Ton, worüber ich dir berichten werde: Er sagte, `Vishnu, gehe zu deiner Mutter zurück und berichte ihr die Wahrheit. Wie im Goldenen und im Silbernen Zeitalter, wirst du, wenn der vierte Pfad des Bronzenen Zeitalters kommt, als Krishna inkarniert. Ich sage dir, zu jener Zeit wirst du gerächt werden. Du wirst Shesh Nag im Kalindi-Fluß auf einem Seil festbinden. Geh jetzt ohne zu zögern zurück. Jemand, der Niedere bedrängt, nachdem er selbst höher gekommen ist, wird von mir bestraft. Ich werde den rächen, der andere bedrängt.´

Dann kam ich zu dir zurück und berichtete dir, daß ich die Füße meines Vaters nicht gesehen habe und mein Körper schwarz wie das Feuer des Giftes geworden ist. Ich kam zurück, weil ich ruhelos wurde. Ich hatte nicht den Darshan der Füße meines Vaters."

---

[28] Adhyas Fluch über Gayatri trifft sie nun selbst; in der Zeit des Mahabharata-Krieges heiratet Adyha in ihrer Inkarnation als Draupadi die fünf Pandava-Prinzen gleichzeitig.

Adhya gibt Vishnu die Erfahrung von Licht

Als sie dies alles hörte, war die Mutter glücklich; sie hob Vishnu auf und nahm ihn auf ihren Schoß. Dann sprach Adhya auf diese Weise:

„Mein lieber Sohn, höre mir zu: Weißt du, mein Sohn, jetzt werde ich dich deinen Vater sehen lassen und die Illusion deines Gemüts auflösen. Blicke zuerst mit dem Auge deines Verstandes und gehorche meinen Worten mit deinem Herzen. Begreife, daß dein Gemüt der Schöpfer ist; wisse, daß kein anderer als dein Gemüt der Schöpfer ist. In den Himmeln und Welten unten wird nur das Gemüt ausgebreitet. Das Gemüt ist unstabil und unwahr; innerhalb eines Augenblicks kann es grenzenlose Betrügereien darstellen. Niemand kann das Gemüt jemals sehen. Nenne das Gemüt Nirankar (Kal, hier aber als „Gott" gemeint!) und bleibe Tag und Nacht in seinen Wünschen glücklich. Indem du deine Aufmerk-samkeit nach innen wendest, schaue in die Leere, wo das Licht scheint. Kontrolliere deinen Atem und erreiche Gaggan (Astralhimmel); dann meditiere über den Weg des Himmels."

Vishnu tat in seinem Geist, wie es seine Mutter erklärt hatte. Indem er den Atem kontrollierte, begab er sich in die (innere) Höhle und meditierte. Im Himmel wurde durch eine Welle von Wind ein lauter Klang gemacht. Als er den Klang hörte, wurde sein Gemüt berauscht und stellte sich dann etwas vor. Durch die Vorstellung(skraft) seines Gemüts wurden weiße, gelbe, grüne und rote Wolken in der Ebene der Leere gesehen.

Danach, Dharam Das, zeigte sich ihm (Vishnu) das Gemüt. Es (das Gemüt) zeigte das Licht – und Vishnu wurde glücklich, als er es sah. Vishnu verneigte sich vor seiner Mutter mit Demut und in abhängiger Ergebenheit: „O meine Mutter, mit deiner Gnade habe ich den Herrn gesehen."

Dharam Das fragte (Kabir) demütig: O Herr, ich verstehe das nicht recht: Die Frau (Adhya) erzählte ihm (Vishnu) über das meditierende Gemüt – werden alle Seelen auf diese Weise in die Irre geführt?"

Der Sat Guru sprach: Dharam Das, dies ist der Charakter von Kal und deshalb hat Vishnu das Wissen um Gott nicht erlangt. Betrachte die List, die die Frau ausführte: Sie verbarg den Nektar und gab ihrem Sohn auf listige Weise das Gift[29]. Es gibt keinen Unterschied zwischen Kal und dem von Vishnu geschauten Licht: Nachdem du (Dharam Das) die Wahrheit verstehst, halte dich an die wahre Religion.

Dies ist der Charakter von Kal: was immer in ihm ist, so verhält sich Kal auch außen. Wenn ein Mensch die Flamme entzündet, denke über seinen Charakter nach: Wenn sie das Licht erblickt, fliegt die Motte näher heran; sie begreift das Licht als ihren Geliebten. Aber sobald die Motte die Flamme berührt, wird sie zu Asche reduziert. Ohne das zu wissen, stirbt sie umsonst. Kal ist wie die Flamme. Dieser grausame Kal verschont keinen. Er hat Millionen von Inkarnationen von Vishnu verschlungen. Brahma und Shiva werden auch von ihm verschlungen – nachdem Kal sie bedrängt. Es gibt so viele Schwierigkeiten, die er den Seelen bereitet, ich (Kabir) könnte sie nie alle aufzählen: wenn ich über sie nachdenke, bin ich erschreckt. Täglich verschlingt er einhunderttausend Seelen – so fürchterlich ist der Schlächter Kal!

Dharam Das sagte: Höre, mein Herr: ein Zweifel ist in mein Gemüt gekommen. Adhya wurde von Gott geschaffen, und ich weiß (habe gehört), wie sie geschaffen wurde. Sie wurde von Kal verschlungen und sie kam durch die herrliche Gnade Gottes wieder heraus. Aber dieselbe Adhya hat betrogen – indem sie sich von Gott abwandte, hat sie Kal(s Macht) offenbart. Sie berichtete ihren Söhnen nicht vom Geheimnis Gottes; sie ließ sie über Kal meditieren. Warum hat Adhya das getan? Warum verließ sie Gott und freundete sich mit Kal an?

---

[29] Adhya weiß, daß Kal nicht Gott ist; sie weiß auch, daß das persönliche Gemüt (nur) eine Spiegelung ist von Kal in dessen Form als universales Gemüt; Adhya leistet Vishnus Irrtum also Vorschub, daß das von seinem eigenen Gemüt erzeugte Licht „Gott" sei.

Der Sat Guru sprach: O Dharam Das, höre von den Eigenschaften der Frau[30]: Ich werde dich alles verstehen machen. Wenn es in der Familie ein Mädchen gibt, wird sie mit vielen Annehmlichkeiten groß: sie erhält ihr Essen, ihre Kleidung und eine Bettstelle. Und doch betrachtet sie jeder als „Außenseiter". Indem man liebevoll die Hochzeitsfeierlichkeiten ausführt, verläßt sie die Familie mit ihrem Ehemann. Wenn die Tochter in das Heim ihres Ehemannes geht, wird sie in den Farben des Ehemannes gefärbt. Sie vergißt ihre Mutter und ihren Vater: Dharam Das, dies sind die Eigenschaften der Frau. Deshalb hatte sich Adhya (von Gott) entfremdet und wurde zu einem Teil von Kal. Deshalb offenbarte sie nicht Gott und zeigte Vishnu (stattdessen) Kals Form (das Licht).

Dharam Das sagte zu Kabir: O mein Herr, nun kenne ich das Geheimnis. Berichte mir, was danach geschah.

Kabir sprach zu Dharam Das: Die Mutter demütigte den Stolz Brahmas und rief erneut ihren lieben Sohn Vishnu: „O Vishnu, du erhältst diese Segnung: Du wirst der Liebling unter den Göttern sein. Ich werde dafür arbeiten, jeden Wunsch zu erfüllen, den du im Herzen trägst. Der erste Sohn Brahma wird (wurde) getadelt, weil ihm Falschheit und üble Taten lieb waren. Nun bist du der erste unter den Göttern, und jeder wird dich anbeten," sagte seine Mutter zu ihm.

Kabir sprach zu Dharam Das: So sprach die Mutter diese Worte, voller Gnade, und machte Vishnu zum Höchsten. Dann ging sie zu Shiva. Als er sie sah, war Shiva voller Glückseligkeit.

---

[30] Frau: nach Ansicht des dt. Hrsg. ist hier nicht die Frau als Frau gemeint, sondern das Gemüt (Sinneswahrnehmung, Gefühle, Verstand, Ich), das sich mit der geschaffenen Welt und deren vergänglichen Erscheinungen verbunden hat. Vermutlich ist bereits in der Übertragung der mündlichen Erzählungen Kabirs in die ersten schriftlichen Fassungen – durch männliche Schriftgelehrte! – eine Abwertung der Frau als Frau willkürlich hinzugefügt worden. Denn zur Erinnerung: es war ja Gott, der Adhya geschaffen und zu Kal gesandt hat, und es war Kal, der (letztlich mit stillschweigender Billigung Gottes!) Adhya zur Frau, zum Geschlechtsobjekt, gegen ihren Willen gemacht hatte.

Adhya segnet Shiva

Wiederum fragte die Mutter: „Sage mir, mein Kind, du, Shiva, sage mir, was in deinem Herzen ist. Bitte um was immer du möchtest – Mutter wird dir das geben. Mein Sohn, ich bin entschlossen, dir einen Segen nach deinem Wunsch zu geben."

Indem er seine Hände faltete, sagte Shiva, „Mutter, ich werde tun, was du anordnest. Ich bitte nur um diesen Segen: daß mein Körper niemals zerstört werden wird! O meine Mutter, segne mich mit solcher Gnade, daß mein Körper niemals vergeht."

Adhya sagte, „Das kann niemals geschehen; niemand kann unsterblich werden. Falls du jedoch Yoga übst, und den Atem kontrollierst, dann wird dein Körper vier Zeitalter überdauern. Solange die Erde und der Himmel bestehen, wird dein Körper nicht vergehen[31]."

Dharam Das sagte: Erkläre mir das Wissen. Ich habe alle (bisherigen) Geheimnisse erhalten; berichte mir nun über Brahma. Nachdem er von Adhya verflucht wurde, was tat Brahma dann?

Kabir sprach: Als Vishnu und Shiva ihre Segnungen erhielten, waren sie glücklich und aufgeregt. In ihrem Gemüt waren sie fröhlich, während Brahma gedemütigt war. Dharam Das, ich weiß alles. Ich werde es dir Stück für Stück berichten.

Brahma geht zu Vishnu

Brahma wurde sehr traurig in seinem Gemüt und ging zu Vishnu. Als er dort ankam, bat er Vishnu und sagte: „Du bist mein Bruder und der höchste unter den Göttern. Mutter ist dir gnädig, während ich aufgrund ihres Fluchs leide. O Bruder, ich leide aufgrund meiner eigenen Handlungen. Wie kann ich Mutter die Schuld geben?

---

[31] am Ende von jeweils vier Zeitalter erfolgt eine „Auflösung", infolge derer auch die Götter und Göttinnen ihre Funktionen und ihre feinstofflichen Körper verlieren; und andere Seelen in diese „hineinwachsen" (denn nur Kal ist vom Fluch Gottes getroffen, daß er niemals wieder in die wahrhaft himmlischen Sphären aufsteigen kann, solange irgendeine der Schöpfungsebenen besteht, weil Gott ja sonst – wie weiter oben erwähnt – alles wieder in sich hineinziehen würde/müßte).

O Bruder, nun tue etwas, wodurch mein Geschlecht sich fortsetzen kann, indem du Mutters Worten folgst."

Vishnu sagte: „Gib deine Gemütsfurcht auf; ich werde dir dienen. Du bist der Ältere und ich bin dein jüngerer Bruder. Beseitige also all deine Zweifel und Sorgen. Jeder, der mich anbetet, wird auch deiner Familie dienen[32]. Ich werde diesen Glauben in der Welt garantieren: falls du (Brahma) die Tugenden und Früchte von Anbetung erwünschst, dann wird das Yajna-Ritual und die Anbetung ohne einen Brahmanen nicht angenommen werden. Jene, welche die Brahmanen verehren, werden tugendhafte Taten tun, und nur sie werden mir lieb sein. Ihnen allein werde ich einen Platz geben, um an meiner Wohnstatt zu wohnen.

Kabir sprach zu Dharam Das: Brahma war erfreut, als Vishnu das sagte (und antwortete): „O Bruder, du hast das Leid meines Gemüts beendet. Jetzt bin ich glücklich."

Kals Täuschung

Dharam Das, betrachte die Gesamtheit dessen, was von Kal getan wurde. Er hat die ganze Welt dadurch getäuscht. Er läßt die Seele (ihren Ursprung) vergessen, indem er ihr Hoffnung gibt (auf vermeintliche Erlösung), und macht sie von Geburt zu Geburt gehen. Bali, Harishchandra, Van, Verachan, Kuntis Sohn, und so viele andere waren unter den tugendhaften, entsagungsvollen Königen. Welchen Platz hat er ihnen gegeben? Die ganze Welt, die unter der Herrschaft Kals steht, weiß, was mit ihnen geschehen ist. Jeder weiß, daß sie nicht gereinigt werden können, da Kal ihren Verstand mit seiner Macht beherrscht. Da sie sich in der Welle des Gemüts befindet, hat die Seele vergessen; und nun weiß sie nicht, wie sie in ihre eigene Heimat zurück gelangt.

---

[32] Familie = „Rasse", Geschlecht, gesellschaftliche Gruppe; die Brahmanen-Kaste wird für die Vishnu-Verehrung (Vaishnaviten-Hindus) und ihre Rituale durch Vishnus Diktum unentbehrlich gemacht; Brahma wird also nicht direkt angebetet, erhält aber immerhin Anteil an den „Tugenden" und „Früchte" der Anbetung Vishnus.

Dharam Das sagte: Höre, mein Herr: berichte mir, was danach geschah. Mit deiner Gnade bin ich nun in der Lage, die Täuschung Kals zu erkennen. Ich habe mein Gemüt jetzt endgültig zu Deinen Füßen gelegt. Indem Du mir den Nektar in Form des Heiligen Wortes gegeben hast, hast Du mich davor gerettet, im Meer der Welt zu ertrinken. Nun erzähle mir den Rest der Geschichte und erkläre mir, wie ihre Verwünschungen zu Ende gebracht wurden.

Kabir sprach zu Dharam Das: Dharam Das, dies sage ich dir, dieses Wort des unbegreiflichen Wissens: Als Gayatri den Fluch annahm, den ihre Mutter ausgesprochen hatte, verwünschte sie selbst wiederum ihre Mutter: „Du wirst die Mutter jener fünf (Männer) sein, deren Frau ich bin. Du wirst ein Kind ohne die Hilfe eines Mannes empfangen und die ganze Welt weiß davon," sagte sie. Damit erlitten beide die Folge der Verwünschungen. Zur festgesetzten Zeit kamen beide in einem menschlichen Körper (auf die „historische" Erde)[32].

Die Erschaffung der niederen Welten

Nach all diesen Geschehnissen wurde die Welt erschaffen. Dabei wurden 8,4 Millionen Körper (Lebensformen) und vier Arten der Schöpfung (Zeugungsweise) geschaffen. Mutter erschuf zuerst die aus dem Ei geborenen Geschöpfe, und Brahma jene, die aus dem Schoß geboren werden; Vishnu schuf die aus Feuchtigkeit geborenen und Shiva unternahm die Schöpfung der aus dem Samenkorn geborenen. Dann begann die Zeugung von Körpern. Erkenne jenen, der den Körper schafft. Auf diese Weise wurde die Schöpfung in alle vier Himmelsrichtungen verbreitet. O Dharam Das, jetzt kennst du die Geschichte der Erschaffung der vier Arten von Leben. Behalte das in deinem Gedächtnis.

4. Die vier Arten von Leben

Dharam Das fragte sodann, indem er seine Hände faltete: O Sat Guru, bitte erzähle mir dies: Berichte mir über die Existenz der Schöpfung der vier verschiedenen Lebensarten und erläutere sie mir. Wie

---

[32] Adyha als *Pritha*, Mutter der fünf Pandavas, Gayatri als *Draupadi*, deren Frau.

wurden die 8,4 Millionen Lebensformen (Körperformen) aufgeteilt (in die vier Lebensarten)? Wie lange dauert ihre Lebensspanne? *Kabir sprach:* Höre, Dharam Das: Ich werde dir die Geburten beschreiben. Ich werde dir alles erklären, eins nach dem anderen; ich werde nichts vor dir verbergen. Höre mir aufmerksam zu, und bringe keinen Zweifel in dein Gemüt.

Wie die 8,4 Millionen Lebensformen verteilt sind

Es gibt 900.000 Arten von Wassergeschöpfen; 1,4 Millionen Arten von Vögeln. Ich will sie beschreiben. Insekten gibt es 2,7 Millionen Arten; 3 Millionen Bäume und Pflanzen existieren. Es gibt 400.000 Arten von „rationalen Wesen"[1], unter denen der menschliche Körper der höchste ist. In einer anderen Lebensform (als der menschlichen Gestalt) kann die Seele Gott nicht erkennen; vom Karma gebunden, kommt er und geht er (immerzu).

Dharam Das verneigte seinen Kopf vor Seinen (Kabirs) Füßen und bat den Herrn ihm zu erklären: In allen Arten der Geburt sind die Seelen ähnlich. Warum haben sie dann nicht die gleiche Erkenntnis(-möglichkeit wie in der höchsten Form, der menschlichen Gestalt)? Sage mir, warum es diesen Unterschied gibt, so daß mein Gemütszweifel aufgelöst werde.

Der Sat Guru sprach: Höre, Dharam Das, du bist mein Ornament; ich werde dir diesen Mangel erläutern. In allen vier Arten der Geschöpfe ist die Seele ähnlich; aber höre, was ich dir jetzt sagen will. In den aus dem Samenkorn geborenen (Geschöpfen) gibt es (nur) ein Element. Das aus Feuchtigkeit geborene Geschöpf enthält zwei Elemente, während das aus dem Ei geborene Leben drei Elemente enthält. Im Geschöpf, das aus dem Schoß geboren wird, sind vier, und im menschlichen Körper sind fünf Elemente gegenwärtig[2].

---

[1] „rationale Wesen: Säugetiere, Menschen und Geistwesen wie Feen, Engel, Götter etc.

[2] Die Zuordnung folgt der indischen Mythologie, nicht heutigen naturwissenschaftlichen Erkenntnissen: Samenkorn = Pflanzen; aus Feuchtigkeit geboren = Insekten (deren Schlüpfen von Wärme und Wasser abhängt); aus dem Ei geboren = Reptilien, Vögel; aus dem Schoß geboren = Säugetiere; Mensch = vier Grundelemente + Äther bzw. „Bewußtsein".

Aufgrund des menschlichen Körpers hält die Seele das Recht, Wissen zu verstehen. Der menschliche Körper ist zur Verehrung Gottes geschaffen worden.

Dharam Das sagte zu Kabir: O Herr, erkläre mir, welche Elemente sie enthalten. Welche Elemente sind in den Geschöpfen, die aus dem Ei geboren sind und aus dem Schoß, aus Feuchtigkeit und aus dem Samenkorn? Beschreibe sie mir alle. Segne mich mit Deiner Gnade; verberge nichts vor mir.

Der Sat Guru sprach: Höre Dharam Das, von den Elementen, die in den unterschiedlichen Arten der Lebensformen enthalten sind. Ich werde dir sagen, was worin enthalten ist.

Im Ei-Geborenen gibt es drei Elemente: Wasser, Luft und Feuer. Im Samenkorn-Geborenen gibt es nur eins: dort ist das Element Wasser gegenwärtig. Das Feuchtigkeits-Geborene trägt zwei Elemente in sich: es sind Luft und Feuer. Im Schoß-Geborenen sind vier Elemente enthalten: Erde, Feuer, Wasser und Luft. Unter den Schoß-Geborenen ist der menschliche Körper der höchste, der (weil er) fünf Elemente enthält.

Kabir spricht dies wahrhaftig, Dharam Das: du kannst es überprüfen. Der Körper des Menschen ist aus dem Schoß geschaffen, aber in ihm werden fünf Elemente entwickelt: Deshalb besitzt er mehr Erkenntnis und geht nach Sat Lok[3], nachdem (sobald) er das Heilige Wort ergreift.

Warum haben nicht alle Menschen das gleiche Maß an Verstand?
Dharam Das sagte: Höre, o Befreier der Gefangenen, bitte löse meine eine Illusion auf: Alle Männer und Frauen haben ähnliche Elemente, aber sie haben keinen ähnlichen Verstand. Manche haben Mitgefühl, Keuschheit, Zufriedenheit und Vergebung in sich, während andere ohne diese Eigenschaften sind. Manche sind Verbrecher, manche sind kaltherzig, und manche sind so grausam wie Kal. Manche töten andere, während manche sehr gnädig sind. Manche werden glücklich, wenn sie das göttliche Wissen hören,

---

[3] Sat Lok: Wohnstatt der Wahrheit, ewige Heimat der Seele bei/in Gott.

aber manche ziehen es vor, den Lobpreis Kals zu singen. Mein Herr, erkläre mir, warum es in unterschiedlichen menschlichen Wesen unterschiedliche Eigenschaften gibt.

Kabir sprach zu Dharam Das: Dharam Das, höre mir aufmerksam zu; ich will dir von den Eigenschaften von Männern und Frauen berichten. Ich werde dich den Grund verstehen machen, daß der Mensch intelligent oder töricht wird.

Die Seelen, welche in die menschliche Form gelangen, nachdem sie (vorher) in Körpern wie denen von Löwe, Schlange, Hund, Schakal, Krähe, Geier, Schwein, Katze und dergleichen waren, essen ungenießbare Dinge. Erkenne sie als Personen mit schlechten Eigenschaften. Die Natur ihrer Vergangenheit verläßt sie nicht aufgrund ihrer Karmas; nur große Tugendhaftigkeit kann sie befreien. Deshalb benehmen sie sich, obwohl sie als menschliche Wesen manifestiert wurden, doch wie Tiere.

Die Seele hat ihr Wesen entsprechend des Körpers, was immer er auch gewesen sein mag, aus dem sie (in der vorherigen Inkarnation) (jetzt in dieses Leben) kommt: Sie kommen als Sünder, als Gewalttätige und Mörder, und verehren Gift. Welche Eigenschaften sie auch haben mögen: sie können nicht geändert werden.

Wenn man (jedoch) dem Sat Guru begegnet und Er dem Menschen Wissen gibt, vergißt dieser (der Mensch) seine Tiernatur. Bruder, nur wenn das Sandpapier von Naam oder dem Heiligen Wort angewendet wird, kann der Rost der Seele entfernt werden. Wenn der Wäscher die Kleidung wäscht, benutzt er Seife. Die Kleidungsstücke, die nur wenig schmutzig sind, brauchen wenig Arbeit, um den Schmutz zu entfernen. Die Kleidung, die sehr schmutzig ist, bedarf mehr Arbeit. Die Natur des Menschen ist wie die Kleidung und der Schmutz. Manche Seelen erhalten das (spirituelle) Wissen mit nur geringer Erklärung und Arbeit.

Dharam Das sagte: Dies war die Beschreibung einiger Körper. Aber bitte berichte mir jetzt über jede Art der Schöpfung. Wenn die

Seelen aus allen vier Lebensarten in den menschlichen Körper kommen, welche Eigenschaften haben sie (dann)? Erkläre mir dies bitte ganz genau, o mein Herr; schenk mir Gnade, damit ich etwas Bewußtheit erlange, wenn ich dies lerne.

Wie man die Seelen aus den vier Lebensarten erkennt
Kabir sprach: Dharam Das, höre aufmerksam, was ich sage. Ich werde die Eigenschaften der vier Schöpfungsarten erklären. Nachdem sie in allen vier Arten umhergewandert, kommt die Seele in den menschlichen Körper. Entsprechend den Eigenschaften des Körpers, den die Seele verläßt, bevor sie Mensch wird, erhält der Mensch Wissen. Jetzt will ich dir über die guten und die schlechten Eigenschaften der Seele (bzw. der Menschen), entsprechend ihrer vergangenen Körper, berichten.

Aus dem Ei geborene Seelen
Zuerst erzähle ich über jene, die aus dem Ei geboren sind. Sie haben viel Faulheit in sich, Schläfrigkeit, Begierde, Zorn und Armut. Sie stehlen gern; sie sind sehr aktiv; und in sich tragen sie ein großes Verlangen nach Maya. Sie reden hinter dem Rücken und kritisieren, und zünden ihr eigenes Haus auch noch selber an. Manchmal weinen sie, manchmal lachen sie, manchmal singen sie. Sie dienen gern den Geistern. Wenn sie sehen, daß andere mildtätige Gaben geben, werden sie eifersüchtig und denken schlecht über jene. Sie debattieren mit anderen und lassen kein Wissen über Gott in ihrem Gemüt zu. Sie nehmen keine Gurus oder Sat Gurus an, und werfen die Veden und Shastras[4] fort. Sie betrachten andere als minderwertig und nennen sich selbst überlegen. Sie nehmen andere nicht als ihnen gleichgestellt an. Sie tragen schmutzige Kleidung und baden nicht (waschen sich nicht). Ihre Augen bleiben voller Schmutz und sogar aus ihrem Mund fließt Speichel herunter. Sie wetten gern und sind sich der Herrlichkeit der Füße des Gurus niemals bewußt. Ihr Kopf ist gesenkt, ihre Beine sind lang und sie schlafen viel.

---

[4] Veden und Shastras: heilige Hinduschriften.

Dies sind die Zeichen der Art, die aus dem Ei geboren sind. Lerne sie zu unterscheiden (erkennen), o intelligenter Dharam Das; ich habe dir das Geheimnis enthüllt. Ich habe nichts verborgen. Ich berichte dir, wie die Seelen umherwandern. Ich will all deine Illusionen beseitigen.

Aus Feuchtigkeit geborene Seelen

Nun werde ich dir über eine andere Art der Schöpfung berichten, über die Eigenschaften der Seelen, welche aus einer durch Feuchtigkeit geborenen Form in die menschliche Gestalt kommen. Kabir spricht: Höre, Dharam Das, ich werde dir das Geheimnis der (zuvor) aus Feuchtigkeit geborenen Wesen enthüllen.

Sie gehen auf Jagd und töten Seelen (Tiere?); sie kochen sie auf verschiedene Weise und essen sie. Sie sprechen verächtlich von Naam oder dem Heilige Wort und kritisieren das Wissen von Gott; sie lehnen auch das Ritual von Chauka und der Kokosnuß[5] ab. Sie kennen viele Weisen zu reden und sie lieben es, anderen Dinge zu erklären. Bei einer Zusammenkunft von Menschen lügen sie; sie tragen nachlässig gebundene Turbane, bei denen ein Ende herunterhängt. Sie bringen kein Mitgefühl und keine Rechtschaffenheit mit, und sie lachen jene aus, die anderen helfen. Sie reiben sich Tilak und Sandelholzstaub auf ihre Stirn und tragen auffällige Kleidung, während sie auf dem Markt hin und hergehen. Sie tragen Sünde in ihrem Herzen und geben vor, mitfühlend zu sein. Solche Seelen gehen ganz sicher zu Kal. Sie haben lange Zähne und einen furchteinflößenden Körperbau. Ihre Augen sind gelb und tiefliegend.

Kabir sprach: Höre, Dharam Das, jetzt weißt du darüber Bescheid. Ohne den Sat Guru kann keiner dieses Wissen erlangen. Ich habe dir alles klar gesagt. Es war gut, daß du mir begegnet bist – ich werde nichts vor dir verbergen. Was du mich auch fragen magst, ich werde dir das ganze Geheimnis enthüllen.

---

[5] dieses Ritual wird später erklärt.

Aus dem Pflanzenreich geborene Seelen

Die dritte Art der Schöpfung wird „unbeweglich" genannt. Ich werde dir die Eigenschaften der Seelen berichten, die daraus (aus dem Pflanzenreich) in den menschlichen Körper kommen. Die Seele nimmt einen Körper auf entsprechend ihrer vorherigen Umkleidung.

Diese Seelen tragen lange Hemden, Gürtel und Turbane, und sie dienen gern am herrschaftlichen Hof. Sie reiten auf Pferden und haben drei Schwerter an ihre Hüfte gegürtet. Sie zwinkern den Frauen anderer Männer zu und spaßen mit ihnen, und geben sich durch Winke zu erkennen. Sie sprechen sehr süß und haben Begierde in sich. Sie schauen in anderer Menschen Häuser und werden, wenn man sie fängt, an den Hof des Königs gebracht; aber sogar, wenn Menschen über sie lachen, fühlen sie sich nicht peinlich. Sie beginnen in einem Augenblick, Gebete zu verrichten, und im nächsten beginnen sie zu dienen. Sie vergessen Gott in einem Moment und beten Ihn im nächsten an. Sie lesen gewichtige Bücher in einem Augenblick und fangen im nächsten an, herum zu tanzen. Sie sind in einem Moment tapfer und im nächsten Feiglinge. Sie sind in einem Augenblick ehrlich und erheben im nächsten vielfältige Anschuldigungen gegen andere. In einem Augenblick handeln sie religiös, im nächsten verursachen sie schlechte Karmas. Während sie essen, kratzen sie sich, und sie reiben immerfort ihre Schenkel und Hände. Nach dem Essen schlafen sie; falls jemand sie aufweckt, rennen sie ihm nach, um ihn zu schlagen. Ihre Augen bleiben rot. Was sollte ich sonst noch (darüber) sagen?

Dharam Das, die Seelen, die aus der unbeweglichen Schöpfung kommen, besitzen ein schnelles Gemüt. Ich sage dir die Wahrheit: daß ein solcher Mensch in einem Augenblick alles umstößt (ruiniert), was er (zuvor) geleistet hat. Wenn einer solchen Seele der Sat Guru begegnet, entfernt Er die Auswirkungen ihres früheren Körpers; wenn sie (die Seele) sich den Füßen des Sat Gurus hingibt, sendet Er sie nach Sat Lok.

Aus dem Schoß geborene Seelen

Höre zu, Dharam Das, während ich dir von den Eigenschaften und Zeichen der Wesen berichte, die aus dem Schoß geboren sind: Ich erzähle dir nun von der vierten Lebensart.

Eine solche Seele (die zuvor bereits eine aus dem Schoß geborene Lebensform besaß) lebt als Entsagender und bleibt still. Sie handelt religiös erst, nachdem sie religiöse Bücher „verdaut" (gelesen) hat. Sie geht auf Pilgerreisen und übt Yoga und Samadhi[6]. Sie heftet ihr Gemüt an die Füße des Gurus. Sie spricht über die Veden und die Puranas, und wenn sie inmitten einer Gruppe von Menschen sitzt, spricht sie von guten Dingen. Eine solche Seele ist fähig, ein König zu werden, und erfreut sich der Frau bzw. des Mannes), bringt aber nie einen Zweifel in sein Gemüt. Sie mag Reichtum und das Glück, das Geld mit sich bringt, und schläft auf einer bequemen Bettstelle. Sie liebt gutes Essen sehr und ißt oft Gewürznelken und Betelnuß. Sie gibt viel ihres Geldes für wohltätige Zwecke aus und reinigt so ihr Herz. Ihre Augen sind klar und ihr Körper ist stark und sie ist mutig. Sie hält die Himmel in ihren Händen – sie verneigt sich immer vor Statuen (von Heiligen und Göttern). O Dharam Das, ein solcher Mensch ist sehr demütig, erkenne also eine solche Seele. Tag und Nacht hält sie sich an die Füße des Sat Gurus, und voller Entschlossenheit folgt sie dem Weg des Heiligen Wortes.

O Dharam Das, ich habe dir jetzt eins nach dem anderen berichtet. Ich habe dir die Zeichen aller vier Arten der Schöpfung aufgezählt. Höre nun von weiteren Dingen.

Menschen, die wieder Mensch werden

Falls eine Seele, nachdem sie den menschlichen Körper verläßt, wiederum in Gestalt eines Menschen kommt, so höre aufmerksam, Dharam Das, wie du eine solche Seele erkennst.

Dharam Das sagte: O mein Herr, ein Zweifel ist in meinem Gemüt aufgetaucht: bitte laß mich richtig verstehen. Die Seele erhält den

---

[6] Samadhi: normalerweise „Erleuchtungszustand" als Ziel und Frucht von Yoga; hier ist vermutlich anhaltende Meditation gemeint.

menschlichen Körper nur, nachdem sie den Kreislauf der 8,4 Millionen Lebensformen durchwandert hat. Das hast Du mir zuvor gesagt. Warum jetzt diese neue Aussage? Enthülle das Geheimnis, o mein Meister – *und während er dies sagte, umfing Dharam Das die Füße des Meisters* – berichte mir von den Zeichen des Menschen, der aus dem menschlichen Körper kommt und erkläre mir, wie das möglich ist[7].

Kabir sprach: Dharam Das, das wirst du gut verstehen, da ich dir jetzt das Geheimnis berichten will. Ein Mensch, der stirbt, bevor seine Zeit abgelaufen ist[8], kommt wieder in den menschlichen Körper. Jene törichten Menschen, die das nicht glauben, können es anhand des Beispiels des Dochtes einer Öllampe verstehen. Wenn eine Lampe mit Öl gefüllt ist, aber ein Windstoß kommt, geht sie aus, wird dann aber wieder neu angezündet. In derselben Weise kommt die Seele wieder in den menschlichen Körper.
Höre, Weiser (Dharam Das): Ich werde dir von den Eigenschaften einer solchen Seele berichten. Ich werde kein Wissen vor dir verbergen. Ein solcher Mensch ist tapfer unter den Menschen – Angst nähert sich ihm nie. Er wird nicht von Maya angezogen und erfährt kein Verhaftetsein; wenn sie ihn anblicken, erzittern seine Feinde voller Furcht. Er glaubt an das Wahre Wort, und weiß nicht, was Kritik (an anderen Menschen) ist. Er hält immer Liebe für den Sat Guru aufrecht und spricht liebevoll und voller Demut. Er sucht nach Wissen, indem er vorgibt, unwissend zu sein, aber er läßt Menschen vom Wahren Naam oder Wort wissen. Der Mensch, der

---

[7] Während im Westen gemeinhin angenommen wird (soweit man an Reinkarnation „glaubt"), daß fast alle Menschen bereits vor dieser Geburt ebenfalls als Menschen gelebt haben (was durch sogenannte „Reinkarnationssitzungen" gern als „bewiesen" betrachtet wird), gingen/gehen die meisten Menschen im Osten davon aus, daß der Mensch in der Regel *keine* menschliche Form vor diesem Leben hatte; daher Dharam Das' Nachfrage.
[8] bezieht sich *nicht* auf einen vermeintlich zu frühen Tod (da die Lebenszeit genau abgemessen ist), sondern darauf, daß ein Mensch, wenn er seinen freien Willen einsetzt, um nach Gott zu suchen, nach der Wahrheit oder einem Heiligen, bzw. er/sie sich im selbstlosen liebevollen Dienst für andere Geschöpfe einsetzt, aber in der jeweiligen Lebenszeit noch nicht ans Ziel gelangt, dann doch erneut eine menschliche Geburt erhält, um die Erlösung der Seele zu erlangen.

70

all diese Eigenschaften besitzt, Dharam Das, erkenne in ihm jemanden, der (in seiner letzten Inkarnation) aus dem menschlichen Körper kommt.

Jener, der Naam (das Heilige Wort) erhält, wird frei vom Schmutz (des Kreislaufs) von Geburt zu Geburt. Die Seele, die Naam und Simran[9] erhält, geht nach Sat Lok. Die Seele, welche das Heilige Wort (die „Kraft") des Meisters mit Festigkeit annimmt, wird (selber) so kostbar wie Nektar[10]. Sie geht nach Hause zurück mit der Kraft von Sat Naam und sie singt voller Frieden und Beglückung. Kal hält die Seele nicht auf, welche die Herrlichkeit von Sat Naam bei sich hat. Sogar Kal verneigt sich vor der Seele, welche das Siegel von Naam trägt.

Warum wurden die 8,4 Millionen Lebensformen geschaffen?

Dharam Das sagte: Du hast mir das Geheimnis der vier Schöpfungsarten gesagt, nun beantworte mir bitte weiter, was ich auch fragen möchte. *Warum* wurde der Strom der 8,4 Millionen Geburten entwickelt? Wurde er des Menschen willen geschaffen, oder damit andere Seelen ihre (karmischen) Konten ausgleichen können? O mein Meister, sage mir den Grund. Habe Gnade für mich, weise mich nicht ab.

Der Sat Guru sprach: Dharam Das, der menschliche Körper verleiht Glück. Nur im menschlichen Körper kann das Wissen des Heiligen verstanden werden. Gleich, wohin ein Mensch geht, nachdem er den menschlichen Körper erhalten hat, wird er ohne die Hingabe des Sat Gurus (an den Schüler!) immer leiden. Die 8,4 Millionen wurden um des Menschen willen geschaffen, weil diese törichte Art (der Mensch) das Heilige Wort (sonst) nicht annimmt. Er gibt die Gewohnheiten der 8,4 Millionen nicht auf, und lenkt seine Lie-

---

[9] *Simran:* Gottesnamen, die vom Sat Guru mit „göttlicher Energie geladen" werden und als Schutz in den Außen- und Innenwelten dienen; der Erhalt von Naam und Simran entspricht der eigentlichen „Taufe", die nicht nur symbolisch mit Wasser erfolgt, sondern die urchristliche „Taufe mit dem Heiligen Geist und mit Feuer" ist; siehe auch *Was lehrte Jesus wirklich?* im Anhang in der Bibliographie.

[10] Nektar: Heiliger Geist, innerer Segen, „Manna", Strom der bewußten Glückseligkeit.

be nicht auf das wahre Naam (auf den Heiligen Geist). Dann geht er wieder in den Kreislauf der 8,4 Millionen (zurück), wo er kein Wissen über Gott finden kann. Ständig läuft er in Kals Schlund, aber selbst dann wacht er nicht auf. Es wird ihm auf man-nigfaltige Weise erklärt, und doch lädt er selbst sich immer wieder (neue) Schwierigkeiten ein. Falls er Sat Naam (an)nimmt, während er im menschlichen Körper ist, dann kann er mit der Glorie von Naam zurück in seine ewige Heimat gehen.

Wenn er die Liebe (Gottes und der Heiligen) versteht, und sich über den Körper erhebt[11], erhält die Seele, welche sich fest im ursprünglichen Wort verankert, den Segen des Simran. Und durch die Gnade des Meisters kommt sie auf den (spirituellen) Weg. Indem sie die Gewohnheiten der Krähe aufgibt, nimmt sie den Weg des Schwans und und trennt Milch von Wasser. Mit der Schau dieses Wissens schaut man das Unsichtbare. Eine solche Seele erkennt den vollkommenen Meister.

Das Wortlose ist alles: Es wird durch das Fleisch gewordene Wort enthüllt. Dharam Das, denke darüber nach: das Wortlose ist ohne Elemente.

Dharam Das sagte: Gesegnet war jener Tag für mich, o mein Herr, als ich Deinen *Darshan* (Anblick) hatte. Sei diesem Diener barmherzig. Betrachte mich als Deinen Knecht, gib mir dieses Gnadengeschenk: daß ich Tag und Nacht in Deine Füße versenkt bleiben möge, daß mein Gemüt nicht nur einen Augenblick lang schwankt. Der Staub Deiner wunderschönen Lotosfüße[12] reinigt viele Sünder. O Meer der Gnade, Barmherziger Herr, habe Gnade mit mir, O All-

---

[11] über den Körper erheben: eine stille Meditationsweise, während derer sich das Bewußtsein von Sinneswahrnehmungen, Gefühlen und Gedanken löst und beginnt, in die rein geistigen, inneren Welten zu schauen bzw. zu „reisen".
[12] Lotosfüße, Füße des Sat Gurus: damit sind *nicht* die körperlichen Füße gemeint, sondern äußerlich die Augen des Heiligen, die als Fenster zu Gott gelten, und innerlich, in der Meditation, das von der strahlenden Lichtgestalt des Geistführers ausgehende Licht; in Indien ist das Berühren der Füße oder Beine von Eltern, Großeltern, Lehrern, hochgestellten Persönlichkeiten und Heiligen ein äußerliches Zeichen für Ehrerbietung.

Bewußter. O mein Herr, ich gebe mich Dir ganz hin: berichte mir auf verständliche Weise mehr von der Geschichte. Was geschah, nachdem die vier Lebensarten geschaffen wurden? Enthülle mir alle Geheimnisse.

5. Kal fängt die Seelen
Kal schafft einen Fallstrick
Kabir sprach: Höre, Dharam Das, solcher Art ist das Spiel von Kal, daß noch nicht einmal Pandits und Quazis[13] es durchschauen können. Sie nennen Kal den Herrn, und indem sie den Nektar nicht beachten, trinken sie das Gift. Die vier zusammen (Adhya, Brahma, Vishnu und Shiva[14]) schufen diese (niedere) Schöpfung und färbten die Seelen in ihrer zeitlichen (vorübergehenden) Farbe. Die Seele, die fünf Elemente und drei *Gunas* (Eigenschaften) in sich hat, weiß, daß vierzehn *Yamas* (Boten oder „Agenten" Kals) bei ihm sind. Auf diese Weise wurde der menschliche Körper (erst) geschaffen, und dann getötet; und nachdem er verschlungen wurde, wurde er erneut ins Sein gebracht. Kal und *OM*[15] sind die Wurzel der Veden. In (der Kraft von) Kal und in der Kausalebene ist die ganze Welt verloren. Die Kausalebene ist Kal, verstehe dies – und so sind Gott und Sein Wort verborgen.

Brahma gebar achtundachtzigtausend (geistige Wesen), die unter dem Schutz von Kal entwickelt wurden. Die Körper wurden von Brahma geschaffen, und deren Entwicklung fand ebenfalls statt. Und sie (diese geistigen Wesen) machten die Smritis, Shastras und Puranas, in denen alle Seelen gefangen wurden.

---

[13] *Pandits* und *Quazis*: hinduistische und islamische Schriftgelehrte.
[14] Das „Spiel" besteht u.a. auch darin, daß noch nicht einmal Kal selbst die niederen Welten geschaffen hat, sondern damit eben die „Urfrau" und die drei Götter beauftragt hat – ohne daß sogar die „Söhne" Brahma, Vishnu und Shiva Kal je zu Gesicht bekommen!
[15] Das „Spiel" Kals besteht auch darin, daß seine Kraft auf bestimmten inneren Zwischenebenen (Astral- und Kausalebene) durchaus Licht und Klang manifestieren kann (wie bei Vishnus Schau des Lichtes), und so „schöne" innere Erfahrungen ohne kompetente spirituelle „Reiseleitung" bereits für höchste Wahrheiten gehalten werden können. Das Mantra OM ist eine Silbe, welche auf irdische Weise einen Klang und ein Licht aus einer solchen Zwischenebene spiegeln soll. Heilige bringen die Seele jedoch in Verbindung mit Klängen und Licht, die über die Astral- und Kausalebene hinausführen.

Brahma führt die Seelen in die Irre und festigt sie in der Anbetung von Kal. Indem sie den Lehren der Veden folgten, wurden alle Seelen getäuscht und niemand kannte das Geheimnis Gottes.

O Dharam Das, begreife, wie Kal dieses Schauspiel schuf. Zuerst, indem er zu Dämonen, Göttern, Rishis und Munis wird (bzw. durch diese wirkt). Dann inkarniert er sich als Beschützer und zerstört die Dämonen. Auf diese Weise zeigt er den Seelen viele Schauspiele und die Seelen, die sie sehen (erleben), vertrauen ihm: „Er ist unser Herr und Beschützer." Indem er den Seelen (zunächst) seinen Auftritt als Beschützer zeigt, verschlingt er (Kal) sie am Ende. Wenn die Seelen sich im Schlund Kals befinden, (dann erst) bereuen sie.

Dann schuf Brahma sechsundachtzig Pilgerorte, sowie Karma, Sünden und Tugenden. Dann wurden die zwölf Tierkreiszeichen gemacht, siebenundzwanzig Planeten, sieben Tage, und fünfzehn Mondtage. Dann wurden die vier Zeitalter geschaffen, und die Minute, Sekunde und Atemzeit wurden eingeschätzt. Die Monate *Kartik* und *Magh* wurden als glückverheißend betrachtet. Wenige durchschauen dieses Spiel von Kal!

Pilgerreisen und heiligen Orten wurde Bedeutung zugemessen, und so geben die Seelen die Illusion nicht auf und erkennen ihr wahres Selbst nicht. Alle wurden in guten und schlechten Taten gefangen. Auf diese Weise wurden alle Seelen verstrickt.

Seelen können nicht ohne das Wahre Wort gerettet werden, und ohne das ursprüngliche Naam gehen die Seelen in Kals Schlund. Da sie Angst haben, erwerben sich Menschen Verdienste, aber durch deren Früchte werden ihre (wahren) Bedürfnisse nicht gestillt. Solange das Seil Gottes nicht ergriffen wird, wandert die Seele in verschiedenen Körpern umher.

Kal täuscht die Seelen auf vielfache Weise, und so findet die Seele das Geheimnis Gottes nicht. Die Seelen verstricken sich in Habgier nach Gewinn und werden aufgrund ihres Verlangens von Kal verschlungen. Niemand (er)kennt das Drama von Kal! Indem er ihnen Hoffnung (auf spirituelle Entwicklung) macht, läßt Kal die Seele (wie eine Marionette) tanzen.

Höre zunächst von der Geschichte des Sat Yuga (Goldenes Zeitalter), in dem Kal die Seelen nimmt und verschlingt. Täglich verschlingt er hunderttausend Seelen. Kal ist ein mächtiger und grausamer Schlächter. Er hat dort einen erhitzten Felsen, der Tag und Nacht heiß bleibt, auf den er die Seelen setzt. Indem er sie (ver)brennt, macht er sie leiden. Dann wirft er sie (wieder) in den Kreislauf der 8,4 Millionen (Geburten in verschiedenen Lebensformen) zurück. Er läßt sie durch verschiedene Körper wandern, und verursacht ihnen auf diese Weise Schwierigkeiten. Auf mannigfaltige Weise haben die Seelen geschrieen, daß Kal ihnen zu viel Leid gegeben hatte. „O Meister, bitte hilf! Die Not, die Kal uns gibt, ist unerträglich!"

Der Schrei der Seele und Kabirs Hilfe mit Auftrag von Gott
Als Gott die Seelen in einem solch bemitleidenswerten Zustand sah, spürte Er Barmherzigkeit für sie. Dann wurde ich (Kabir spricht von sich selbst) vom sich erbarmenden gnädigen Herr gerufen. Er erklärte mir vielerlei Dinge und ordnete mir an, die Seelen zu erwecken. Er trug mir auf, das Feuer der Seelen auszulöschen: Er sprach, daß jeder, der mich sieht, gekühlt wird.
Ich gehorchte Seinen Anordnungen und nahm Seine Worte auf mein Haupt. Ich machte mich sofort von dort aus auf den Weg, nachdem ich mich vor Gott verneigte. Ich kam dort hin, wo Kal die Seelen quälte, wo Kal die Seelen nach seinem Willen tanzen ließ. Ich stand, wo die Seelen verbrannt wurden. Als sie mich sahen, riefen sie, „O Herr, bitte errette uns." Dann rief ich laut das Heilige Wort aus und verband die Seelen mit dem Wort Gottes.

Dann beteten alle Seelen, „Gesegnet bist Du, o Herr, der unser Feuer gelöscht hat. O Herr, bitte errette uns vor Kal. Laß Deine Gnade strömen, o All-Bewußter Herr." Dann erklärte ich den Seelen, daß ich, falls ich Gewalt (gegen Kal) anwenden würde, das Wort Gottes nicht eingehalten werden könnte (seine Anordnungen nicht richtig ausgeführt würden)[16].

„Wenn ihr in die Welt geht und einen Körper aufnehmt, liebt das Wort Gottes. Erkennt das Naam und den Simran Gottes und nehmt die Wahrheit (des Zustands der Welt und des einzigen Weges zur Erlösung) an. Nur, falls ihr, wenn ihr in den Körper kommt, im Heiligen Wort aufgeht (in der Meditation davon durchdrungen und absorbiert werdet), nur dann wird eure Seele nach Sat Lok gehen.

„An welches Verlangen ihr euch in euren Gedanken, Worten und Taten erinnert, entsprechend eures Anhaftens – dort werdet ihr wohnen. Während ihr im Körper seid, wird euch euer Verlangen so führen, daß ihr dort endet. Falls ihr in der Welt, nachdem ihr einen Körper aufgenommen habt, Gott vergeßt, wird euch Kal verschlingen."

Die Seelen sagten: „Höre, Altehrwürdiger, wenn wir in den Körper gehen, *werden* wir dieses Wissen vergessen. Wir werden uns an Kal erinnern und meinen, daß er Gott sei, so wie die Veden und die Puranas alle sagen: Liebe das Formlose. Dämonen, Menschen, Munis und alle 330 Millionen Götter sind alle mit dem Seil Kals gefesselt. Gemäß seinen Lehren glaubten wir all das, aber jetzt verstehen wir die Falle von Kal."

Kabir sprach zu den Seelen: „O Seelen, hört: Das ist die Täuschung des Gemüts. Aufgrund (der Wirkungsweise) des Gemüts, ist der Fallstrick Kals stärker geworden. Indem er seine Fähigkeiten ein-

---

[16] R. Perkins bemerkt dazu u.a.: Gott hat die Erschaffung der niederen Welten Kal übertragen, der sich allerdings nicht an die gewaltfreie Entwicklung dieser Schöpfung hielt. Die Seelen scheinen in diesem Dilemma gefangen – hier ein gnädiger Gott, der sie liebt, dort ein grausamer Fürst der Welt, der sie quält. Da die Rücknahme der Autorität Kals gleichzeitig die Auflösung der gesamten Schöpfung bedeuten würde (Gott „hält sein Wort" an Kal, auch wenn dieser es mißbraucht), muß Gott in Gestalt von Gottes-Söhnen in diese niederen Welten kommen (nicht nur auf die Erde, sondern auch in Astral- und Kausalebenen!), um Seelen zu befreien, die sich nach Befreiung sehnen. Dazu gebrauchen diese jedoch keine „Gewalt", obwohl sie mit der vollen Allmacht Gottes ausgestattet sind, und scheinen sowohl selbst als auch mit ihrer Mission auf der Erde eher als schwach und verletzlich; vgl. auch das Wirken Jesu Christi.

setzte, hat Kal viele Freuden für die Seelen geschaffen. Pilgerreisen, Fastenzeiten, Japa[17], Yoga: alles sind Fallen von Kal. Niemand weiß, wie man ihnen entfliehen kann. Kal selbst nimmt einen Körper auf und preist seine eigene Existenz. Er hat viele Eigenschaften und Taten gemacht, und die Seelen in seiner Falle gefangen. Kal ist fürchterlich und die Seelen werden von ihm kontrolliert. Geburt nach Geburt werden sie von ihm bestraft, ohne (daß die Seelen) das wahre Naam zu erkennen."

Kabir sprach zu Dharam Das: Nachdem ich die Seelen erweckte und ihnen einige Beglückung gab, ging ich zu Gott. Während ich sie glücklich machte, trug ich den Seelen auf, dieses Wissen zu begreifen: „Wenn ihr einen Körper aufnehmt und in die Welt kommt, dann werde ich euch das Geheimnis von Naam sagen. Wenn ihr das Seil von Sat Naam ergreift, dann werde ich euch von Kal befreien." Nachdem ich die Seelen unterrichtet hatte, ging ich zu Gott und erklärte das Leiden der Seelen. Der gnädige Gott, welcher der barmherzige Gott ist, welcher ohne Verlangen ist, und zu dessen Füßen unsere Sicherheit liegt, sagte mir auf vielerlei Weise, daß ich die Seelen zurück bringen sollte, nachdem ich sie an das Heilige Wort erinnert hatte.

Dharam Das fragte dann: O Weiser, erkläre mir und verbirg es nicht vor mir, welches Wort von Gott gesprochen wurde. Berichte mir, o Herr, welches Naam die Seelen rettet?
Der Sat Guru sprach: Ich berichte dir jetzt alles, was Gott angeordnet hat: Auf vielerlei Weise erklärte Er mir und trug mir auf, die Seelen zurückzubringen, indem ich sie das Wort erinnern machte. Der Herr gab mir „Das Was Bereits Angelegt" ist. Verstehe: das formlose Wort ist der Befreier. Er gab mir die Vollmacht und das Zeichen, um die Seelen mit Ihm zu verbinden. Ohne die Zunge wird der Klang gemacht; man erhält es aber nur mit der Hilfe eines

---

[17] *Japa*: Wiederholung von Gebeten und Mantren nicht geistig, sondern laut oder halblaut.

vollkommenen Meisters. Fünf Nektare[18] sind die Wurzel der Befreiung, durch welche das Eingehen in einen irdischen Schoß beendet wird. Er trug mir auf, nach der Seele, welche Naam auf diese Weise erhält, eine weitere Generation zu befreien[19].

Solche Seelen werden mit der Hilfe der Rettungsleine von Naam nach Sat Lok gehen und selbst Kal hat Angst, sie anzusehen. Gott sprach zu mir: „Wenn du diese Seelen zu deinen Schülern machst, befreie sie von Kal. Auf dieselbe Weise, wie Ich dir dieses Wissen gegeben habe, gib du es deinen Schülern weiter."

Die Größe der Heiligen und Meister

Man sollte immer das Wort des Gottes-Sohnes in seinem Herzen bewahren. Tag und Nacht sollte man vom Nektar von Naam trinken. Wie die Frau Liebe zu ihrem Mann hat, so sollte der/die Schüler/in den Meister lieben[20]. Augenblick um Augenblick sollte er/sie die Schönheit des Gottes-Sohnes betrachten. Der Schüler sollte wie der Mondvogel sein und der Meister wie der friedensspendende Mond. Wie die Frau treu ist und noch nicht einmal in Träumen an einen anderen Mann denkt, und auf diese Weise beide Familien verherrlicht (ehrt), ihre und die ihres Mannes, so sollte der Schüler dem spirituellen Pfad[21] folgen.

---

[18] fünf Nektare: die „Sphärenmusik" nach Pythagoras bzw. die „Stimme der Stille" nach H.P. Blavatsky erklingt auf den fünf inneren Ebenen auf fünffache Weise.

[19] Auf diese Weise bleibt die spirituelle Befreiung ein immer lebendiger Weg, und die Nachkommen einer befreiten Seele haben daran durch „gutes Karma" auch eine Chance zur Befreiung; vgl. auch umgekehrt das alttestamentarische Wort, „der da heimsuchet der Väter Missetat bis ins dritte und vierte Glied".

[20] Zeitgenössische Meister des spirituellen Wissens haben darauf aufmerksam gemacht, daß nicht der Körper als solcher zu lieben sei, sondern die Kraft, die durch ihn wirkt. Die Augen einer erwachten Seele gelten indes in vielen geistigen Traditionen als „Fenster Gottes" (während unsere Augen „Fenster der Seele" sind), so daß man sich durchaus in die Augen eines/r Heiligen zu vertiefen sucht; das wird auch als *Darshan* bezeichnet.

[21] idV: wörtlich „Sant Mat" folgen, d.h. dem Pfad der Meister bzw. dem Heiligen Pfad. (Interessant auch, daß zwar von der Liebe der Frau zum Mann die Rede ist, daß die Frau treu ist etc., nicht aber umgekehrt – auch das mag ein Grund mit dafür sein, daß oft mehr Frauen „religiös" bzw. spirituell sind, weil sie sich inniger auf den geistigen Weg ausrichten bzw. sich dafür öffnen.)

Es gibt keinen, der höher gestellt ist als der Sat Guru: Dharam Das, verstehe dies! Es gibt keinen, der größer ist. Laß die Illusion beiseite und verehre den Gottes-Sohn. Selbst jene, die Pilgerfahrten, Tempeln und Göttern mit ihrem ganzen Herzen dienen, sprechen keine nützlichen Worte. Die ganze Welt ist in der Illusion vergessen (verloren).

O Dharam Das, die Hingabe an den Gottes-Sohn ist unveränderlich und großartig. Es gibt nichts so Gutes wie diese Hingabe. Damit verglichen sind Japa, Yoga, Tapas, Fasten, mildtätige Gaben und Anbetungsrituale wie Stroh. Nur der/die Heilige (bzw. der/die dazu gemachte Mensch), dem der Sat Guru gnädig ist, wird dies in seinem Herzen annehmen. O Heiliger: du wirst das Strahlen der Lampe des Meister-Wissens sehen: Falls der Sat Guru Gnade erweist, kann man Befreiung und Sicherheit erlangen.

Die Geschichte von Sukhdev Ji[22]

Sukhdev war ein arroganter Yogishwar; es gab keinen, der ihm gleich war. Er erhob sich durch die Kraft seiner asketischen Übungen bis in Vishnus Wohnstatt, konnte dort aber ohne den Meister nicht bleiben. Vishnu fragte ihn, „Wie bist du hierher gelangt, o Rishi? Ohne einen Meister gelten die Errungenschaften asketischer Übungen nichts. Ich mag keine Person ohne Guru: eine solche Person kommt immer wieder in den Körper und leidet. Geh zurück und suche einen weisen und vollkommenen Meister. Nur dann wirst du diesen Ort erhalten (dort bleiben können)."

Als er dies hörte, kehrte Sukhdev Muni um; ohne einen Meister konnte er dort nicht bleiben. Er nahm den körperlosen Janak als seinen Meister an und wurde so glücklich wie ein Regenvogel, wenn es regnet.

Narad war der Sohn von Brahma und er war ein Gelehrter, jeder kennt seine Geschichte: Viele andere Götter, Rishis, Munivars –

---

[22] Ein kurzer Hinweis auf eine bekannte Geschichte aus der Hindu-Tradition; ein *Yogishwar* bezeichnet jemanden, der bis zur Kausalebene aufsteigt; „körperlos" meint die Lichtgestalt eines geistigen Wesens bzw. Lehrers, die auf den inneren, körperlosen Ebenen wirkt.

(nur) jene, die Zuflucht bei einem Meister nahmen – überquerten das Meer des Lebens.

Falls man einen vollkommenen Meister findet, zeigt Er den Wahren Pfad und Er läßt (den Schüler/die Schülerin) Wahrheit und Unwahrheit sehen (und erkennen). Nur der ist der vollkommene Meister, der die Wahrheit zeigt. Andere Gurus sind von keinem Nutzen. Er gibt die Botschaft Gottes und beseitigt die Leiden von Geburt nach Geburt. Einer, der nicht Hoffnung auf Sünde und Tugend macht[23], der im Schatten des unzerstörbaren Baumes wohnt, der die Eigenschaft des Bringhi hat – höre, Dharam Das – Er ist der wahre Meister!

Er, der die Heimat der Leere zeigt – nimm Ihn als den wahren Guru an. Nimm dessen Worte an, der zur Vierten geht, nachdem er die Drei aufgegeben hat[24]. Dieser (menschliche) Körper wird durch fünf beherrscht und durch drei. Das körperlose (formlose) Naam (des göttlichen Lichts und Tons) ist davon unterschieden. Es wird (sogar) im Körper als formlos gesehen (erfahren). Ich sage dir, dies ist die Essenz der Lehren der Meister.

Wenn sich jemand durch Meditation im Körperlosen versenkt (aufgeht) – was der einzige Grund ist, den (menschlichen) Körper (überhaupt) aufzunehmen – kommt er niemals und geht niemals, er wird im Körper formlos. Falls man einen solchen Meister annimmt, muß man nie wieder einen Körper in dieser Welt aufnehmen: Die Seele, welcher der Sat Guru gnädig ist, kommt niemals und geht niemals.

---

[23] nicht die eigene Tugendhaftigkeit oder Sündlosigkeit befreit, sondern nur göttliche Gnade; *Bringhi*: siehe Fußnote S.16.
[24] „die drei" = die drei Welten der Erde, Astral- und Kausalebene, welche der Herrschaft Kals unterstehen; „zur Vierten" = die Suprakausalebene als erste geistige Ebene, auf der die Seele ihren göttlichen Usrpung erkennt und „Ich bin wie Er" sagt; „durch fünf" = fünf Sinne; „und drei" = drei *Gunas* oder Eigenschaften.

Teil III: Die Ankunft von Kabir

1. Vor den Inkarnationen

Dharam Das sagte: O Herr, Du hast mich zufrieden gestellt, (mich,) den Glücklichen, dem Du Deinen Darshan gegeben hast: Ich kann Deine Größe nicht beschreiben; ich war ein Unbewußter, den Du erweckt hast. Ich liebe Deine Worte – voller Nektar (sind sie). Indem ich sie höre, laufen Verstrickung und Ich fort. Nun berichte mir bitte die(se) Geschichte: Wie bist Du zum ersten Mal in diese Welt gekommen?

Kabir kommt, um die Seelen zu erwecken; dabei trifft er Kal

O Dharam Das, nun, da du mich gefragt hast[1], werde ich dir die Geschichte jedes Zeitalters berichten. Als Gott mich beauftragte, trat ich um der Seelen willen auf die Erde. Nachdem ich Ihm (Gott) salutierte, begann ich (dort hin) zu gehen und kam an den Hof von Kal. Es war das erste Mal, daß ich um der Seelen willen kam und auf meinem Haupt trug ich die Herrlichkeit Gottes. Ich kam auf Geheiß Gottes zu den Seelen, und in jenem Zeitalter war mein Name Achint[2]. Als ich kam, traf ich den ungerechten Kal, der mit mir kämpfte[3].

Als er mich sah, kam er näher. Voller Zorn und Erregung fragte er mich: „Achint[4], warum bist du hierher gekommen? Sage mir. Bist du gekommen, um mich zu töten. Berichte mir die Worte Gottes!" Dann sagte ich ihm: „Höre, Kal, ich gehe um der Seelen willen in die Welt." Und weiter sagte ich ihm: „Höre, Ungerechter, du bist

---

[1] Der suchende Mensch muß den/die Heilige/n befragen, ihn bzw. sie bitten, sich zu erklären; das gilt übrigens auch für die „Initiation" bzw. Verbindung mit dem Heiligen Wort, um die man bitten muß.
[2] *Achint*: so heißt auch der achte Sohn Gottes, siehe weiter vorn; Perkins meint indes, Kabir als „Achint" sei eine Inkarnation des zweiten Sohnes *Gyan*, da Kal Kabir so in den nächsten Abschnitten anspricht, und auch im Bronzenen Zeitalter so genannt wird; dafür spricht, daß *Gyani* von Kal später mehrfach als „älterer Bruder" bezeichnet wird.
[3] nicht auf der Erde, sondern in den geistigen Welten, in denen Kal „wohnt".
[4] idV.: *Yogjit*, gemeint ist jedoch Kabir in seiner Form als Achint.

sehr schlau und hast die Seelen getäuscht. Du hast die Seelen vergessen gemacht, und hast sie ständig bedrängt. Du hast das Geheimnis von (über) Gott verborgen und hast den Seelen (gegenüber) deine eigene Herrlichkeit manifestiert. Du verbrennst die Seelen auf dem rotglühenden heißen Felsen, und nachdem du sie verbrennst, verschlingst du sie[5]. Du hast den Seelen so viel Schmerzen gegeben!

Deshalb hat Gott mir aufgetragen: Erwecke die Seelen, ich[6] werde sie nach Sat Lok zurücknehmen und sie von den Leiden Kals erretten. So gehe ich in die Welt und werde die Seelen nach Sat Lok schicken, nachdem ich ihnen den Passierschein[7] gegeben habe." Als er dies hörte, wurde Kal furchterregend und versuchte, mich zu ängstigen.

Kal sagte: „Ich habe Ihm (Gott) siebzig Zeitalter lang gedient, und deshalb gab Gott mir dieses Reich und dessen Großartigkeit. Und als ich Ihm (weitere) vierundsechzig Zeitalter lang diente, gab Gott mir die acht Teilbereiche der Schöpfung. Du schlägst mich und wirfst mich heraus! Deshalb werde ich dich jetzt nicht (allein) lassen, Achint!"

Dann sprach ich: „Höre, Kal, ich habe keine Angst vor dir. Ich habe Gottes Licht und Kraft in mir. O Kal, ich fürchte mich nicht vor dir!" Dann machte (sprach) ich den Simran des Lichtes Gottes und griff die Negative Kraft mit der Waffe von Naam (Tonstrom) an. Dabei schaute ich (direkt) auf ihn. Seine Stirn war schwarz gewor-

---

[5] „verbrennen", „verschlingen": um Mißverständnisse zu vermeiden sei bemerkt, daß Kal die Seelen zwar fürchterlich leiden lassen, aber nie wirklich zerstören kann, da sie göttlichen Ursprungs sind; insofern sind verbrennen und verschlingen nicht im Sinne von töten gemeint.

[6] ich ...: da Kabir Gottes Auftrag berichtet, scheint damit vielleicht sogar gemeint zu sein, daß Gott selbst in Gestalt von Kabir/Achint auf die Erde kommt und Gott von sich selbst spricht, von Kabir/Achint hier nur zitiert; vgl. auch die durchaus offene Frage, ob Jesus Christus von Gott erfüllter Mensch war, Gottes Sohn oder womöglich sogar der „Vater" selbst!

[7] idV.: „passport", also Paß; gemeint ist Naam und Simran bzw. Verbindung mit dem göttlichen Licht und Klang und den fünf Schutz- und Paßworten; vgl. auch die „Siegel an den Stirnen" der von Christus erretteten Seelen in der Johannesoffenbarung, deshalb manchmal in dieser Übertragung auch als „Siegel" bezeichnet.

den. Für mich war der Zustand Kals wie jener eines Vogels, wenn er seine Schwingen verliert. Er wurde zornig, aber als er (merkte, daß er) nichts tun konnte, kam er und fiel mir zu Füßen.

Kal sagte: „Höre, Gyani[8], ich beschwöre dich: Du bist mein Bruder und doch widerstand ich dir – das ist ein Fehler, den ich gemacht habe. Ich erkenne dich als Gottes gleich, und ich habe keine anderen Gefühle für dich als: Du bist der große All-Bewußte Herr. Nun breite über mir den Schirm von Vergebung aus. Da Gott mir das Reich[9] geschenkt hat, solltest Du mir auch ein Geschenk geben: Du bist der älteste der sechzehn Söhne[10] und du bist Gott gleich."
Gyani sagte: „Höre, Kal, du bist ein schwarzer Fleck in der Familie. Ich werde die Seelen zurückbringen. Ich werde sie im Heiligen Wort und im Heiligen Geist[11] festigen. Ich bin mit den Anweisungen Gottes gekommen, um die Seelen aus dem Meer des Lebens[12] zu befreien. Jetzt werde ich dich – mit dem Klang Gottes – augenblicklich hinausweisen!"

Kal erhob diese Bitte: „Ich bin dein Diener – betrachte mich nicht als der (Diener) irgendeines anderen. O Gyani, dies ist meine Bitte: Tue nichts, wodurch ich verliere. Da Gott mir das Reich gegeben hat, wird meiner Aufgabe gedient, wenn du mir auch etwas gibst. Nun werde ich deinen Worten gehorchen, o Gyani; du kannst die Seelen von mir (fort)nehmen. Aber Bruder, ich werde dir etwas sagen, und bitte nimm es als wahr (zutreffend) an: Die Seelen werden Dir nicht gehorchen. Sie werden zu mir kommen und Deine Worte (als) nutzlos (emp)finden. Die Fallstricke, in die sie verstrickt sind, ist sehr stark. Ich habe die Veden, Shastras, Smritis und

---

[8] *Gyani*: gemeint ist weiterhin Kabir in seiner Form als Achint; ab jetzt spricht Kal ihn aber als „Gyani" an (siehe auch Fußnote 2 weiter vorn).
[9] Reich: die von ihm beherrschten Welten der Kausal-, Astral- und physischen Ebene.
[10] älteste Sohn: so oder so eine Schmeichelei, da Kurma der älteste ist, selbst falls Kabir Gyanis Inkarnation und nicht Achints sein sollte.
[11] idv.: *Sat Shabdha* und *Sat Naam*.
[12] Meer des Lebens: gemeint ist das begrenzte Körperleben auf den drei Ebenen und der sonst nie endende Zyklus von Geburt, Tod und Wiedergeburt im Herrschaftbereich Kals.

viele Arten von Eigenschaften geschaffen, und die Tochter Gottes ist das Haupt der drei Götter. Alle drei haben viele Fallen geschaffen, und aus ihrem Mund kommt mein Wissen heraus. Sie machen die Seelen Tempel, Götter und Steine (Idole) anbeten, und halten deren Gemüt mit Pilgerreisen, Fasten, Gebeten und Übungen[13] beschäftigt. Die ganze Welt führt die Verehrung Gottes durch Opfer aus: ich habe die Seelen an dieses Prinzip gebunden. Ich habe asketische Übungen, Opferriten, tägliche Rituale und Verhaltensregeln und viele andere Fallen geschaffen: Falls du, Gyani, also in die Welt (hinaus) gehst, werden die Seelen dir nicht gehorchen."

Gyani sagte: „Höre, Ungerechter, ich werde alle Fallstricke zerschneiden und die Seelen befreien. Mittels des Heiligen Wortes werde ich alle Fallen zerstören, die du geschaffen hast. Die Seele, welche mein Heiliges Wort[14] ergreift, wird aus all deinen Fallen befreit. Wenn die Seele mein Heiliges Wort erkennt, wird sie die von dir geschaffene Illusion aufgeben und wird sich über deine Schöpfung erheben. Indem ich die Seelen das Sat Naam verstehen mache und sie befreie, werde ich sie zurück nach Sat Lok nehmen. „Ich werde die Seelen im Heiligen Wort des Gnädigen Vergebers, Gottes, festigen. Solche Seelen werden rein und zufrieden (in sich ruhend) sein[15]. Sie werden die Hingabe der Seele durchführen. Und sie werden die Wohnstatt reiner Eigenschaften sein. Indem sie den Simran Gottes[16] ausführen, werden sie den Lobpreis des unbeweglichen (ewigen) Naam oder Heiligen Wortes singen. Ich werde die Seelen nach Sat Lok senden, indem ich meinen Fuß auf deinem Kopf halte."
„Indem ich den Nektar verbreite, werde ich die Seelen erwecken. O Kal, höre aufmerksam zu. Ich werde deinen Stolz demütigen. In-

---

[13] Gebete, Übungen: idV.: *Japas* und *Tapas*.
[14] idV.: *Shabdha*.
[15] idV.: zusätzlich wird der Begriff *Sahaj* gebraucht, der eben rein etc. meint.
[16] Simran Gottes: Ausrichtung und Versenkung des Bewußtseins in Gottes-Namen.

dem sie die Übung der Hingabe[17] ausführen, werden sie den Passierschein erhalten und ich werde sie mit dem Naam Gottes verbinden. Die Negative Kraft (Kal) kann einer solchen Seele (noch nicht einmal) nahe kommen, und sie wird sich vor ihnen verbeugen, wenn sie deren Vereinigung mit Gott schaut."

Als er dies hörte, bekam Kal Angst, faltete seine Hände und brachte diese Bitte hervor: „O Herr, Du bist der barmherzige Geber (Schöpfer); laß Gnade auf mich regnen, mein Bruder. Gott hat mich verflucht, so daß ich täglich einhunderttausend Seelen verschlinge[18]. Falls alle Seelen nach Sat Lok zurückgehen, wie wird mein Hunger dann befriedigt werden? Gott hatte mich erneut mit Gnade gesegnet und Er gab mir das Reich (die Herrschaft) dieser Welt. Auch Du solltest mich mit Gnade segnen. Worum ich Dich auch bitten möchte, gestehe mir das zu. In Goldenen, Silbernen und Bronzenen Zeitalter – in all diesen drei Zeitaltern – sollten nur wenige Seelen zurückgehen (nach Sat Lok). Wenn das vierte Zeitalter kommt – Kali Yuga, das Eiserne Zeitalter – dann mögen viele Seelen zu Dir kommen. Gib mir dieses Versprechen, und dann kannst Du in die Welt hineingehen."

Gyani sprach: „O Kal, du hast Täuschung geschaffen, du hast die Seelen im Leiden gefangen gehalten. Ich verstehe deine Bitte; o stolzer Kal, du hast mich getäuscht[19]. Ich akzeptiere die Bitte, die du an mich gerichtet hast. Wenn das vierte Zeitalter kommt, das Kali Yuga, werde ich meine Inkarnation senden.

---

[17] Übung der Hingabe: dazu gehören spirituelle Meditation mit dem/im inneren Licht und Klang, dem „Heiligen Wort", sowie die Annahme und Ausrichtung auf die Lehren eines Gottes-Sohnes, der mit dem Auftrag Gottes kommt, die Seelen aus den Fallen des „Fürsten der Welt" zu befreien und individuell durchaus unterschiedliche Schülerschaft bei Ihm.

[18] Diese Textstelle könnte auch übertragen werden mit „... verschlingen werde" oder sogar mit „verschlingen muß". Kal stellt also den Ablauf auf den Kopf und es so dar, als ob es Gottes Wille wäre, daß er sich verhielte, wie er es jedoch seinem freien Willen gemäß tut.

[19] Perkins kommentiert u.a.: Meister schlagen keine Bitte ab, die ihnen demütig vorgetragen wird (auch wenn die Demut Täuschung ist!). Kal hat die Güte Gottes also erneut scheinbar ausgenutzt, aber er hat nur „Zeit" gewonnen (Kal=Zeit), was aus der Sicht Gottes (Gott=Ewigkeit) nicht viel bedeutet.

Zuerst werden die acht Seelen (mit) derselben Essenz von Sukrit in die Welt hineinkommen. Danach wird die neue Seele in das Heim von Dharam Das gehen. Um der Seelen willen, werden zweiundvierzig Inkarnationen von Gott in die Welt hinein kommen: Indem sie den (spirituellen) Pfad im Kali Yuga begründen und lehren, werden sie die Seelen zurück nach Sat Lok senden. Ich werde immer mit den Seelen sein, denen Sie das Siegel für das Heilige Wort geben, und solche Seelen werden nicht zu Kal gehen!"

Wie Kal die Befreiung der Seelen verhindern will

Kal sagte: „O Herr, Du kannst den (spirituellen) Pfad begründen. Indem Du die Seelen befreist, kannst Du sie zurück nach Sat Lok nehmen. Ich werde mich vor der Seele verneigen, auf der ich Dein Siegel sehe. Ich habe die Anordnungen Gottes akzeptiert und nun bitte ich dich (teile ich dir mit), o Gyani:
Du wirst einen Pfad begründen und die Seelen zurück nach Sat Lok senden. Ich werde zwölf Pfade schaffen, und in Deinem Namen werde ich die Menschen lehren. Ich werde zwölf Boten[20] in die Welt senden, welche den Pfad in Deinem Namen verbreiten. Mritu Andha, mein Bote, wird im Hause von Sukrit inkarniert werden. Erst wird mein Bote geboren und dann (danach erst) Deine Inkarnation. Auf diese Weise werde ich die Seelen im Namen Gottes täuschen. Seelen, die auf diesen zwölf (scheinspirituellen) Pfaden gehen, werden in meinen Schlund kommen.

Ich lege dir nur diese Bitte vor. Laß Gnade auf mich herabregnen und, indem du mir vergibst, gewähre mir sie bitte: Wenn der erste Teil des Eisernen Zeitalters kommt, werde ich den Körper eines Asketen[21] aufnehmen. Dann werde ich zu König Indradaman gehen und den Namen Jagannath tragen. Der König wird mich meinen Tempel erbauen lassen, der immer wieder vom Wasser des Meeres zerstört wird. Mein Sohn Vishnu, an dem die sieben Meere Vergeltung üben werden, wird dorthin kommen. Damit der Tempel

---

[20] idV: *Yamas*: Todesboten, Todesengel, Vertreter Kals.
[21] idV.: eines *Sadhus*.

nicht überlebt, werden die Meereswellen ihn (immer wieder) ertränken.

O Gyani, (bitte) tue dies: geh zuerst an das Meeresgestade. Wenn es Dich sieht, wird das Meer Dich nicht bedecken (überfluten) und wird zurückweichen. Auf diese Weise werde ich (dann doch) (mit den zwölf Pfaden in der Welt) begründet und danach kannst Du Deine Inkarnation senden. Dann kannst Du den (spirituellen) Pfad im Meer des Lebens aufrechterhalten und kannst die Seelen mit dem Heiligen Wort Gottes retten. Jegliche Seele, die an das Meeresufer (des Übergangs vom irdischen Leben in das rein geistige Leben, über die vergängliche Welt hinaus) ohne das Zeichen der Vereinigung kommt, wird den Weg hinaus nicht finden."

Gyani sprach: „O Kal, ich verstehe sehr gut, worum du mich bittest. Die zwölf Pfade aufrechtzuerhalten (bzw. ihre Begründung zu begünstigen) heißt, Gift statt Nektar zu geben. Nun werde ich dich fertigmachen (sic!) und dir meine Kunst zeigen: Indem ich die Fesseln Kals zerschneide, werde ich die Seelen befreien und sie zur Ebene der Unsterblichkeit senden."

Ich (Achint/Gyani) dachte, das Wort Gottes kann nicht verloren gehen; jene, die fest im Heiligen Wort sein werden, werde ich die Heimat (der Seelen) erreichen machen. (Ich sagte dann:)

„O Ungerechter, ich gebe dir die Erlaubnis, zwölf Pfade zu begründen: Zuerst wird dein Bote geboren und dann wird Meine Inkarnation Geburt nehmen. Ich werde an das Meeresgestade gehen und werde darauf sehen, daß Jagannath gegründet wird. Danach werde Ich meinen Pfad (begründen und) aufrechterhalten und die Seelen zurück nach Sat Lok senden.

Kal versucht, das Wissen vom Heiligen Wort zu erlangen

Kal sagte: „O Gyani, sage mir, was die Zeichen der Vereinigung sind, damit ich die Seelen erkennen kann, die es tragen. Ich werde denen, die mir das Zeichen zeigen, nicht nahe kommen. Gib mir also das Zeichen (Siegel) von Naam, o Herr. Segne mich mit dieser Gnade."

Gyani sagte: „Falls ich dir das Zeichen sage, wirst du zur (weiteren) Ursache von Leiden für die Seelen. Ich habe deine Täuschung durchschaut, Kal: diesen List kannst du nicht spielen. Kal, Ich sage dir deutlich: Ich habe die Herrlichkeit von Naam in mir verborgen gehalten[22]! Gehe fort, laß jene (in Frieden), die mein Heiliges Wort nehmen. Falls du versuchst, solche Seelen zu stoppen, o Kal, wirst du nicht überleben!"

Kal sagte: „Gehe zur Welt und bringe die Seelen mit der Hilfe von Naam zurück. Ich werde den Seelen, die Dein Lobpreis singen, nicht nahe kommen. Jene, die Zuflucht in Dir suchen, werden, indem sie ihren Fuß auf mein Haupt setzen, das Meer des Lebens überqueren. Ich habe Dir eigensinnig widerstrebt. Da ich Dich als meinen Vater betrachtete, habe ich mich wie ein Kind benommen: Selbst falls ein Kind zehn Millionen Fehler macht, wird sich der Vater noch nicht einmal einen (einzigen) Fehler zu Herzen nehmen. Falls der Vater den Sohn hinauswirft, wer wird dann mich beschützen?" *Kal erhob sich, verneigte sich, und Gyani (Achint) kam in diese Welt*[23].

Kabir sprach zu Dharam Das: Als ich sah, daß Kal Angst hatte, verließ ich diesen Ort. Kabir spricht: O weiser Dharam Das, daraufhin kam ich zu dieser Welt.

Begegnung mit Brahma und Vishnu
Ich traf den Weisen (Brahma). Ich berichtete ihm über das Heilige Wort. Er hörte voller Aufmerksamkeit zu und stellte viele Fragen darüber, wie man Gott erkennt. Dann dachte Kal, „Mein ältester Sohn Brahma verläßt mich!" Kal wohnt im Gemüt (der Wesen), und so veränderte er Brahmas Denken.

Brahma sagte: „Gott ist formlos, ohne Eigenschaften und (Er) kann nicht (auf die Gestalt eines/r Heiligen) beschränkt werden. Er ist in

---

[22] Der Meister offenbart sich weder in der Welt sichtbar als Meister (durch Wunder etc.), noch gibt er seine Einheit mit Gott preis; ebensowenig gibt er Kal die Heiligen Gottesnamen (*Simran*).

[23] *Achint/Gyani* kommt nicht direkt, sondern im Goldenen Zeitalter in Gestalt seiner Inkarnation *Sukrit*, worüber der folgende Abschnitt berichtet.

der Form von Licht und lebt in der Leere. Die Veden beschreiben ihn als den Gott und ich nehme die Veden an."

Als ich sah, daß Brahma fest an Kal glaubte, kam ich von dort zu Vishnu. Ich sprach zu Vishnu über die Lehren von Gott, aber – da er (bzw. sein Gemüt) von Kal beherrscht wurde – konnte er meine Botschaft nicht empfangen.

Vishnu sagte, „Wer ist wie ich? Ich habe vier Substanzen bei mir: *Kama, Moksha, Dharma, Artha*[24]; diese kann ich jedem geben, wen ich mag!"
Gyani sprach: „O Vishnu, höre! Wo hast du Moksha bei dir? Moksha ist (nur) jenseits von *Akshar* (zu erlangen). Wenn du selbst nicht in dir ruhst, wie kannst du dann andere in sich ruhen machen? Warum lügst du und singst dein eigenes Lob?"

Kabir sprach zu Dharam Das: Als er meine furchtlose Rede hörte, war Vishnu peinlich berührt und Angst um sein eigenes Selbst ergriff sein Herz. Dann ging ich in die Welt der Schlangen und ich sagte Shesh Nag dies: „Niemand kennt das Geheimnis Gottes; jeder hat Zuflucht bei Kal genommen."
Dann sagte Shesh Nag, „O Bruder, erkenne den Erlöser. Er ist der einzige, der dich vor dem Todesengel retten wird. Derjenige, an den sich Brahma, Vishnu und Rudra (Shiva) erinnern, dessen Lobpreis singen sogar die Veden. Jener Gott ist mein Beschützer. Und nur er wird auch dich beschützen."
Ich sagte ihm: „Es gibt einen anderen Beschützer. Falls du an mich glaubst, kann ich dich Ihm begegnen machen." Aber aufgrund seines Giftes, hatte Shesh Nag eine scharfe Natur. Er nahm sich meine Worte nicht zu Herzen.

---

[24] *Kama*: Sinnesfreuden; *Artha*: Reichtum und Macht; *Dharma*: Religion oder Gesetz; *Moksha*: Befreiung, Erlösung (in diesem Punkt ist Vishnu jedoch im Irrtum); für *Askhar* ließ sich kein Hinweis finden (für etwaige Aufklärung wäre der Verlag dankbar).

Höre, o glücklicher weiser Dharam Das: Danach kam ich in die Welt. Als ich in die sterbliche Welt kam, sah ich überhaupt keine Seele von Gott. Da sie alle die Bekleidung Kals trugen, wem hätte ich die Lehren geben können? Sie glaubten an ihn, der ihr Ruin war, und niemand nahm die Worte des (wahren) Beschützers an. Jener, an den sie sich erinnerten (den sie verehrten), war (auch) jener, der sie verschlang!

Dann erinnerte ich mich an das Heilige Wort. Da sie von (weltlicher) Verhaftung beherrscht wurden, erkannten die Seelen mich nicht. In meinem Herzen kam dieser Gedanke: Ich sollte die Täuschung Kals beenden, indem ich den Menschen den wahren Kal zeigen würde. Ich sollte die Seelen vor Kal erretten, indem ich sie zur Ebene der Unsterblichkeit senden würde. Aus diesem Grund wandere ich in dieser Welt umher, aber niemand erkennt mich. Alle Seelen sind unter die Herrschaft Kals gefallen, und während sie den Nektar (beiseite) lassen, nehmen sie Gift.

Dann dachte ich: Das ist nicht der Auftrag Gottes. Sein Auftrag ist: Bringe nur jene (Seelen) zurück, welche das Heilige Wort erkennen und es mit Entschlossenheit festhalten.

O Dharam Das, was geschah danach? Dir beschreibe ich all das. Brahma, Vishnu, Shambu, Sanak, sie alle gingen in den Samadhi der Leere ein. Dann sagten sie zu Kal, „O Schöpfer, welchen Namen sollen wir wiederholen und über welchen Namen sollen wir meditieren?"

In der Ebene der Leere meditiert jeder auf dieselbe Weise, wie die Austernmuschel über den Regentropfen meditiert. Dann dachte sich Kal diese Lösung aus und aus der Höhle der Leere sprach er auf diese Weise: viele Male wurde *Ra ra* hervorgebracht, und *ma* aus dem Wort „Maya". Beide Worte wurden verbunden, und ihnen wurde der Name *Rama* gegeben, weil sie es so gewünscht hatten.

Die ganze Welt wurde so im Namen Rama[25] verstrickt, und niemand verstand Kals Falle. Auf diese Weise wurde der Name von Rama geschaffen, Dharam Das: Begreife das.

Dharam Das sagte: O Vollkommener Sat Guru, wegen Deiner Sonne des Wissens ist meine Dunkelheit vergangen. Maya und Haften an der Welt sind dichte Dunkelheit, aus der die Seelen nicht herausgelangen. Da Du (spirituelles) Wissen für mich manifestiert hast, ist meine weltliche Verhaftung vergangen, weil ich das Heilige Wort erkannt habe. Ich bin ein Glücklicher, Dich zu haben. Du hast mich erweckt, den Niedrigen. Berichte mir weiter: Wen hast Du im Goldenen Zeitalter befreit?

2. Im Goldenen Zeitalter:
Die Inkarnation als Sat Sukrit

Der Sat Guru sprach: O Dharam Das, höre vom Goldenen Zeitalter. Ich werde dir von den Seelen berichten, denen ich Naam gab. Im Goldenen Zeitalter war mein Name Sat Sukrit[1] und auf die Anweisungen von Gott hin erweckte ich die Seelen.

Die Geschichte von König Dhondal

Ich ging zu König Dhondal und machte ihn das wahre Heilige Wort hören. Er nahm mein Wahres Wort an, so machte ich ihn unmittelbar sehen[2]. König Dhondhal, ein heiligmäßiger Herr, ergriff mein Wort mit Entschlossenheit. Er nahm das friedensspendende Parshad[3] und das Wasser, nachdem er damit meine Füße berührt

---

[25] *Ra:* „jenseits von"; *Maya:* Täuschung, Illusion, Relativität; der „Gottesname" Rama täuscht vor, jenseits von Maya zu führen, kann es jedoch nicht, weil er selbst Teil der Maya ist.

[1] *Sukrit:* u.a. „Der Fromme", „Der Hingebungsvolle".

[2] idV.: „Wahres Wort" = *Sat Shabda;* auch hier wieder Hinweis auf inneres Hören und Innen-Schau.

[3] *Parshad:* gesegnete Speise, vgl. Hostie des Abendmahls; „Füße des Meisters": damit sind nicht körperliche Füße gemeint, sondern Licht, das auf den inneren Ebenen von den „Füßen" der Lichtgestalt des Geistführers ausgeht; „meditierte": kontemplierte idV.

hatte. Er war von Liebe überwältigt; indem er die Täuschung aufgab, (er)strahlte er. Er erkannte das Wesentliche Wort und meditierte über die Füße des Meisters.

Die Geschichte von Khemsari
Nachdem ich Dhondhal im (für das) Heilige Wort erweckt hatte, erschien ich in der Stadt Mathura. Da kam Khemsari herbeigelaufen, mit vielen Frauen, alten Menschen und Kindern. Khemsari sagte, „O Alter (ehrwürdiger) Mann, woher bist du gekommen?" Ich erzählte ihm von den Lehren des Heiligen Wortes, von Gott und über die Form(en) von Kal. Als er dies hörte, nachdem er die Täuschung Kals verstanden (durchschaut) hatte, breitete sich Liebe in Khemsari aus.

Aber er hatte einen Zeifel: nur, wenn er Sat Lok gesehen haben würde, würde er (mir) glauben. Indem ich seinen Körper hier (auf der Erde) behielt, nahm ich seine Seele in einem (einzigen) Augenblick nach Sat Lok. Nachdem ich ihm Sat Lok gezeigt hatte, brachte ich seine Seele zurück. Nachdem er zu seinem Körper zurückkehrte, bereute er (auf der Erde zu sein): „O Herr, nimm mich zu jener Ebene (von Sat Lok. Hier ist zuviel der Leiden und Not Kals." Also sagte ich ihm, „Höre auf meine Worte. Folge dem, was ich dir auftrage: Bruder, bis die Wohnstatt der Seele im Körper[4] davon ganz erfüllt wird, halte deine Aufmerksamkeit auf Naam, auf das Heilige Wort gerichtet. Du hast meine Wohnstatt (auf der rein göttlichen Ebene) gesehen, gib also diese Lehren den Seelen weiter.

Die Frucht der Weitergabe spiritueller Lehren
Selbst wenn (nur) eine (einzige) Seele in Seine Zuflucht gelangt, wird eine solche Seele (die eine andere dorthin gewiesen hat) von Gott hoch geschätzt. Wenn eine Kuh, der droht, vom Löwen gefressen zu werden, von einem tapferen Mann gerettet wird, wird die-

---

[4] idV: *Tika*; die Aufmerksamkeit des Menschen muß ganz in die Manifestationen des Heiligen Wortes am sogenannten „dritten Auge" vertieft sein, bevor sich die Seele aus der Versstrickung und Bindung an die weltlichen Ebenen lösen und nach Sat Lok erhoben werden kann.

ser Mensch hoch gepriesen. Der Löwe hat vor dem tapferen Mann Angst. Auf dieselbe Weise ist die Seele das Fressen von Kal, und falls jemand sogar (nur) eine Seele entschieden in der Hingabe[5] macht (an den wahren Gott), bekommt der Mensch (der dabei geholfen hat), die Frucht, als ob er zehn Millionen Kühe gerettet hätte."

Khemsari fiel mir zu Füßen und sagte, "O Herr, errette mich! Segne mich mit Gnade und erleuchte mich, damit ich mich nicht wieder in der Falle von Kal verfange."

Sat Sukrit sprach: „Höre, o Khemsari. Dies (die Erde) ist das Land des Todes; ohne Naam kann die Angst nicht beseitigt werden. Indem sie das Seil Gottes ergreift, zerbricht die Seele die Strohfallen des Todesengels[6]. Einer, der das Geschenk des Heiliges Wortes Gottes erhält, kommt nicht in das Meer des Lebens zurück."

Khemsari sagte, „Gib mir das Siegel[7], befreie mich vom Todesboten, mach mich Dir zu eigen. Und den anderen Seelen in meinem Hause, o Herr, gib auch ihnen die Gabe von Naam. Bitte setze Deinen Fuß in mein Haus und erkläre den Seelen die Botschaft der Befreiung."

Kabir sprach zu Dharam Das: Dann fand in seinem (Khemsaris) Haus die Begegnung der Liebe statt. Die Füße dessen, der voller Nektar und Befreiung-spendend ist, schritten in jenes Haus.

Khemsari richtete sich an alle und erklärte, „Brüder, macht alle euer Leben erfolgreich. Brüder, jene, die sich die Befreiung der (ihrer) Seele wünschen, nehmt das Heilige Wort[8] des Sat Gurus an.

---

[5] idV: *Bhakti*, liebevolle Hingabe an Gott und an das Fleisch gewordene Heilige Wort.

[6] idV: hier taucht der Begriff *Yama* mehrfach auf; Yama ist der Todesengel bzw. der Tod als eine Gestalt von Kal, der die Seelen nach Ablauf ihrer Erdenfahrt abholt, vor den Richter stellt (ebenfalls Kal), und dafür sorgt, daß die Seele nicht aus dem Kreislauf von Geburt, Tod, Gericht, Wiedergeburt herauskommt.

[7] idV: „passport", also Paß; in Analogie zum Bild aus der Johannesoffenbarung („an der Stirne versiegelt sein") verwendet die dt. Ausgabe „Siegel" oder neutral „Passierschein".

[8] zur Erinnerung: die innerlich erfahrbare Kraft des Heiligens Geistes in Form von Licht, Klang, Liebe, Erhebung, usf. ist gemeint, nicht irdische Wörter.

Er ist der Einzige, der euch vor dem Todesengel retten kann – glaubt (mir) dies, dies ist wahr.

Kabir sprach zu Dharam Das: Alle Seelen glaubten ihm fest, und so schlossen sie sich Khemsari an. Sie kamen zu meinen Füßen und sagten, „O Herr, befreie uns, damit Kal uns nicht bedrängt und damit wir die Qual von Geburt auf Geburt verjagen können." Als ich die Männer und Frauen so hilflos sah, sprach ich zu ihnen: „Niemand kann jene aufhalten, die mein Naam annehmen. Das von Kal geschaffene Leiden wird für die Seele beendet, die meinen Lehren vertraut. Kal (und seine Todesengel) werden dem nicht nahe kommen, der den Passierschein des Wortes Gottes erhält."

Sat Sukrit sagte zu Khemsari: „Bringe, was man braucht, um das Arti-Ritual durchzuführen, damit ich die Not eurer Seelen beenden kann, die von Kal geschaffen wurde." Khemsari sagte, „O Herr, erkläre mir, was gebraucht wird, um das Arti[9] durchzuführen."

„Höre, Khemsari, auf die Bedeutung des Arti-Rituals, die ich dir erklären werde. Bringe Süßigkeiten, Betelblätter, Kampher, Bananen, acht Arten von Trockenfrüchten (Nüssen), fünf Kessel, ein Stück weißes Tuch, saubere Blätter des Bananenbaumes, eine Kokosnuß und eine weiße Blume – und mache einen weißen Chauka[10] aus Sandelholz. O Khemsari, bringe all diese Dinge und führe das Arti durch. Markiere die Grenze mit Betelnuß, führe das Chauka mit

---

[9] *Arti:* Perkins kommentiert u.a.: der Begriff bezeichnet allgemein ein Licht-Ritual, hier wird er für eine Zeremonie rund um die Initiation (siehe Glossar) verwendet; Rituale wurden sogar von vollendeten Meistern in einer Zeit vor dem Alltagsgebrauch von Schriftsprache verwendet, weil sich die äußeren Verrichtungen der Erinnerung einprägten; ohne die eigentliche, rein geistige Erfahrung würde eine Initiation jedoch symbolisches Ritual bleiben; im Buch „Param Sant Tulsi Sahib", Agra, o.D., übers. von S.D. Maheshwari, soll mehr dazu stehen (Tulsi Sahib: ein späterer Nachfolger in der von Kabir begründeten Linie von Meistern, 1763-1843).
[10] *Chauka:* eine Art Thronsitz, offenbar aber auch Begriff für Initiationsvorgang; *Chauka-Ritual* hier und später auch synonym mit *Arti-Ritual* verwendet!

Hilfe von Naam durch. Und bringe andere gute reine Dinge: das wunderschöne weiße Ghee[11] der Kuh."

Kabir sprach zu Dharam Das: Als er meine Worte hörte, folgte Khemsari ihnen und brachte alles sofort. Er stellte einen weißen Baldachin auf und war entschlossen zu erfahren, wie das Arti-Ritual durchzuführen sei. Mit (Durch) den Wunsch Gottes, wurden die Fünf Heiligen Worte[12] geschaffen. Hingabe, Meditation und Wissen, vom Meister gegeben, waren auch dort. Ich saß auf dem Chauka und in der Meditation wurde der Unzerstörbare Tonstrom manifestiert. In der Meditation wurde der Unzerstörbare Klang des Naam offenbar – Niemand in dieser Welt kann Ihn aufhalten! Als das Chauka-Ritual mit Hilfe des Heiligen Wortes ausgeführt wurde und die Kokosnuß zerbrochen wurde, rannte Kal davon. Als die Kokosnuß auf den Felsblock geschlagen wurde, wurde das Haupt von Kal[13] gespalten und alle Leiden vergingen. Als die Kokosnuß zerbrach, kam ein Duft hervor, welcher die Botschaft Gottes schenkte. Ich sagte ihnen die Fünf Worte und dabei erhielten sie das Naam von Gott.

Bruder, einen Augenblick lang kam Gott und saß dort. Alle Menschen erhoben sich und führten das Arti aus. Das Arti wurde (dann) wiederum im Haus durchgeführt, ein Strohhalm wurde zerbrochen, und alle Menschen tranken Wasser. Erst trank Khemsari das Wasser und nach ihm tranken alle anderen Seelen mit

---

[11] *Ghee*: geklärte Butter, Butterschmalz.

[12] Fünf Heilige Worte = *Simran*; besondere, von einem wahren Meister kraftgeladene Worte, die die/den Schüler/in befähigen, sich am Sitz der Seele zu sammeln und zu meditieren; diese fünf Worte dienen auch als Schutz- und Passworte auf dem Weg durch die inneren Ebenen. Sie entsprechenden den Namen der Herrscher dieser Ebenen (die durchaus anfangs auch noch zum Herrschaftsbereich Kals gehören), sind aber gerade deshalb wirksam, wenn/weil sie von einem kompetenten Meister gegeben wurden (als Analogie vgl. das Märchen von Rumpelstilzchen, das erst dann überwunden werden konnte, als Rapunzel dessen wahren Namen aussprach!).

[13] Haupt von Kal: nicht der makrokosmische Kal ist gemeint, sondern der „Agent" Kals im Menschen, das Ich, das Gemüt.

Ehrerbietung. Ich erklärte ihnen die Meditation[14]. Indem sie über Naam (das Heilige Wort) meditierten, würden ihre Seelen gerettet. Ich erklärte ihnen die (rechte) Lebensweise und berichtete ihnen, daß mit dem Simran des Naam (die Wiederholung der fünf Namen und die Meditation über Licht und Klang) ihre Seelen nach Hause gehen werden.

Nachdem ich das Wissen des Sat Gurus an zwölf Seelen gegeben hatte, ging ich zum Meer des Friedens; ich berührte die Lotosfüße Gottes, Der lächelte und mich in Seinem Schoß sitzen ließ. Auf vielerlei Weise befragte mich der Eigentümer der Seelen über mein Wohlergehen und meine Glückseligkeit. Bruder, ich war glücklich, (wieder, nach der Reise auf die Welt) die Herrlichkeit dieses Ortes zu sehen, der sehr wunderschön war (ist).
O Dharam Das, die Herrlichkeit des Lichtes der Seele kann nicht beschrieben werden. In Sat Lok ist das Licht der Seele dem Licht von sechzehn Sonnen gleich. Einige Tage wohnte ich dort, dann kam ich, um meine Schüler zu sehen. Tag und Nacht blieb ich in dieser Welt verborgen[15] und keine Seele erkannte mich. Die Seelen, die ich initiierte, sandte ich nach Sat Lok. In Sat Lok lebten sie glücklich im Ewigen Frühling Gottes. Nur derjenige wird das schauen, der diesen Ort erreicht. Der, der dieses Universum geschaffen hat, sagt das, um die Seelen zu erwecken.

3. Im Silbernen Zeitalter: Die Inkarnation als Maninder

Das Goldene Zeitalter verging und das Silberne Zeitalter entstand. Unter dem Namen Maninder lehrte ich die Seelen. Als ich kam, um sie zu lehren, hatte Kal Angst in seinem Herzen. Er dachte: „Indem er die Seelen zurück an den Hof Gottes nimmt, wird Er mein Meer

---

[14] idV: *Dhyan.*
[15] idV: „geheim" bzw. „insgeheim"; aufgrund des Versprechens an Kal, nur wenige Seelen im Goldenen Zeitalter zu befreien, wird das Erlösungwerk noch nicht offenbar.

der Welt ruinieren. Ich habe versucht, dies(es Problem) zu lösen, indem ich Listen spielte; da ich mich aber vor Gyani[1] fürchte, kann ich mich Ihm nicht (in den Weg) stellen. Gyani hat die Glorie Gottes bei Sich. Deshalb bewirken meine Fallen überhaupt nichts für Ihn."

Kal bekam also nichts. Durch die Herrlichkeit des Heiligen Wortes gingen die Seelen zurück in ihre Heimat. O Dharam Das, durch die Herrlichkeit von Sat Naam gehen die Seelen zurück in ihre Heimat. Wenn der Elefant den Löwen erblickt, wird er von Schrecken erfüllt und sein Herz beginnt heftig zu schlagen. Die Herrlichkeit von Gottes Naam ist der Löwe, und Kal ist der Elefant: Die Seelen, welche das Heilige Wort ergreifen, erreichen Sat Lok. Nimm meine Worte als wahr an.

Sei im Naam des Sat Gurus versunken und handle entsprechend den Anleitungen des Meisters: Halte die Aufmerksamkeit im Heiligen Wort gesammelt, gib vollkommen die Einstellung des Gemüts auf, sich als (selbständig) Handelnder zu betrachten und alle Täuschungen und Diktate des Gemüts.

Als das Silberne Zeitalter begann, kam ich in diese sterbliche Welt. Ich fragte viele Seelen, „Wer wird dich vor dem Todesengel retten?" Unter der Herrschaft der Illusion, sagten die unschuldigen Seelen, „Unser Schöpfer ist der uralte Gott. Vishnu ist für immer unser Beschützer, und er ist der, der uns vor dem Todesengel retten wird."

Manche blickten hoffnungsvoll auf Shiva; manche sangen von Chandi Devi; indem sie ihren Ehemann (Gott) aufgeben, sind sie (die Seelen) von Kal fasziniert: Sie werden immer wieder auf's Neue in das Haus der Karmas versetzt, und von den Fallen Kals gefangen, werden sie von ihm getötet.

Ich dachte: Falls ich die Anweisungen von Gott erhalten könnte, könnte ich Kal beenden (sic!) und alle Seelen zurücknehmen. Wenn ich jedoch Gewalt anwenden würde, bräche ich mein Versprechen – also werde ich sie (nur) durch Belehrungen (bloße Worte) nach

---

[1] *Gyani* und *Maninder* sind identisch.

und nach zurücknehmen. Die Seelen dienen dem, der ihr Verschlinger ist – unbewußt gehen sie in seinen Schlund.

Die Geschichte von Vichitra Bhat in Sri Lanka

Nachdem ich in alle vier Himmelsrichtungen gegangen war, kam ich nach Sri Lanka (Ceylon), wo ich Vichitra Bhat traf, der Vertrauen in mich setzte. Er fragte mich nach der Botschaft der Befreiung und ich lehrte ihn das Wissen. Als er es hörte, verging Vichitras Täuschung. Er wurde sehr demütig und fiel zu meinen Füßen und sagte: „O Swami, nimm mich in deine Zuflucht. Du bist die Wohnstatt der Glückseligkeit Gottes. Erfülle mich heute und beschütze meine Seele."
Ich berichtete ihm über die Ausführung von Arti, wie ich es Khemsari erzählt hatte. Liebevoll brachte er, was man dazu braucht; das Arti-Ritual wurde ausgeführt und der Klang des Heiligen Wortes[2] ertönte. Indem ich den Strohhalm zerbrach, gab ich ihm die Gabe in seinem Heim; niemand sonst verstand mich. Ich gab ihm Simran und Meditation. Ich verbarg das Vollkommene (Rettungs)Seil nicht vor ihm.

Vichitra berichtete seiner Frau (von Maninder und der Initiation) und sagte ihr, Zuflucht (bei Maninder) zu nehmen und sich selbst zu befreien. Vichitras Frau nahm seinen Rat an und, indem sie die Initiation annahm, wurde sie frei von Täuschung[3].
Die Frau von Vichitra ging zum Palast und erzählte der Königin: „Es gibt einen wunderschönen Yogi, der ein großer Weiser ist. Ich kann seine Größe nicht beschreiben. Er ist weiß und endlos voller bester Eigenschaften. Ich habe noch nie jemand wie Ihn gesehen. Mein Mann hat Zuflucht bei Ihm genommen und seine Geburt fruchtbar gemacht."

---

[2] idV: Klang von Shabda.
[3] idV steht dieser kurze Absatz zusammenhanglos vor dem Bericht über den Besuch Maninder in Ravanas Palast.

Die Geschichte von Mandodari

Als die Königin Mandodari das hörte, wurde sie ruhelos, weil sie Darshan haben wollte. Sie brachte ihre Dienerin mit und kam mit Gold und Diamanten. Sie neigte ihren Kopf zu Seinen Füßen – dann gab Maninder ihr die Segnungen.

Mandodari sagte, „Dies ist ein glücksverheißender Tag für mich. Meine Hände faltend, bitte ich zu Dir[4]. Ich habe noch nie einen Einsiedler wie Dich gesehen. Dein Körper ist rein und deine Kleidung ist ebenfalls rein. Sage mir, wie meine Arbeit zu erfolgen hat, gleich was es sei. Indem Du meine (hohe) Kaste und meine (königliche) Familie vergißt, o Allmächtiger, mache mich wie eine Frau, deren Mann lebendig ist. Halte mich mit Deiner Hand und errette mich davor, in der Welt zu ertrinken. Du bist mir nun sehr lieb. Du bist gnadenvoll und meine Täuschungen sind fortgelaufen."

Maninder sagte zu Mandodari: „Höre, liebe Frau von Ravana[5], vermittels der Herrlichkeit von Naam werden die Ketten Kals durchschnitten. Du siehst mit der Schau deines Wissens; Ich erkläre dir das Rechte und das Falsche. Gott ist unauslotbar und unsterblich, und Er ist der Einzigartige Eine in den drei Welten[6]. Jemand, der sich an diesen Herrn erinnert, wird vom Kommen und Gehen frei."

Als sie meine Worte hörte, verschwand ihre Illusion; und während sie meine Worte annahm, manifestierte sich Liebe in ihrem Gemüt: „O Herr, nimm mich in Deine Zuflucht und beende meine Geburten und Tode." Ich gab ihr die Initiation, verband sie mit dem Seil Gottes und gab ihr Seine Zeichen. Sie war glücklich, das Seil zu bekommen, welches sie nach Hause leitete – so glücklich, wie ein Bettler, der viel Reichtum gewinnt. Die Königin verneigte sich vor meinen Füßen und ich ging in den Palast hinein.

---

[4] idV: „erbettle ich von Dir".

[5] *Ravana*: „Antiheld" („Bösewicht") im Ramayana-Epos, der sowohl ein Gelehrter wie ein „Monster" war.

[6] drei Welten: die physische, astrale und kausale Ebene, die ansonsten Kal unterstehen.

Maninder bei Ravana

Dann ging ich zu Ravanas Palast und sprach mit dem Torhüter. Ich sagte zu ihm, „Bringe den König zu mir." Der Torhüter antwortete ehrerbietig, „König Ravana ist sehr mächtig. Aufgrund der Macht Shivas fürchtet er (Ravana) keinen, und glaubt an die Worte von keinem. Er ist stolz und sein Zorn ist grenzenlos. Falls ich gehe und ihm dies sage, wird er mich augenblicklich töten."

Maninder sagte zum Torhüter. „Gehorche meinen Worten und gehe jetzt, und du wirst unversehrt entfliehen. Vertraue, daß meine Worte wahr sind! Geh, bringe umgehend Ravana." Der Torhüter ging sofort. Er faltete seine Hände, stand vor dem König und sagte, „Ein Asket[7] ist zu mir gekommen und hat mir aufgetragen, den König zu rufen."

Als er das hörte, wurde der König sehr zornig und sagte, „O Torhüter, du bist ein törichter Mann. Wer hat deinen gesunden Menschenverstand fortgenommen, so daß du gekommen bist, um mich zu rufen? Noch nicht einmal die Söhne Shivas können meinen Darshan[8] erhalten, und du sagst, daß mich ein Bettler ruft? Torhüter, höre mir zu: Beschreibe die Gestalt des Asketen. Beschreibe die Kleidung, die er trägt. Berichte es mir so, daß ich meine, es mit meinen eigenen Augen gesehen zu haben."

Der Torhüter sagte: „O Ravana, seine Gestalt ist weiß. Er hat eine weiße Halskette und seine Stirn[9] ist wunderschön. Seine Schönheit ist wie die des Mondes! Seine Kleider sind weiß und alles, was er hat, ist weiß!"

Mandodari, die Königin, sagte: „O König Ravana, die Schönheit Gottes (und Seines Sohnes[10]). Falls du bald gehst und mit Ihm verbunden wirst, kann Dein Königreich gefestigt werden. O König,

---

[7] idV: *Siddha*, jemand mit übernatürlichen Kräften.

[8] *Darshan*: Anblick.

[9] idV: *Tilak*, der Bereich der Stirn am dritten Auge (an dem Heilige die Entwicklungsstufe der Seele und das Schicksal des Menschen ablesen können).

[10] idV: *Sat Purush*, was sowohl "Gott" bedeutet wie hier die Essenz eines Erlöser-Meisters oder Sat Gurus.

gib deinen Namen und Deinen Ruhm auf. Berühre seine Füße und verneige dich vor ihm."

Kabir sprach zu Dharam Das: Als er das hörte, wurde Ravana zornig, er klang wie Butterschmalz, das ins Feuer gegeben wurde. Er erhob sich mit einem Schwert in seiner Hand und sagte, „Ich werde gehen und mit einem Hieb seinen Kopf abschlagen! Ich werde ihn töten! Sein Kopf wird herunter fallen! Wir werden sehen, was jener Bettler mir anhaben kann!"
König Ravana kam zu Maninder und griff ihn siebzig Male mit dem Schwert an, was er mitgebracht hatte. Maninder hielt einen Strohhalm als Schild, und der mächtige Ravana schlug darauf ein. Da der König sehr stolz war, benutzte Maninder einen Strohhalm als Schild. Er tat dies, damit Ravana sich beschämt fühlen würde.

Mandodari sagte: „Höre, o König, gib das Ich-Gemüt auf und sei demütig. Verbeuge dich vor Gott und halte Seine Füße (fest), damit dein Königreich immer bestehen möge.
Ravana sagte: „Ich werde Shiva dienen, der mir dieses gesicherte Königreich gegeben hat. Ich werde nur seine Füße berühren und mich allein vor ihm verneigen."
Als er diese Worte hörte, sagte Maninder: „O Ravana, du bist sehr stolz. Du hast mein Geheimnis noch nicht erkannt, aber ich werde dir ein Zeichen geben: Ramachandra wird kommen und dich töten, und noch nicht einmal Hunde werden dein Fleisch fressen!"

Kabir sprach zu Dharam Das: Ich beleidigte Ravana und dann begab ich mich (auf den Weg) nach Avadh Nagar.

Die Geschichte von Madhukar
Nachdem ich Ravana beleidigt hatte, kam ich nach Avadh Nagar. Auf dem Weg begegnete ich Madhukar, dem Brahmanen, der meinen Darshan hatte[11]. Er begegnete mir, indem er meine Füße be-

---

[11] Brahmane: eigentlich die „Rasse" Brahmas, die sich (aus Unwissenheit) gegen den wahren Gott stellt, aber die Gnade eines Gottes-Sohnes kann auch solche Seelen erlösen.

rührte, und neigte seinen Kopf in Ehrerbietung[12] vor mir. Er bat mich, in sein Haus zu kommen. Auf viele Weise zeigte er mir seine Demut.

Jener arme Brahmane nahm das Wissen innen auf und liebte mich sehr. Er nahm das nektargleiche Wissen des Heiligen Wortes freudig an. Ich fand ihn vollständig in meiner Zuflucht (geborgen), und so sagte ich ihm, das Wissen zu erkennen[13]. Ich gab ihm die Botschaft Gottes, und er wurde sehr glücklich, als er sie hörte. Wie die Sprossen ohne Wasser (in der Sonne) verbrennen, aber wieder aufblühen, wenn sie genug (Wasser) erhalten – so wie also diese Sprossen glücklich werden, wenn sie endlich bewässert werden, auf dieselbe Weise wurde Madhukar glücklich, als er Naam erhielt.

Als er von (dem wahren) Gott hörte, wurde er glücklich und sagte, „O Heiliger, mach mich Sat Lok sehen."

Maninder sagte: „Komm! Ich werde dir Sat Lok zeigen, und dich (von dort) zurückbringen, nachdem du es gesehen hast."

Kabir sprach zu Dharam Das: Während ich seinen Körper auf der Erde behielt, nahm ich seine Seele und machte ihn die Unsterbliche Ebene erreichen. Als er die Herrlichkeit von Sat Lok sah, wurde er sehr glücklich, und dann glaubte (auch) Madhukars Gemüt.

Madhukar fiel mir zu Füßen und sagte, „O Herr, nun ist mein Durst gestillt. Nun nimm mich wieder in die Welt, wo ich den Seelen die Lehren geben werde. Ich werde den Pfad den Seelen verkünden, die in mein Heim kommen."

Kabir sprach zu Dharam Das: Dann brachte ich seine Seele (wieder) in die Welt und sie trat zum zweiten Mal in seinen Körper ein[14]. Im Haus von Madhukar lebten sechzehn Seelen, denen er die Botschaft vom Wahren Gott gab: „Geht und ergreift die Füße des Vollkommenen Einen. Nur Er wird euch vom Todesengel befrei-

---

[12] idV: „Abhängigkeit".
[13] Bei einem geistigen Lehrer „Zuflucht" zu nehmen, bedeutet, ihm zunächst zu vertrauen, als Voraussetzung dafür, daß der/die Schüler/in spirituelle Anleitung erhält.
[14] das „erste Mal" ist bei Empfängnis bzw. Geburt.

en." Alle glaubten Madhukars Worten und erhielten das Siegel der Befreiung.

Madhukar sagte (zu Maninder), „Höre auf meine Bitte! Gib Sat Lok an jeden! In diesem Land Kals gibt es so viel Leiden! Niemand gibt (hier) den Seelen auch nur Wasser. O Herr der Seelen und meiner (Seele), laß Gnade auf uns herabregnen, o Herr, Allbewußter. Dies ist die Region des mächtigen Kal; er quält alle Seelen. Viele Arten von Listen gibt es hier. Hier herrschen Tod und Geburt vor. Wollust, Zorn und bedrückendes Verlangen, Habgier und Maya sind sehr stark. Es gibt sie in den Göttern und den Weisen, und sie (die negativen Eigenschaften) haben Millionen Seelen zerstört. Diese drei Welten sind die Region von Kal, wo die Seelen nie auch nur einen Augenblick Glückseligkeit erfahren. Beseitige das Leiden (verursacht) von Kal und nimm uns in unsere Wahre Heimat zurück."

Kabir sprach zu Dharam Das: Ich fand ihn in meiner Zuflucht, also gab ich ihnen die Initiation. Sechzehn Seelen kamen nach innen und wurden nach Sat Lok genommen. Die Engel Kals standen und schauten wie besiegte Ringkämpfer in der Arena. Die Seelen berührten die Füße Gottes und sagten, „Du hast unsere Not von Geburt und Tod beendet. Gott fragte sie über ihr Befinden. Dwij (sic!) sagte: „Nachdem wir hier sind, geht es uns gut."
Dharam Das, dies ist ein sehr seltsames Geschehen[15]: Jener, der dieses verborgene Geheimnis (des Heiligen Wortes und der Wohnstatt der Seele und der Heimkehr der Seele zu Gott) manifestiert, ist (selber) der (Gottessohn) Gyani. Die Seelen wurden in den Kleidern der Unsterblichkeit durchtränkt. Als sie den Unsterblichen Körper erhielten, waren sie sehr glücklich. Die Strahlkraft der Seele (in Sat Lok) entspricht dem Licht von sechzehn Sonnen, und sie nehmen dort nur Nektar zu sich. Da sie die Unsterblichkeit erhielten, waren (auch) ihre (menschlichen) Körper zufrieden gestellt. Da sie den Darshan von Gott erhielten, wurden sie (als Seele, im Geist)

---

[15] idV: *Bani*, also eigentlich Klang, Tonstrom, Energie oder Wort.

von Glückseligkeit erfüllt. Dies geschah im Silbernen Zeitalter: Seelen wurden durch die Wirksamkeit von Naam befreit.

4. Im Bronzenen Zweitalter: Die Inkarnation als Karunamai

Die Ankunft von Karunamai im Dritten Zeitalter

Nach dem Silbernen Zeitalter kam das Bronzene Zeitalter[1], und die Seelen wurden erneut von der Negativen Kraft[2] angegriffen. Als das Bronzene Zeitalter kam, rief Gott.

Gott sprach: „O Gyani, gehe bald in die Welt, und errette die Seelen vor Kal. Kal gibt den Seelen Leiden. Gehe und zerschneide ihre Fesseln. Mach Kal fertig[3] und bringe die Seelen zurück. Warum sollten sie immer wieder in die Welt gehen (müssen)?"

Dann sagte ich diese Worte zu Gott, „Gib mir den Auftrag, o Klang voller Wonne[4]."

Gott sprach: „Höre Yoga Santryan[5], befreie die Seelen, indem du sie das Heilige Wort erfahren machst. Falls sich Kal dieses Mal (wie-der) ungerecht verhält, Mein Sohn, dann verjage ihn durch Mein Wort. Die Seelen sind im Galgenstrick Kals gefangen. Benutze jegliche Mittel, aber bringe sie zur Höchsten Berauschung zurück. Alle Seelen werden Zuflucht nehmen, wenn ihnen Kals Charakter bekannt wird. Sie wissen nicht, wie sie gutes Wissen und Unseren Rat erkennen. Sie wissen nicht, wie man Dinge betrachtet.

---

[1] wird manchmal auch „Kupfernes Zeitalter" genannt.
[2] die „Negative Kraft" kann man auch als „erhaltende Kraft" (Sant Rajinder Singh) bezeichnen; Kals Interesse besteht ja darin, seinen Herrschaftsbereich mit Seelen bevölkert zu halten
[3] idV: zerschneide ihre Ketten; „finish Kal" = „beende Kal" (aber offensichtlich nicht im Sinne des Tötens bzw. vollständigen Auslöschens).
[4] idV: *Shadba Parwani.*
[5] *Yoga Santryan*: unbekannte Bezeichnung (für Hinweise ist der Verlag dankbar).

Gehe in die Welt und manifestiere den Leichten Weg[6] (der Seelen-
befreiung). Befreie die Seelen, indem Du Dich Selbst dort mani-
festierst. Die Seelen, die Dich annehmen, werden Mich erreichen[7].
Kal wird nicht die verschlingen, die Dir vertrauen. Gehe und nimm
die Seelen (aus Kals Welten) heraus. Du hast Meine Herrlichkeit
auf dir. Es gibt keinen Unterschied zwischen Dir und Mir[8] – gleich,
wie die Welle des Wassers unerkennbar im Meer aufgeht. Jene, die
Dich und Mich als zwei unterschliedliche Dinge verstehen, in deren Herzen wird Kal seine Wohnstatt machen. Gehe rasch in die
Welt und mache Seelen das Meer der Welt überqueren."

Kabir sprach zu Dharam Das: Gyani verneigte sich und kam mit dem
Auftrag Gottes hinein in die Welt. Als der Klang Gottes in der Welt
ertönte, o Dharam Das, berührte der Böse[9] meine Füße.
Während er in meine Zuflucht kam, befragte mich Kal auf vielerlei
Weise: „Warum kommst du dieses Mal zur Welt? Gib mir einiges
Wissen darüber. Ich bitte dich: weck nicht die gesamte Welt auf!
Du bist mein älterer Bruder, ich bin dein jüngerer. Ich falle dir zu
Füßen."
Gyani sprach: „Höre mir zu, o Kal. Die Seelen sind rar, die mich
erkennen werden. Niemand glaubt an das Heilige Wort, da du die
Seelen so listig getäuschst hast."

Kabir sprach zu Dharam Das: Während ich dies sagte, setzte ich
meine Füße wieder auf die sterbliche Welt und rief erneut die Worte des spirituellen Pfades aus. Ich verließ den (Licht)Körper von Sat
Lok und kam in den menschlichen Körper. Ich kam in die sterbliche Welt und rief das Wahre Wort für die Seelen aus. Als ich im
Bronzenen Zeitalter kam, trug ich den Namen Karunamai. Nie-

---

[6] idV: *Sehaj* Way, d.h. natürlicher oder leichter Weg (der Befreiung der Seele durch die
Rückverbindung mit dem Heiligen Wort, das aus der Welt herauszieht und auch durch alle
Zwischenebenen bis zum göttlichen Ursprung führt)
[7] vgl. das Wort Jesu Christi: „Wer mich sieht, hat den Vater gesehen".
[8] vgl. das Wort Jesu Christi, „Ich und der Vater sind eins".
[9] idV: „Evil" = der bzw. das Böse oder Üble.

mand hörte auf meinen Ruf, da sie alle von Kal in den Ketten der Großen Illusion gebunden waren.

Die Geschichte von Königin Indra Mati

Dann kam ich nach Garh Giri Nar, wo König Chandra Vijay zu leben pflegte. In seinem Heim gab es eine intelligente Königin, die Weise und Wandermönche[10] verehrte, deren Herrlichkeit sie verstand. Sie pflegte auf dem Dach (des Palastes) zu stehen und nach ihnen Ausschau zu halten; sie verzehrte sich, um den Darshan von Heiligen zu erhalten. Ich wußte von der Liebe, welche die Königin hatte, so begab ich mich auf den Weg zu ihrem Haus. Als die Königin mich sah, sagte sie zu ihrer Dienerin, „Geh rasch zur Straße und bring den Weisen, der dort ist." Die Dienerin kam und umfing meine Füße und berichtete mir die Worte der Königin. Die Dienerin sagte, „Meine Königin hat das Verlangen, deinen Darshan zu erhalten und sendet diese Botschaft: `Gebt mir euren Darshan, o Barmherziger[11], durch deinen Darshan werden alle meine Leiden verschwinden.´"

Dann sprach Gyani diese Worte: „Ich gehe nicht zu den Häusern von Königen und Laisern. Die Arbeit eines Königreiches besteht darin, Name und Ruhm zu geben. Ich bin ein Wandermönch und werde nicht das Haus eines Königs betreten." Die Dienerin kam zur Königin zurück, faltete ihre Hände und sagte, „Der Wandermönch folgt meiner Bitte nicht. Er sagt, daß er nicht zu den Häusern von Königen und Kaisern geht." Als sie das hörte, erhob sich Indra Mati und lief zu mir, verneigte sich und begrüßte mich. Indra Mati sagte: „O Herr, segnet mich mit Gnade. Bitte setze nun deine Füße in mein Haus."

Kabir sprach zu Dharam Das: Als ich ihre Liebe sah, kam ich zu ihrem Haus. Dann trat ich in den Palast des Königs ein. Da die Königin gesagt hatte, „Komm in mein Heim. Dein Darshan hat mich glücklich gemacht," und ich ihre Liebe betrachtete, ging ich

---

[10] idV: *Sadhus*; das können Asketen sein, Wandermönche, Weise, Heilige u.v.m.
[11] idV: *O Din Dayal*

zu ihrem Haus. Mir wurde ein Thron(sitz) gegeben, und sie wusch meine Füße. Sie gaben mir einen Thron, um darauf zu sitzen und wusch meine Füße, und sie gab mit ein Handtuch, um meine Füße abzuwischen. Erneut wusch sie meine Füße und trank das Wasser. Während sie meine Füße trocknete, verstand sie, daß ihr Leben gesegnet war. Dann bat sie um Erlaubnis: „O Herr, mach mich glücklich. Wenn deine Essensreste in meinem Haus bleiben, möchte ich diese (als) gesegnete Speise[12] essen."

Karunamai sagte: „Höre, Königin, ich habe keinen Hunger, da nur jene (Menschen) ihn haben, die mit den fünf Elementen zu tun haben. Meine Nahrung ist der Nektar von Naam. Höre, o Königin, ich werde (es) dir kurz beschreiben: Mein Körper ist anders als die Körper aus Elementen und Eigenschaften[13]. Elemente und (irdische) Stoffe[14] sind die Schöpfung von Kal. Kal machte fünfundachtzig Arten von Lebenslüften (Energieströmen) und machte den vergänglichen Körper aus fünf Elementen. In diesem Körper gibt es eine Ursprüngliche Energie, welche Seele genannt wird, Sohang[15]. Die Seele ist die Essenz von Gott, und Kal stoppt sie, indem er sie in Zweifel verstrickt. Er hat die Seelen in vielen Fallen gefangen. Indem er ihr Habgier gab, verstrickte Kal sie darin. Ich bin in diese Welt gekommen, um die Seelen zu befreien, und jene zu befreien, die mich erkennen (bzw. ehren). Kal hat solche Tricks gespielt! Er hat die Seelen auf mannigfaltige Weise getäuscht. Kal hat das künstliche Wasser und (die künstliche) Luft geschaffen, und wenn

---

[12] idV: *Parshad, siehe auch Glossar.*
[13] Elemente: Wasser, Erde, Feuer, Luft, Äther; Eigenschaften: die drei *gunas* von Sato-, Rajo- und Tamo-Gun (etwa: heilig, gerecht, dumpf); Perkins merkt an, daß Karunamai keinen ganz menschlichen, erdhaft gewordenen Körper hat, weil er in den ersten drei Zeitaltern gemäß seines Versprechens an Kal, in diesen Zeiten nur wenige Seelen zu befreien, auch nicht in der dichten Körperhaftigkeit inkarnieren muß, die zu Kals Erde gehört. Perkins vergleicht diesen Umstand dem Bericht von Dante über Begegnungen mit Himmelswesen, die Dante sehen und sprechen und hören kann, und die dennoch in einer höheren Ebene sind und bleiben; schließlich weist er daraufhin, daß alle Sat Gurus seit der Zeit des historischen Kabirs (15. Jahrhundert) „ganz" im Erdkörper inkarnierten und lebten, auch Kabir selbst.
[14] idV: *Prakritis.*
[15] *Sohang:* „Ich und der Vater sind eins".

sie aufhören, wird der Zustand der Seele sehr schlecht. Mein Körper ist anders als diese Dinge, da mein Körper nicht von Kal gemacht ist. Das unbegrenzte Heilige Wort ist mein Körper[16] – verstehe dies. Ich habe es dir kurz erklärt."

Kabir sprach zu Dharam Das: Als sie diese Worte hörte, war sie überrascht. Dann sprach die Königin diese Worte: „O Herr, ich bin verwundert! Es gibt sonst niemanden (in der Welt) von dieser Natur." Indem sie sich vollständig in meine Zuflucht begab, sagte Indra Mati, „O Wohnstatt der Gnade, lasse Gnade auf mich strömen. Erkläre mir dieses ganze Geheimnis Stück für Stück. Es gibt keinen, der Vishnu gleicht, noch nicht einmal Weise wie Shiva und Brahma[17]. Dieser vergängliche Körper ist aus fünf Elementen gemacht. Die intelligenten Menschen sind (da) keine Ausnahme. O Herr, wie bist Du anders als sie geworden? Stille meinen Durst, gib mir Deine Erkenntnis. O Herr, ich bin überrascht, da es sonst nichts gibt, was so ist wie dies (Karunamais Überkörperlichkeit)! O Herr, woher hast du diesen sorgenfreien Körper bekommen? O Gurudeva[18], was ist Dein Name? Erkläre mir alle diese Mysterien. Ich kenne Deine Geheimnisse nicht, deshalb befrage ich Dich auf diese Weise."

Karunamai sagte: „O Indra Mari, höre die wunderschöne Geschichte, und ich werde dir die heiligen Eigenschaften erklären. Mein Land ist anders als die drei Welten. Kal (und der Todesengel) existiert dort nicht. Das (Dort) ist das Land der Ursprünglichen Person. Jenes wunderschöne Land ist Sat Lok. Man kann es nur erreichen, nachdem man das Wahre Heilige Worte angenommen hat. Der Körper Gottes ist wundervolles Licht; die Schönheit der Seele ist dort sehr anziehend. Die Herrlichkeit Gottes ist so groß – welches Beispiel aus dieser Welt könnte ich (dafür) geben? Es gibt

---

[16] vgl. das Wort über Jesus Christus: „Das Wort ward Fleisch und wohnte unter uns".
[17] idV: *Munis* für Weise, *Mahesh* für Shiva.
[18] *Gurudeva*: „Guru" ist der irdische Körper eines wahren Meisters, „Gurudev(a)" dessen Lichtgestalt auf den inneren Ebenen, „Sat Guru" seine wahre, höchste „Form", nämlich reines ewiges Licht, bedingungslose Liebe, ungespielter Klang und All-Bewußtsein.

nichts in diesen drei Welten, was man als Beispiel geben kann. Der Mond und die Sonne sind in dieser Ebene (der Erde), und es gibt (hier) nichts anderes, was so strahlend hell wäre wie sie. In Sat Lok (dagegen) läßt sogar eine einzige Zelle Millionen von Monden erblassen! Wenn die Schönheit einer (einzigen) Zelle derartig (groß) ist, wie kann ich die Schönheit Seines (Gottes) Antlitzes beschreiben? Gott ist glänzend und strahlend.

Nun werde ich dir von der Schönheit der Seelen berichten. Das Licht der Seele gleicht dem strahlenden Licht von sechzehn Sonnen. Die Seelen werden dort (in Sat Lok) von Agar-Vasna[19] erfüllt. Dort gibt es niemals eine Nacht. Dort bleibt immer das Licht des Körpers Gottes. Was ist darüber (noch) zu sagen? Es gibt sonst nichts (zu sagen). Gesegnet ist die Seele, die dorthin gelangt. Ich bin aus jener Ebene gekommen, mein Name ist Karunamai. Ich werde dir die Worte der Wohnstatt der Glückseligkeit sagen. Ich kam im Goldenen Zeitalter, im Silbernen und nun auch im Bronzenen. Ich bin in allen Zeitaltern gekommen. Jene Seelen, die erwachen, sende ich nach Sat Lok."

Indra Mati sagte: „O Herr, du bist in allen Zeitaltern gekommen. Was waren Deine Namen in jenen Zeitaltern?"

Karunamai sprach: „Im Goldenen Zeitalter wurde ich Sat Sukrit genannt. Im Silbernen war mein Name Maninder. In allen Zeitaltern hatte ich den einen oder anderen Namen. Ich sandte jene, die mich erkannten, nach Sat Lok."

Kabir sprach zu Dharam Das: O Dharam Das, ich erklärte ihr (Indra Mati) alles und erzählte ihr die Geschichte des Ersten und des Zweiten Zeitalters. Als sie das hörte, wurde sie noch interessierter und fragte viele andere Dinge. Sie fragte über den Anfang und das Ende der Schöpfung, und über den Charakter von Kal – was ich ihr erklärte. Ich berichtete ihr, wie die sechzehn Söhne geboren wurden; wie Kurmas Leib (von Kal) aufgerissen wurde und (wie) die Göttin (Adyha) geschaffen wurde. All das erklärte ich ihr. Ich er-

---

[19] *Agar Vasna*: unbekannte Bezeichnung (für Hinweise ist der Verlag dankbar).

zählte ihr, wie Kal Adhya verschlang und sie dann herausnahm; wie die Erde und der Himmel geschaffen wurde. Ich berichtete ihr, wie die drei Söhne das Meer aufschäumten und auf welche Weise Kal die Seelen getäuscht hatte. Als sie all das hörte, löste sich ihre frühere Täuschung auf[20]. Sie wurde glücklich vor Liebe und ergriff meine Füße. Ungeduldig faltete sie ihre Hände und sagte: „O Herr, rette mich vor Kal. Ich opfere dieses ganze Königreich für Dich, und werde all diesen Reichtum und Besitz aufgeben. Barmherziger Gott, nimm mich in Deine Zuflucht! Zerschneide meine Ketten und mache mich glücklich!"

Karunamai sprach: „O Indra Mati, höre auf meine Worte. Ganz sicher werde ich deine Ketten zerschneiden. Erkenne mich und sei entschlossen in deinem Vertrauen. Nun werde ich dir das Naam geben, die Vollmacht (aus den drei Welten frei zu werden und nach Sat Lok zurückzukehren). Führe das Arti-Ritual durch und nimm Naam auf, dann wird Kal sehr weit fortgehen. Erkenne mich und habe Vertrauen in mich; nimm das Heilige Wort und überquere das Meer des Lebens. Bringe, was man braucht, um Arti auszuführen. Ich habe mit deinem Königreich nichts zu schaffen. Ich mag keinen Reichtum und Besitz, ich bin in diese Welt gekommen, um Seelen zu erwecken. Du hast diesen Reichtum hierher gebracht[21] – ehre die Heiligen auf gute Weise. Alle Seelen sind vom Herrn und Gott, aber da sie durch Weltverstrickung gezwungen sind, befinden sie sich in Dunkelheit. Die Essenz von Gott wohnt in jedem, Sie ist jedoch nicht offenbar; Sie bleibt verborgen. Alle Seelen sind von Gott, aber aufgrund von (weltlicher) Bindung und Täuschung sind sie einem anderen zugehörig. All dies ist ein Kniff von Kal. In der Welt herrscht die Falle der Illusion vor. Da sie von Kal beherrscht werden, kämpfen die Seelen mit mir, und da sie von Verstrickung mit der Welt beherrscht werden, erkennen sie mich nicht. Sie lassen den Nektar

---

[20] wörtlich: rannte ihre bisherige Illusion davon.
[21] aus früheren Leben.

beiseite und lieben das Gift; sie lassen Ghee beiseite und trinken Wasser.

Selten sind die Seelen, die mich erkennen, nachdem sie das Heilige Wort überprüft (selber erfahren) haben! Sie (Diese Seelen) rennen und begegnen ihrem Geliebten, und geben die Unterstützung von Kal auf."

Nachdem sie diese Worte der Versicherung gehört hatte, sprach Indra Mati auf süße Weise: „Du hast mir Glückseligkeit gegeben – der Einsamen – und mit Deiner Gnade habe ich den unauslotbaren Herrn erkannt. O Herr, nun habe ich Dich erkannt! Du bist sicherlich (selbst) der Himmlische Herr.[22] Gott, der die Ebenen geschaffen hat, hat gnädiglich Segen auf mich herabregnen lassen. In meinem Herzen glaube ich, daß niemand größer ist als Du. Nun o Herr, erzähle mir von Arti – was dazu benötigt wird, berichte es mir."

Kabir sprach zu Dharam Das: O Dharam Das, ich sagte ihr, was ich Khemsari gesagt hatte: „Führe Chauka durch und bereite dich vor. Dann will ich dir mein Naam geben." Dann brachte die Königin, was benötigt war, und als sie auf dem Thron saß, wurde sie entschlossen, das Heilige Wort anzunehmen. Als die das Arti durchführte, erhielt sie den Passierschein (zu den inneren Ebenen). Dann erhielt sie die (Licht-)Meditation des Herrn, Seinen Simran und Naam. So erhielt die Königin das Heilige Wort, und, nachdem sie sich verbeugt hatte, erhob sie sich.

Dann erklärte die Königin dem König: „O Herr, du wirst keine solche Gelegenheit wieder erhalten[23]. Nimm Seine Zuflucht an, falls du Befreiung willst. Glaube meinen Worten!" König Chandra Vijay sagte: „O Königin, du bist meine Frau. Unsere Hingabe (zueinan-

---

[22] idV: Sat Purush; vgl. auch die Debatte im frühen Christentum, ob Jesus "nur" Träger des Heiligen Wortes und der Christuskraft und –Aufgabe ist, oder unmittelbarer Gottessohn, oder sogar Gott-Vater selbst (der sich in Jesus „verborgen" hat).

[23] gemeint ist sowohl die ungewöhnliche Chance der menschlichen Geburt (weil man nur als Mensch Gott finden kann) wie die noch seltenere Chance, einem Gottes-Sohn zu begegnen.

der) kann nicht getrennt werden. Ich sehe deine Hingabe (an Gott und an den König) – wie ich durch dich befreit werde. Ich sehe die Herrlichkeit deiner Hingabe – wie (durch die) ich nach Sat Lok gelange, und alles Leiden beende."

Kals Versuch, Indra Mati zu täuschen

Kabir sprach zu Dharam Das: Erneut kam die Königin zu mir. Ich berichtete ihr vom Charakter von Kal. Als sie kam, sagte ich ihr diese Worte: „Höre, Königin, auf mein eines Wort. Kal spielt Tricks aus und täuscht. Kal wird zu einer Schlange werden und zu dir kommen. Er wird dich beißen – Ich sage es dir. Ich habe dich zu meiner Schülerin gemacht. Da er dies weiß, wird Kal[24] dich beißen. Also werde ich dich das Mantra (den Simran der fünf aufgeladenen Gottesnamen) erinnern machen, wodurch, wenn du es wiederholst, Kals Gift verschwinden wird. Ich habe dir den Höchsten Heiligen Geist[25] gegeben, deshalb wird sich Kals Gift nicht in dir ausbreiten. Dann wird Kal eine weitere Täuschung ausspielen – über deren Wesen berichte ich dir ebenfalls. Wenn er diese Täuschung ausspielt, wird Kal sich dir nähern – ich sage dir auch dieses Geheimnis. Er wird sich als die Hohe Seele[26] verkleiden und wird dir das Wissen erklären, als ob er ich wäre. Er wird dir sagen, `O Königin, erkenne mich. Mein Name ist Gyani und ich bin der Zerstörer von Kal.´ Auf diese Weise wird Kal kommen, um dich zu täuschen. Aber ich werde dir sagen, wie du ihn erkennst: Kals Stirn ist schmal – ich berichte dir über die Augen von Kal[27]. Ich habe dir darüber berichtet, wie Kal zu erkennen ist – sein ganzer Körper ist weiß."

Dann kam die Königin eilig heran und ergriff meine Füße und bat, „O Herr, nimm mich nach Sat Lok. Dies (hier) ist das Land von Kal! Nimm mich nach Sat Lok, damit alle meine Schwierigkeiten

---

[24] idV: *Kal Takshak.*
[25] idV: *Supreme Shabda.*
[26] gemeint ist: als der Meister.
[27] idV findet sich trotz dieser Ankündigung jedoch kein weiterer Hinweis auf die Augen.

beendet werden. Dies (hier) ist der Ort von Kal, o Herr! Nimm mich auf die grenzenlose Ebene."

Dann sagte ich der Königin, „Höre aufmerksam auf meine Worte. Deine Verbindung mit Kal wurde jetzt gebrochen, und deine Täuschung ist verschwunden, da du das Wissen erhalten hast. Wiederhole Tag und Nacht mein Naam, und welches Übel kann (könnte) Kal (dann) tun? Halte dich mit Naam verbunden, bis dein Schicksal abgeschlossen ist[28]. Wiederhole Tag und Nacht mein Naam, und du wirst (dann) immer in Erinnerung (Verbindung mit dem Heiligen Wort) sein, wenn Kal dich täuschen will; bis dein Schicksal nicht endgültig vollendet ist, kann die Seele nicht dauerhaft gehen (die Welt verlassen). Sieh die große Schöpfung von Kal an: er kommt in diese Welt wie ein Elefant. Wenn er jedoch den Tiger sieht, bekommt der Elefant Angst und geht nicht vor ihn (den Tiger) hin. Kal ist wie dieser Elefant. Die Herrlichkeit Gottes ist der Tiger. Halte immer das Schutzschild von Naam (aufrecht). Das Schwert von Kal wird dagegen nichts ausrichten können."

Indra Mati sagte: „O Herr, ich verstehe, was du sagst. Ich nehme mir deine Worte zu Herzen. Ich bitte dich (jedoch) um eine Sache, o Swami, da Du der All-Bewußte Herr bist. Kal wird mich als Schlange bedrängen, und dann wird er in Gestalt der Hohen Seele kommen: O Herr, bitte komme (dann) wieder zu mir, und nimm dann meine Seele nach Sat Lok!"
Gyani sprach, „Höre, o Königin. Ich sage dir etwas ganz deutlich. Kal wird mit vielen Listen kommen. Leiste ihm keine Gefolgschaft – wenn er mich sieht, wird Kal fortlaufen. Nachdem er kommt, werde ich zu dir kommen, und ich werde deine Seele Sat Lok erreichen machen. Ich habe dir das Heilige Wort gegeben. Wiederhole es achtsam Tag und Nacht."

Kabir sprach zu Dharam Das: Nachdem ich das alles gesagt hatte, kam Kal in Gestalt einer Schlange. Die Schlange kam in den Palast

---

[28] gemeint ist: bis dein Karma für dieses Leben abgewickelt ist.

114

und saß auf dem Bett der Königin. Als die Nacht halb vergangen war, erhob sich die Königin (vom Lager des Königs), verneigte sich vor ihm und kam in ihren (eigenen) Palast. Als sich auf dem Bett niederlegte, biß die Schlange sie auf die Stirn.

Dann rief Indra Mati aus: „Kal hat mich gebissen!" Als er das hörte, ängstigte sich der König, eilte zu ihr und rief den Giftbeseitiger. Der König sagte (zu ihm), „Falls du meine Geliebte am Leben halten kannst, und das Gift von Kal verschwindet, werde ich dir ein kleines Königreich geben."

Die Königin wiederholte das Heilige Wort und hielt ihre Aufmerksamkeit auf den Herrn gerichtet. Die Ärzte und Giftbeseitiger wurden fortgeschickt, da sie sagte, „Der Herr der Menschheit ist nicht weit von hier. Mein Sat Guru hat mir ein Mantra gegeben. Das Gift wird nicht auf mich wirken, genauso wie die Dunkelheit verschwindet, sobald das Licht der Sonne kommt." Sie sagte, „Mein Meister ist groß!" Sie erhob sich, was den König, als er das sah, sehr glücklich stimmte.

Der Todesengel[29] ging zu Brahma, Vishnu und Shiva. Er sagte, „Die Kraft des Giftes hat nicht gewirkt. Es lief weg, wegen der Mauer der Herrlichkeit von Naam." Vishnu sagte, „Höre, Todesbote: Mache deinen Körper weiß. Täusche die Königin und bringe sie (hierher). Gehorche meinen Worten[30]."

Der Bote machte seinen ganzen Körper weiß und ging voller Begeisterung (über die angestrebte Täuschung) zur Königin. Er sprach diese Worte zu ihr: „Warum bist du traurig geworden, o Königin? Du kennst mich (doch)! Warum bist zu der geworden, die (mich) nicht erkennt? Ich habe dir die Initiation und das Mantra gegeben. O Königin, mein Name ist Gyani. Ich werde Kal töten und zerschmettern. Wenn Kal als Schlange zu dir kam, um dich zu verschlingen, kam ich und rettete dich. Verlaß das Bett und berüh-

---

[29] idV: *Yam Doot*, Todesbote, im Auftrag Kals, aber nicht Kal selbst (der sich ja seinen „Söhnen" nicht zeigt).

[30] Diese Passage zeigt, daß sich nicht Kal selbst in Form von Schlange oder vorgetäuschtem Meister zeigt, sondern einer seiner von ihm beauftragten „Todesengel", die jedoch selber unter der Herrschaft von Brahma, Vishnu und Shiva stehen.

re meine Füße. Gib deine Ichverhaftung auf. Ich bin jetzt gekommen, um dich (mit) zu nehmen und dir den Darshan Gottes zu geben."

Da suchte Indra Mati nach den Zeichen, die ihr Herr ihr berichtet hatte. Sie war erstaunt, drei Linien (auf der Stirn[31]) zu sehen, die gelb, weiß und rot waren. Als sie seine enge Stirn bemerkte, blickte sie erneut darauf und ihre Zweifel wurden bestätigt. Sie sagte, „Bote, gehe in dein Land zurück, da ich deine Gestalt jetzt erkannt habe. Selbst falls die Krähe viel Schminke aufträgt, wie kann sie (jemals) die Schönheit des Schwanes haben? Ich habe deine Form gesehen (erkannt), mein Meister ist kompetent."
Als er das hörte, wurde der Bote ärgerlich und sagte Indra Mati: „Immer wieder erkläre ich dir (daß ich Gyani bin), aber du verstehst es nicht – dein Verstand ist fortgelaufen!" Als er diese Worte sagte, kam er näher an Indra Mati heran und schlug sie. Er schlug sie ins Gesicht, und die Königin fiel auf den Boden. Dann sprach Indra Mati die Heiligen Worte[32], und sagte, „O Meister, Gyani, hilf mir! Auf vielerlei Weise hat Kal mich bedrängt. O Herr, zerschneide den Galgenstrick von Kal!"

Kabir sprach zu Dharam Das: Ich konnte nicht (mehr länger) fernbleiben, nachdem ich ihren Ruf gehört hatte: Höre, Dharam Das, das ist meine Natur. Als die Königin mich rief, war ich augenblicklich zur Stelle. Als sie mich sah, wurde sie sehr glücklich und die Furcht vor Kal verschwand aus ihrem Gemüt. Als ich kam, ging Kal fort und der Körper der Königin wurde rein.
Dann faltete Indra Mati ihre Hände und sagte: „O Gott, höre auf eine meiner Bitten: Nun habe ich den Schatten von Kal erkannt, und ich werde (möchte) nicht mehr in diesem Land (der Erde) leben. O Herr, nimm mich in mein eigenes Land, da es hier so viele Leiden

---

[31] Perkins merkt an, daß Meister drei senkrechte Stirnlinien hätten, die jedoch nicht in solchen Farben erschienen.
[32] idV: „machte den Simran"; wenn sie die kraftgeladenen Worte gleich wiederholt hätte, hätte der Bote ihr gar nicht so nahe kommen können, sie ins Gesicht schlagen zu können (aber auch diese Erfahrung gehört zum „Plan").

von (durch) Kal gibt." Nachdem sie dies sagte, wurde sie traurig und sagte: „Nimm mich jetzt sogleich zu Gott!"

Kabir sprach zu Dharam Das: Zuerst nahm ich die Königin mit mir und beendete die Angelegenheit des schwierigen Kal[33]. Ihr (Indra Matis) Lebenskarma[34] wurde sogleich abgezahlt („verbrannt", abgewickelt), und dann ging ich nach Sat Lok und nahm die Königin mit. Ich nahm sie (zunächst) nach Mansarovar, das sie mit Verwunderung erfüllte. Ich machte sie den Nektar vom See der Unsterblichkeit schmecken, und dann stellte ich ihre Füße in die göttliche Liebe[35]. Jenseits davon ist das Meer des Seelenbewußtseins. Als sie dort anlangte, wurde die Königin rein. Als ich sie an (vor) der Tür von Sat Lok stehen machte, und die Königin sie (die Tür) ansah, wurde sie sehr glücklich. Die Seelen kamen und umarmten sie, sangen das Willkommenslied und führten das Arti-Ritual aus. Alle Seelen ehrten sie und sagten: „Du bist eine gesegnete Seele, die den Sat Guru erkannt hat. Es ist gut, daß du aus der Falle Kals befreit bist und alle deine Not und Leiden vorüber sind. Seele, komm mit uns, und erfahre den Darshan Gottes, und verneige dich vor ihm. Indra Mati, komm mit uns und habe den Darshan Gottes."

Indra Mati schloß sich den anderen Seelen an und sang mit Begeisterung das Glückslied. Alle Seelen gehen und beten um den Darshan Gottes. Dann bat ich Gott: „Nun gib Deinen Darshan den Seelen, die zu Dir gekommen sind. Gib ihnen Deinen Darshan, o Barmherziger[36]. Sei ihnen gnädig, o Befreier." Dann erblühte die Blume und diese Worte waren zu hören: „Höre, o Gyani, Yog Santayan! Bringe die Seelen und mach sie Darshan haben."
Gyani kam dann zu den Seelen und nahm sie alle (mit). Die Seelen wurden wunderschön, nachdem sie den Darshan Gottes gehabt

---

[33] „Angelegenheit ... beenden": Abwicklung des irdischen Karmas (das in diesem Fall Karunamai/Kabir bzw. sonst der jeweils kompetente Meister übernimmt), weil die Seele erst ohne jedes Karmalast nach Sat Lok genommen werden kann.
[34] bis zu diesem Zeitpunkt für dieses Leben angesammelte Karma.
[35] idV: stellte ihre Füße in (das/den/die?) *Kabir Sagar* (das Meer von Kabir).
[36] idV: *Sat Purush* für Gott, *Din Dayal* für Barmherziger.

117

hatten. Nachdem sie sich verneigten, wandten alle ihre Aufmerksamkeit auf Gott. Dann gab Er ihnen einige Früchte des Nektars, die alle Seelen erhielten. Genau so, wie die Lotosblume erblüht, wenn sie das Licht der Sonne erlangt, auf dieselbe Weise werden die Leiden der Seelen aus vielen Zeitaltern beendet, wenn sie den Darshan Gottes erlangen.

Indra Matis Erstaunen, Karunamai dort eins mit Gott zu sehen

Als die Königin die zauberhafte Schönheit Gottes sah und den Wein des Nektars, wurde sie überwältigt und umschlang Seine Füße, da ihre Seele weise und voller guter Eigenschaften war. Er legte Seine beiden Hände auf ihre Seele und sie wurde so glücklich wie die Lotosblume im Sonnenlicht erblüht. Die Königin sagte: „Gesegnet seist Du, o Karunamai, der mich hierher gebrachte hatte, nachdem Er meine Täuschung beendete." Dann sprach Gott zur Königin: „Geh und rufe Karunamai."

Kabir sprach zu Dharam Das: Sie kam zu mir, und, als sie meine Gestalt sah, war sie, meine Dienerin, erstaunt. Die Königin sagte, „Das ist überraschend! Ich kann keinen Unterschied sehen. Alle Eigenschaften, die ich in Gott sah, sehe ich auch in Karunamai – jede einzelne (Eigenschaft)!"

Sie, die weise Seele, lief und berührte die Füße (von Karunamai) und sagte, „O Herr, nun (er)kenne ich deinen Charakter (dein Wesen). Du bist (eins mit) Gott[37] und Du nanntest Dich (nur) den Diener. Wo hast Du diese Herrlichkeit verborgen? In meinem Geist weiß ich dies sicher: Du bist (eins mit) Gott und niemand sonst. Ich habe dies (selber) gesehen, nachdem ich hierher gekommen bin. Ich grüße Dich, o Kompetenter Einer, Der mich erweckt hat. O Wohnstatt der Barmherzigkeit, Du bist der Gesegnete Eine. Dein weises Naam ist der Auflöser von Sorgen. Du bist unbeschreiblich, unbeweglich, unsterblich, stetig, rein, herrlich und endlos. Du bist ohne Zweifel, (Du bist) selbstlos, die Stütze der Welt, namenlos, fest und unzerstörbar. O Herr, Du bist der Anfang von allem, und Macher

---

[37] idV: „You are the Sat Purush" = Du bist der Wahre Gott.

aller Kreaturen (Seelen). Du hast mich mit Gnade gesegnet und mich aufgeweckt, indem Du mich als Dein eigen verstanden (angenommen) hast. Du hast die Fallstricke von Kal durchschnitten und Du hast mich zum Meer der Glückseligkeit gebracht."

Kabir sprach zu Dharam Das: Das schloß sich der Lotos, und alle Seelen gingen zu ihrer Wohnstatt (zurück).

Gyani sagte zur Königin: „Berichte mir, o Seele, über dich selbst. Nun sind deine Not und Schwierigkeiten beendet und deine Schönheit ist wie sechzehn Sonnen geworden. Solch eine Gnade hat Gott auf dich regnen lassen! Er hat deine Zweifel und Leiden beendet."

Indra Matis Bitte, ihren Mann auch nach Sat Lok zu bringen
Indra Mati faltete ihre Hände und sagte: „O Herr, ich habe eine Bitte. Ich erhielt Deine Füße aufgrund meines großen Glücks[38]. Mein Körper ist jetzt sehr wunderschön, aber in mir wohnt nun eine Sorge. Ich werde von Verhaftung beherrscht, da der König mein Ehemann ist. O Ehemann der Seelen, gehe und bringe ihn (auch)! Sonst wird mein König in den Schlund von Kal gehen."
Gyani sagte: „Kluge Seele! Der König hat (jedoch) nicht das Siegel. Nun, da du die Gestalt des Schwanes[39] erhalten hast, warum rufst du den König? Er hat keine Hingabe geleistet; er ist in der Welt ohne Wahrheit umher gewandert."
„O Herr, als ich in der Welt lebte, habe ich (Gott) auf vielerlei Weise verehrt. Der König wußte von meiner Hingabe, und er, der Weise, hat mich niemals daran gehindert. Wenn eine Ehefrau ihren Ehemann verläßt und an einen anderen Ort geht, wird sie von der

---

[38] „Füße" = in diesem Fall die innere Erkenntnis und das göttliche Licht; „Glück" idV „good fortune", worin auch Bestimmung enthalten sein kann (vgl. Fortuna als Glücksgöttin)
[39] idV: *Hansa,* Sanskrit für Schwan, auch „befreite" oder „erweckte" Seele; vgl. Paramhansa Yogananda (=großer Schwan Y.); in der spirituellen Schau von MystikerInnen erhebt sich die Seele, nachdem sie im „See der Unsterblichkeit" (*Mansarovar*) gebadet hat, schwanengleich in die höheren Ebenen.

ganzen Welt mit schlimmen Namen belegt, und der Ehemann, der davon hört, tötet sie. Die Arbeit des Königs hat viel mit Namen und Ruhm zu tun, mit Heuchelei, Ärgernissen und Schlauheit. Aber als ich den Wandermönchen und Heiligen zu dienen pflegte, hatte der König vor niemandem Angst. Immer, wenn ich den Heiligen diente, wurde der König glücklich, wenn er davon hörte. Wenn der König mir meine Hingabe damals nicht gestattet hätte, o Herr, wie hätte mein Werk dann getan werden können? Ich war die geliebte Eine des Königs und er hat mich nie aufgehalten. Täglich diente ich den Wandermönchen, um zum Pfad des Heiligen Wortes zu gelangen. Wenn der König er mir verboten hätte, wie hätte ich Deine Füße erreichen können? Ich hätte nicht den Trank von Naam erhalten, wie wäre meine Arbeit also dann geleistet worden? Groß ist der weise König. Bringe seine Seele. Du bist der Meister, die Wohnstatt der Barmherzigkeit – bitte zerschneide die Bande des Königs."

Kabir sprach zu Dharam Das: Als er das hörte, lachte Gyani, und ohne sich (weiter) aufzuhalten, begann er (dorthin zu reisen). Sehr bald kam er nach Garh Girmar, da sich die Zeit des Todes des Königs näherte. Er (Der König) wurde vom Todesengel umrundet, der ihm viel Leid gab. Der König war in einem schweren Kampf. Als er (Gyani) dorthin kam, rief der Sat Guru ihn (den König), aber der Todesengel wich nicht vom König.

O Bruder, das ist, was ohne Hingabe[40] geschieht: Wenn die Zeit abgelaufen ist, bedrängt der Todesbote die Seele schwer. Ich ergriff rasch die Hand von Chandra Vijay und kam (mit ihm) nach Sat Lok. Als sie den König sah, kam die Königin zu ihm und berührte seine Füße.

Indra Mati sagte: „Höre, König. Erkenne mich – ich bin deine Frau." Der König sagte: „Höre, weise Seele! Deine Schönheit ist wie sechzehn Monde und Sonnen. Jedes Teilchen an dir strahlt. Wie

---

[40] ohne Hingabe: gemeint ist, ohne Bemühung um Suche nach Lebenssinn und/oder Wahrheit und/oder Gott, und ohne Dienst an Bedürftigen und Heiligen, also ohne Hingabe an einen höheren Lebenswandel.

kann ich dich meine Frau nennen? Du hast die Hingabe sehr wohl geübt und mich auch errettet. Heil dem Meister, Der dich in der Hingabe gefestigt hat. Und durch deine Hingabe habe ich (auch) meine wahre Heimat erreicht. Zahlreiche Geburten hindurch führte ich gute Taten aus, und so erhielt ich eine Frau mit gutem Karma. Ich habe mein Gemüt auf die Angelegenheiten des Königreichs gerichtet und konnte die Hingabe an den Sat Guru nicht erreichen. Wenn nicht du meine Frau gewesen wärst, wäre ich in die Hölle gegangen. Ich kann deine Eigenschaften nicht aufzählen. Heil dem Großen Meister, daß ich eine solche Frau bekommen habe! Da ich eine Frau wie dich erhielt, möge die ganze Welt (auch) eine solche Frau erhalten."

Kabir sprach zu Dharam Das: Als er diese Worte hörte, lachte Gyani und sprach dann zu Chandra Vijay: „Höre, König, du bist ein Weiser. Jene Seele, die mein heiliges Wort annimmt, gelangt an den Hof Gottes und sieht nie wieder die Welt. Die Männer und Frauen, die mir folgen, nehmen die Gestalt des Schwanes an."
Der König meditierte über die Form (von Gyani!) und erhielt den Darshan Gottes, und nachdem er die Gestalt des Schwanes annahm, wurde er sehr schön. Der König erhielt die Schönheit von sechzehn Sonnen mit der Schönheit des Mondenlichts.

Dharam Das sagte (zu Kabir): Dharam Das stellt diese Bitte: Berichte mir mehr über die Seelen in den Zeitaltern. Groß ist Dein Naam, o Herr, durch das der König in Sat Lok seine Wohnstatt fand. Obwohl der König (selbst) nicht die Wahrheit angenommen hatte, nahm ihn Deine Hingabe dorthin. Aufgrund der Herrlichkeit der Hingabe seiner Frau, nahmst Du den König dem Todesengel fort. Groß ist die Weisheit der Frau, die ihren Mann dorthin gerufen hatte! Sein Kommen und Gehen wurde beendet, und er kam nicht mehr in die Welt. O Herr, was hast Du danach getan? Erzähle mir diese Geschichte, o kompetenter Einer. Wie bist Du wiederum in das Meer der Welt gekommen? Berichte mir das, o Herr der Seelen.

Die Geschichte von Supach Sudarshan

Kabir sprach zu Dharam Das: Es gab einmal einen Mann aus einer niedrigen Kaste[41], dessen Name war Sudarshan. Ich festigte ihn im Heiligen Wort. Er war ein weiser und schöner Heiliger, der das Heilige Wort erkannte, nachdem er es geprüft hatte, und sich damit vereinte. Er nahm meine Worte sicher an, vertraute ihnen, und so wurden seine Bindungen durchtrennt. Ich gab ihm den Trank von Naam, die Botschaft der Befreiung, und beendete all seine Leiden von (durch) Kal. Ich gab ihm die Lichtmeditation[42] und festigte ihn darin, und er übte freudig den Simran von Naam (die Wiederholung der Gottesnamen) mit all seiner Aufmerksamkeit.

Aus ganzem Herzen übte er die Hingabe[43] des Sat Gurus, und ließ alle Täuschungen und weltliche Klugheit los. Sein Vater und seine Mutter wurden sehr glücklich und sie hatten in ihren Herzen große Liebe für ihn. O Dharam Das, diese Welt ist Dunkelheit. Ohne das Wissen wird die Seele zum Diener von Kal. Wenn die Seele (solche) Hingabe (wie von Sudarshan) sieht, wird sie glücklich, aber nimmt (trotzdem) nicht mein Naam (an). Der Törichte erkennt mich noch nicht einmal, wenn er mich sieht, und er fällt in die feinen Fallstricke Kals. So wie sich der Hund in unreine Dinge vertieft, auf dieselbe Weise lassen die Menschen der Welt den Nektar beiseite liegen und tauchen ein in das Gift.

König Yudhishtra war ein König im Bronzenen Zeitalter, der das Bußritual[44] durchführte. Da er seine Brüder getötet hatte, wurde er entehrt und so dachte er daran, das Bußritual auszuführen. Alle Dinge dafür wurden gebracht und alle Weisen von nah und fern herbeigerufen. Krishna sagte den Pandavas: „Versteht, daß euer

---

[41] diese Kaste wurde/wird „*Supach*" genannt.
[42] idV: *Shabda Dhyan*, d.h. Meditation (Dhyan=Seh-Meditation, innere Schau, im Unterschied zur Hör-Meditation) über Shabda (Heiliges Wort in Form von Licht und Ton).
[43] nicht persönlicher Dienst für den äußeren Meister, sondern Ausrichtung von Körper, Geist und Seele auf Gott.
[44] idV: *Yajna*; dieser König war einer der fünf *Pandava*-Prinzen, zu denen auch der berühmte Arjuna gehörte; „Brüder" bezieht sich offensichtlich nicht auf seine leiblichen Brüder, sondern vielmehr auf die Gegner, die *Kauravas*, die Onkel der Pandavas waren.

Bußritual erst dann vollständig (und angenommen) ist, wenn ihr die Glocke im Himmel (läuten) hört. Dann werdet ihr die ganze Frucht des Bußrituals erhalten."

Alle Sannyasins, Vairagis, Brahmanen und Brahmacharis kamen. Verschiedene Arten von Speisen wurden gemacht, und mit großer Liebe wurden alle gespeist[45]. Sie alle erhielten die Speisen, aber die Glocke ertönte nicht und der König war beschämt.

Als die Glocke im Himmel[46] nicht erklang, war der König erstaunt und seine Sinne verließen ihn. Alle großen Rishis aßen, aber doch ertönte die Glocke nicht und der König wurde verwirrt. Dann gingen die Pandavas zu Krishna und befragten ihn zu ihren Gemütszweifeln.

Yudhistra sagte: „Sei uns gnädig, O Yaduraja, warum erklang die Glocke nicht.?" Krishna sagte ihnen diesen Grund: „Ein Weiser[47] hat nicht gegessen." Die Pandavas waren überrascht und sagten: „Millionen von Weisen aßen die Speisen. Nun, o Herr, wo können wir den Weisen finden, der nicht gegessen hat? Sage uns das, o Yadunata." Krishna sagte: „Bringt Supach Sudarshan und bewirtet ihn mit Ehrerbietung. Er ist der einzige (wirkliche) Weise – sonst keiner. Euer Bußritual wird nur durch ihn vollständig."

Kabir sprach zu Dharam Das: Als sie diesen Auftrag von Krishna erhielten, gingen die Pandavas zu ihm. Sie brachten Supach Surdarshan und bewirteten Ihn mit Ehrerbietung und Liebe. Als Er im Palast des Königs aß, ertönte die Glocke im Himmel. Als Supach, der Ergebene, ein Brocken Nahrung (an)nahm, erklang die Glocke mit der Herrlichkeit von Naam.

Und immer noch erkannten sie nicht das Wort des Sat Gurus, da ihr Verstand auf dem Marktplatz von Kal verkauft worden war. Kal beschwert sogar jene Seelen, die ihm selbst (bereits) ergeben

---

[45] Weise, Wandermönche und andere *Sadhus* zu speisen gilt als selbstloser Dienst und als „gute Tat", die böse Taten aufwiegen bzw. ausgleichen kann.

[46] „Glocke im Himmel" entspricht auch der ersten Manifestation der inneren Himmelsmusik im „geistigen Himmel" in der Astralebene.

[47] idV immer: *Sadhu.*

sind[48]. Er verschlingt jene, die ihm ergeben sind und jene, die es nicht sind.

Erst beriet Krishna die Pandavas und machte sie zu Mördern ihrer Familie (ihrer Onkel). Dann hielt er ihnen ihre Schuld vor, und um die Schuld zu beseitigen, veranlasste er sie, das Bußritual durchzuführen. Sogar danach gab er ihnen noch Leiden, indem er sie in die Himalaya-Berge entsandte und (dort) ihren Verderb verursachte. Vier Brüder und (ihre gemeinsame Frau) Draupadi wurden zerstört: Yudhistra wurde aufgrund seiner Wahrhaftigkeit gerettet. Niemand war (Krishna) so lieb wie Arjuna, aber auch er wurde so behandelt. Bali Hari Chandra und Karan waren große Wohltäter, aber Kal ruinierte auch sie.

Die unverständigen[49] Seelen hoffen auf ihn (Kal). Während sie den Ehemann (Gott) vergessen, gehen sie zu dem, der sie verschlingt. Kal zeigt ihnen viele Listen und dann versetzt er die Seelen in eine schlimme Lage. Die Seelen hoffen auf ihn, betrachten ihn als ihren Befreier, und aufgrund dieser Hoffnung, wandern sie in den Rachen von Kal.

Kal macht jeden tanzen – weder (ihm) Ergebene noch Nicht-Ergebene entkommen ihm. Sie suchen nicht nach dem Einen, der ihr Beschützer ist, und ohne es zu erkennen, gehen sie in den Schlund von Kal. Wieder und wieder erklärte ich den Spirituellen Pfad und warnte die Seelen. Aber Kal hat jedermanns Verstand genommen, und indem er eine Schlinge machte, fing er alle Seelen ein. Niemand überprüft (probiert) das Heilige Wort, und indem sie Kal unterstützen, kämpfen sie mit mir.

Bis man nicht dem Naam Gottes begegnet, hören die Leiden von Geburten und Toden nicht auf. (Nur) Aufgrund der Herrlichkeit des Wahren Gottes gehen sie zu Gott, sonst verschlingt Kal sie vermittels des falschen Naam. Wenn sie die Initiation in das Naam des

---

[48] Krishna ist eine Inkarnation von Vishnu, der wiederum ein Sohn von Adhya und eben Kal; damit ist auch Krishna ein Mittler Kals, selbst wenn er einen Teil (aber eben nicht das Ganze) eines spirituellen Weges lehrt.
[49] idV: „senseless" = „sinnlos" oder „von Sinnen".

Wahren Gottes erhalten, besiegen sie Kal und gehen in die Unsterbliche Heimat.

O Dharam Das! Die Seelen gehen nach Sat Lok aufgrund der Herrlichkeit des Wahren Naam. Ihr Leiden von Geburt und Tod ist beendet, und sie kommen nicht mehr in diese Welt hinein. Wenn die Seelen die Form des Wahren Gottes sehen, werden sie glücklich. Dann sind alle Seelen freudig erregt, genau wie die Lilie erblüht, wenn sie den Mond sieht.

Wie die Lilie glücklich wird, wenn sie in der Nacht den Mond betrachtet, auf dieselbe Weise werden die Seelen glücklich, wenn sie den Darshan Gottes haben. Sie werden nicht (mehr) traurig; sie bleiben dort für immer in einem Zustand von Glückseligkeit. Die Seelen sind (dort) immer glücklich und nicht einmal einen Augenblick lang haben sie Sorgen, Bindung und Leiden.

Als das Geben und Nehmen von Sudarshan beendet war, habe ich diesen Mutigen nach Sat Look genommen. Er sah die Schönheit und Herrlichkeit und er war freudig erregt, mit den anderen Schwänen[50] zusammen zu sein. Er erhielt die Schönheit von sechzehn Sonnen, und – nachdem er den Darshan Gottes erhalten hatte – wurde er eins mit den anderen Schwänen.

Dharam Das sagte: O Herr, ich habe eine Bitte an Dich, mein Ehemann, Kabir der Befreier. Nachdem du den Ergebenen, Sudarshan, nach Sat Lok gesandt hattet, wohin gingst Du dann, o Herr? O Sat Guru, berichte mir, damit meine Zweifel[51] verschwinden mögen, wenn ich Deine nektarerfüllten Worte höre.

---

[50] idV: *Hansas*; hier als „befreite Seelen" gemeint.
[51] idV: „suspicions", eigentlich also Verdachtsmomente.

5. Im Eisernen Zeitalter:
Die Inkarnation als Kabir

Kabir sprach: Nun höre, mein geliebter Dharam Das. Ich will dir erzählen, was danach geschah. Das Dritte Zeitalter verging, und das Kali Yuga kam, und so kam ich erneut, um die Seelen zu lehren. Als Kal mich kommen sah, sank er in sich zusammen[1].

Kal sagte: „Warum verursachst Du Leid für mich und nimmst meine Speise nach Sat Lok? In allen drei Zeitaltern kamst Du in die Welt und hast mein Meer dieser Welt ruiniert. Gott hat mir das Versprechen gegeben, wie hast (konntest) Du dann die Seelen befreien? Falls irgendein anderer Bruder gekommen wäre, hätte ich ihn zerschmettert und in einem Augenblick verschlungen. Meine Macht wirkt nicht bei Dir, weil die Seelen mit Deiner Kraft in ihre Heimat zurückkehren.

Nun gehst Du wiederum in die Welt, aber niemand wird auf Dein Wort[2] hören. Ich habe solche Bindungen und Täuschungen geschaffen, daß niemand aus ihnen herausfindet. Ich habe Geister der Illusion in jedem Haus geschaffen, und indem ich die Seelen täusche, mache ich sie (nach meiner Pfeife) tanzen. Die Geister der Illusion haben sie alle in Besitz genommen – aber (nur) jene, die Dich erkennen – deren Täuschung verschwindet.
Alle Menschen essen Fleisch und trinken Wein, und alle Arten von Fleisch gehören zu ihren Lieblingsspeisen. Die Anbetung von Göttinnen, Yogis und Geistern ist die Illusion, welche die Welt angenommen hat. Indem ich sie in vielen Arten von Fallen binde, mache ich sie zu ihrer Endzeit unbewußt. Bruder, Deine Hingabe (als Schüler einem Meister zu folgen) ist schwierig! Ich sage Dir (voraus), daß keiner daran glauben wird."

---

[1] idV: wörtlich „verwelkte er".
[2] idV: *Shabda.*

Gyani sprach: „O Kal, du hast viel getäuscht, und ich erkenne all deine Täuschungen. Das Versprechen Gottes bleibt unveränderlich (bestehen) – deshalb verschlingst du die Seelen. Falls der Wahre Gott mir das erlauben würde, dann würden alle Seelen Liebende des Heiligen Wortes, und während ich die Seelen auf einfache Weise bewußt mache, würde ich sie (alle) befreien.

Du hast Millionen von Fallen geschaffen, und in den Veden und Shastras hast du deine eigene Herrlichkeit niedergeschrieben. Falls ich in nicht-verborgener Form[3] in diese Welt käme, könnte ich alle Seelen befreien. Falls ich das täte, würde das Versprechen (Gottes an Kal) (jedoch) gebrochen. Das Wort Gottes ist unveränderlich, unzerstörbar und kostbar.

Die Seelen, die gute Eigenschaften in sich haben, werden mein Wort annehmen. Ich werde all solche Seelen befreien und indem ich ihre Bande zerschneide, werde ich sie nach Sat Lok nehmen. Jene, deren Täuschung ich beende, werden nicht wieder in deine Fallen geraten.

Indem ich sie im wahren Heiligen Wort festige, werde ich alle ihre Illusionen zerbrechen. Und indem ich sie deine Täuschungen erkennen lasse, werde ich sie alle durch die Kraft von Naam befreien. Jene, die mich und meine Wahren Worte in ihrem Geist[4] erkennen, und sich auf den Einen ausrichten werden, solche Seelen werden ihre Füße auf deinem Kopf behalten und werden zur unsterblichen Ebene kommen. Jede weise, tapfere Seele, die Kal besiegt, wird deinen Stolz beenden (demütigen). Solche Seelen werden das Zeichen des wahren Wortes sehr glücklich erkennen."

Kal sagte: „O Glückseligkeit-Spendender der Seelen, erkläre mir eine Sache. Kal kann den Seelen nicht nahekommen, die ihre Aufmerksamkeit auf Dich gerichtet haben. Mein Bote (der Todesengel)

---

[3] also nicht in der „schwachen" irdischen Menschengestalt, sondern als rein geistige Lichtgestalt.
[4] idV: „mind"; kann auch als „Gemüt" übertragen werden, bezeichnet dann jedoch nicht das spirituelle Wesen oder die Seele.

bekommt sie nicht, und nach seinem Versagen kehrt er zu mir zurück. O mein Bruder, ich verstehe das nicht. Erkläre mir das Geheimnis (dahinter)."

Gyani sprach: O Kal, was du mich auch gefragt hast, werde ich dir sagen. Höre auf die Zeichen der Wahrheit. Das Wahre Wort ist der Befreier. Das Naam Gottes ist die verborgene Vollmacht, die ich in den Seelen in der Form von Sat Naam[5] manfestiere. Die Seelen, die mein Naam annehmen, überqueren das Meer der Welt. Wenn eine meiner Seelen mein Naam annimmt, vermindert sich die Stärke deines Boten."

Kal sagte: „Höre auf mich, All-Bewußter Einer – nun segne mich mit Gnade, o Herr. Was wird Dein Name in diesem (vierten, Eisernen) Zeitalter sein? Verbirg das nicht vor mir. Berichte mir Dein geheimes Zeichen und erzähle mir von der Ausübung der Kontemplation. Warum gehst Du in die Welt hinein? Berichte mir die Geheimnisse eines nach dem anderen. Ich werde (dann) auch die Seelen im Wort erwecken und sie nach Gottes Sat Lok senden. Mache mich zu Deinem Diener – o Herr – und sage mir, was die Essenz des Wortes ist!"

Gyani sprach: „O Kal! Wie betrügerisch du bist! Nach außen hin sagst du, daß du mein Diener bist, und (aber) in dir ist nur Täuschung. Ich werde dir das verborgene Geheimnis nicht geben, da Gott mir nicht den Auftrag gegeben hat, dies zu tun. Im Eisernen Zeitalter wird mein Name Kabir sein, und wenn eine Seele `Kabir´ sagt, kann sie sicher sein, daß der Todesengel[6] ihr nicht nahe kommt."

Kal sagte: „Du versteckst etwas vor mir und deshalb werde ich auch eine List ausspielen. Mit meinem Verstand werde ich eine solche Täuschung schaffen, die viele Seelen veranlaßt, mit mir zu

---

[5] *Sat Naam*: heiliger Name, wahres Heiliges Wort, Kraftstrom, Schutzmantra.
[6] in Bezug auf den Tod der Todesengel, ansonsten bezieht sich dieser Schutz wohl auch auf/vor Kal allgemein während des Lebens.

kommen. In Deinem Namen werde ich einen (spirituellen) Pfad begründen, und auf diese Weise werde ich die Seelen täuschen."
Gyani sprach: „O Kal, du bist Gott gegenüber so feindselig! Was erzählst du mir von Täuschungen? Deine Täuschung wird der Seele, die das Heilige Wort liebt, nichts anhaben. Die Seele des Kenners wird mich erkennen und wird meine Worte des Wissens von den (leeren Worten der) Schriften unterscheiden (können). Ich werde die Seelen, die ich initiere, deine Täuschung erkennen machen."

Kabir sprach zu Dharam Das: Als er das hörte, wurde Kal still und verschwand, indem er in sein Heim[7] zurückkehrte. O Dharam Das, Kals Schöpfung ist sehr kompliziert. Er fängt die Seele in der Falle, nachdem er sie täuscht.
Dharam Das sagte: O Herr, erkläre mir, was danach geschah.

Die Geschichte der Errichtung des Jagannath-Tempels
Kabir sprach zu Dharam Das: In diesen Tagen war Indraman der König von Orissa. Ihm wurde gesagt, wie er den Tempel errichten sollte[8]. Als Krishna den Körper verließ, hatte Indraman einen Traum. In diesem Traum sagte ihm Vishnu[9]: „Baue meinen Tempel, begründe mein Idol, o König. Ich bin zu dir gekommen, damit du diese Arbeit machst." Nachdem der König den Traum hatte, begann er, den Tempel bauen zu lassen.
Als der Tempel fertig war, kam das Meer und überflutete den Ort. Als der Tempel wieder aufgebaut wurde, kam das zornige Meer (erneut). In einem Augenblick überschwemmte es alles und zerbrach den Tempel von Jagganath. Der König machte den Tempel sechs Male, und jedes Mal kam das Meer eilig herbei, um ihn zu überfluten. Nachdem er viele Dinge versucht hatte, wurde der König (dessen) müde.

---

[7] idV: „home".
[8] es handelt sich um den Tempel, der zuvor erwähnt wurde; Perkins kommentiert, daß diese Geschichte nicht in die Abfolge von Kabirs Bericht an Dharam Das hineinpasse.
[9] idV: *Hari*, ein anderer Begriff für „Gott" im Sinne einer Inkarnation bzw. eines Aspektes von Vishnu; im Zusammenhang mit Kabirs Bericht aber im Sinne der sich als Gott ausgebenden Herrschaft Kals, hier also negativ gemeint.

Ich erinnerte mich an mein früheres Versprechen, das ich Kal, dem Ungerechten, gegeben hatte. Durch meinen Schwur gebunden, ging ich dorthin. Ich saß am Meeresstrand, aber keine Seele erkannte mich. Am Strand machte ich eine Plattform.

Dann hatte Indraman diesen Traum: „O König, nun beginne dein Werk. Sorge dich in keiner Weise um den Tempel, o König, da ich nur zu diesem Zweck hierher gekommen bin. Gehe still und bringe die Leute (Arbeiter) wieder. Glaube und gehorche meinen Worten."
Der König begann zu arbeiten und beendete den Tempel. Als das Meer ihn sah, kam es heran. Welle um Welle erhob sich und kam mit vollem Zorn heran. Das Meer kam mit so viel Wut, daß es aussah, als ob der Tempel von Purushottam nicht überleben würde. Die wütenden Wellen berührten den Himmel – dann kam das Meer nahe zur Plattform. Als das Meer meinen Darshan[10] hatte, hielt es voller Furcht inne. Indem es die Gestalt eines Brahmanen annahm, kam das Meer zu mir. Er berührte meine Füße und verneigte sich. Er erhielt mein Geheimnis (trotzdem) nicht.

Das Meer sagte: „O Herr, ich bin hierher gekommen, um den Jagganath (Tempel) zu überfluten[11]. Vergib meine Sünde. Nun habe ich dein Geheimnis erhalten. O Herr, Barmherziger der Armen, gestatte mir Rache (zu üben) an Raghupati. Indem ich meine Hände falte, flehe ich dich an, o Beschützer: gib mir ein Versprechen. Als Raghubir nach (Sri) Lanka ging, machte er eine Brücke über das Meer und ging auf das Schlachtfeld. Wenn jemand kam, um ihn aufzuhalten, erschreckte Kal ihn mit Rachedrohungen. Herr, sei mir gnädig und höre auf meine Gründe, Rache zu suchen."
Kabir sagte: „Meer, ich verstehe den Grund, warum du Rache suchst; gehe also und überflute die Stadt Dwarka." Als das Meer

---

[10] *Darshan*: Anblick, in Bezug auf Heilige auch Gnadenblick.
[11] vgl. Meeresgott Neptun oder Poseidon. *Bhav Sagar* bedeutet Meer der Welt (oder Meer Kals!); dieses Meer der Welt erhebt sich gegen seinen eigenen Herrn *Jagganath*, was ein anderer Begriff für „Herr der Welt" im Sinne „Herr der Welt Kals" ist.

dies hörte, berührte er meine Füße, verneigte sich und ging glücklich vondannen. Die wilden Wellen des Meeres kamen dann und überschwemmten die Stadt Dwarka.

Die Arbeit, den Tempel zu erbauen, wurde abgeschlossen und Gott Hari darin begründet. Dann gab Hari dem Priester (des Tempels) diesen Traum: *„Das Kabir* ist von mir (Hari) gekommen. Er hat die Plattform am Meeresstrand errichtet. Die wütenden Wellen des Meeres kamen. Da es (aber) den Darshan von Kabir erhielt, hielt das Meer inne und auf diese Weise wurde mein Tempel gerettet."

Der Priester kam an den Strand, und ging, nachdem er gebadet hatte, zurück in den Tempel. Erst gab er, der Gemeine (Kal in Gestalt von Hari), ihm (dem Priester) seinen Darshan und verwickelte ihn in Heuchelei.

Ich hatte nicht den Darshan von Hari, so ging ich zur Plattform zurück[11]. Dann spielte ich einen Streich, ich werde dir davon berichten, ich werde nichts vor dir verbergen. Als der Priester in den Tempel ging, um zu beten, geschah Folgendes: Alle Idole, die im Tempel waren, verwandelten sich in die Gestalt von Kabir! Der Priester sah, daß jedes Idol wie Kabir aussah. Der Brahmane (das Meer ?), der Reis und Blüten opferte, war erstaunt und sagte: „Dies ist nicht Gott (Hari)! Dies werde ich nicht anbeten, o Bruder."

Als er dieses Mysterium sah, verneigte sich der Brahmane: „O Herr, ich habe dein Geheimnis nicht verstanden." Der Priester sagte: „Ich bin deinen Worten nicht gefolgt, deshalb hast du mir dieses Wunder gezeigt. O Herr, ich bitte dich, indem ich meine Hände falte, meine Sünden zu vergeben."

---

[11] recht unklare Gesamtpassage; Vorlage ist nicht deutlich, ob „ich" Kabir/Gayani ist (was jedoch naheliegt - aber warum sollte dieser dann den Darshan von Hari haben wollen?); vermutlich hätte der Priester Kabir auf der Plattform Ehrerbietung erweisen sollen, und so hätte Kabir über ihn auch Haris Anerkennung und Dank für die Errettung des Tempels erhalten, die ihm zustand, und wohl deshalb auch der folgende Streich; ist der Brahmane „das Meer" oder identisch mit dem Priester - und wen spricht er mit „O Herr ....." an; kann vom dt. Hrsg. nicht zufriedenstellend aufgelöst werden (und der Text sollte nicht „passend" gemacht werden).

Kabir sprach: „O Brahmane, höre aufmerksam zu. Ich werde dir etwas sagen. Du betest den Herrn an, und gibst (dabei) Gedanken und Dualität auf. Die Seele, die Illusion verspeist, wird behindert. Jemand, der diese Speise ißt und an Unberührbarkeit glaubt, wird umgekehrt aufgehängt." Nachdem ich von jener Plattform das Wissen der Beseitigung von Täuschung gegeben hatte, ging ich weg von dort. O Dharam Das, höre aufmerksam zu.

Dharam Das sagte: O Vollkommener Sat Guru, mit Deiner Gnade sind all meine Leiden vergangen. O Herr, Du hast mir berichtet, wie Du (dort) hingegangen bist, um Hari zu begründen. Wohin bist Du danach gegangen, und welche Seelen hast Du befreit, und wie? Erzähle mir von der Wirkung des Eisernen Zeitalters und über die Seelen, die Du erweckt hast. Beschreibe mir das, o Gurudev, und berichte mir, welche Seelen Dir dienten.

Die Geschichte von der Einsetzung der vier Gurus

Kabir sprach: O Dharam Das, da du danach gefragt hast, werde ich dir alles erzählen, ohne (dabei) zu unterbrechen. Höre, o Heiliger, auf dieses schöne Wissen. Ich gab dem König von Gajthaldesh Verstehen.

Rai Banke Ji war sein Name, dem ich das Heilige Wort gab. Ich machte ihn zum Befreier der Seelen, so befreite er viele. Dann kam ich zur Shilmili-Insel, wo ich Sahte Ji initiierte, einen Heiligen. Als er mich als sein eigen erkannte, gab ich ihm auch die Vollmacht zu befreien[12].

Von dort, o Dharam Das, kam ich zum Ort, wo König Chatur Bhuj lebte. Sein Land war Darbhanga. Da er sich in der Gegenwart von Wahrheit befand, prüfte er mich. Als ich sah, daß er ganz in meiner Zuflucht war, erklärte ich ihm die Art und Weise, Hingabe (Meditation) auszuführen und festigte ihn darin. Da ich seine Entschiedenheit sah, und er mir begegnete, indem er sein ganzes Ich und

---

[12] befreien: gemeint ist, die Initiation weiterzugeben; vgl. auch Jesu Übertragung der Vollmacht zur Befreiung von Sünden an seine Apostel.

alle Illusionen aufgab, initiierte ich ihn. Er war nicht an Maya gebunden, also gab ich ihm das Unsterbliche Naam. Auch ihm gab ich die Vollmacht zu befreien, die Chatur Bhuj auf sich nahm, da er Liebe zum Heiligen Wort hatte.

Indem sie das Wissen annimmt, wird die Seele rein, und indem sie Naam annimmt, erwacht sie. Wenn er die Begrenzungen von Familie und (Sinnes)Freuden aufgibt, erhält der Kenner die guten Eigenschaften. Chatur Bhuj, Banke Ju und Sdahte Ji, und du (Dharam Das) bist der vierte – ihr alle vier seid Befreier der Seelen; ich sage das mit Nachdruck.
Wenn sie deinen Arm halten, können die Seelen Indiens[13] mir begegnen. Kal kann die nicht bekommen, welche die Worte des Geliebten annehmen und sich darin verankern.

Dharam Das sagte: O Sat Guru, Du bist groß, der mich erweckte und aus der Falle von Kal befreite. Ich bin ein Diener, der Diener Deiner Diener, und Du hast die Falle Kals für mich zerbrochen. Mein Herz ist voller Glück, und ich kann Deine Eigenschaften nicht beschreiben.
Gesegnet ist die Seele, die Deinem Wort vertraut, und Glück hat der, der es praktiziert. Ich bin ein Sünder, krumm und grausam, der immerdar unbewußt bleibt, solange sich meine Seele in Täuschung befindet. Warum hast Du mich erweckt? Als das Ergebnis welcher guten Tat erhielt ich Deinen Darshan? Erkläre mir: laß meinen Geist aufblühen, o Herr der Seelen, wie der Lotos erblüht, wenn die Sonne scheint.

Die Geschichte von Dharam Das´ früheren Geburten
Kabir sprach: Da du diesen Wunsch hegst und mich gefragt hast, werde ich nichts vor dir verbergen. O Dharam Das, höre was früher geschah, was ich dir nun erklären will. Sant Sudarshan lebte im Dritten Zeitalter, dessen Geschichte ich dir früher berichtet ha-be.

---

[13] idV: *Jumbu Island*, ein antiker Name für Indien, als es angeblich noch eine Insel war.

Als ich ihn in seine Wahre Heimat nahm, richtete er diese Bitte an mich.

Supach sagte: „O Sat Guru, höre mich an: Befreie meine Mutter und meinen Vater. O Herr, gehe und befreie sie, da sie in diesem Land von Kal sehr leiden. Ich erklärte meinem Vater (den spirituellen Pfad) auf vielerlei Weise, aber meine Mutter und mein Vater glaubten mir nicht. Sie sahen mich als ein Kind an und lernten das Wissen nicht, aber sie drohten mir auch nicht, meine Hingabe (Übungen) aufzuhalten. Als ich deine Hingabe (Meditation) begann, behinderten sie mich niemals. Sie waren immer über mich erfreut. Deshalb, o Herr, richte ich diese Bitte an dich. Bringe sie, nachdem du sie im Heiligen Wort festigst, zerschneide ihre Bindungen und befreie ihre Seelen."

Kabir sprach zu Dharam Das: Als der Heilige mich so sehr bat, nahm ich seine Worte an. Aufgrund seiner Bitte kam ich erneut in die Welt hinein, und im Eisernen Zeitalter wurde ich Kabir genannt. Ich machte Kal ein Versprechen, und dann kam ich in die Welt. Nachdem ich die Seelen an anderen Orten lehrte, kam ich nach Indien. Die Mutter von Sant Sudarshan hieß Lakshmi und sein Vater war Har. O Bruder, sie verließen ihre irdischen[14] Körper, und erhielten erneut den menschlichen Körper.

Die erste Geburt der Eltern von Sudarshan

Aufgrund der Herrlichkeit von Sant Sudarshan wurden sie in eine Brahmanenfamilie geboren. Beide von ihnen wurden (als Menschen wieder) geboren, und sie wurden wieder vereint. Der Brahmane hieß Kulpati, und die Frau war Maheswari. Sie wurde völlig vom Wunsch beherrscht, einen Sohn zu haben, und sie pflegte nach dem Bad zu fasten, um den Sonnengott zu erfreuen. Eines Tages bedeckte sie ihren Kopf mit ihrem Sari, faltete ihre Hände,

---

[14] idV: *supach* = gemeine, niedrige Körper; es ist nach den hier beschriebenen Lehren ein Zugeständnis, nach einer menschlichen Geburt im nächsten Leben wieder eine zu erhalten.

weinte und betete. Und ich kam geradewegs hinzu[15]. Als sie mich sah, wurde sie sehr glücklich. Ich nahm die Gestalt eines Kindes an und traf sie. Sie nahm mich nach Hause. Sie sagte, daß der Herr Segen über sie ausgeschüttet hatte und ihr die Frucht ihres Fastens für den Sonnengott gegeben hätte. Viele Tage blieb ich dort, und sowohl der Mann wie die Frau dienten mir. Sie waren Tagelöhner und sehr unglücklich (dran), so dachte ich bei mir: Beende zuerst ihre Armut, und dann sprich die Worte der Hingabe und Befreiung. Jedes Mal, wenn ich die Krippe schaukelte, erhielten sie ein Goldstück. Da sie täglich ihr Goldstück bekamen, wurden sie sehr glücklich. Dann sprach ich vom Wahren Wort, und erklärte Es ihnen auf mannigfaltige Weise. Aber das Wort wohnte nicht in ihrem Herzen. Sie glaubten nicht an das Wissen eines Kindes! Sie erkannten mich nicht in jenem Körper, also verschwand ich.

Die zweite Geburt der Eltern von Sudarshan

Sowohl der Brahmane wie seine Frau verließen den Körper, und – da sie meinen Darshan hatten - kamen erneut in menschlichen Körpern. Wiederum kamen beide zusammen und lebten in einer Stadt namens Chandawara. Die Frau hieß Udha, der Mann Chandan Sahu. Wieder kam ich vom Großen Wahren Gott und erschien in Chandawara. Dort nahm ich die Gestalt eines Kindes an und ruhte in einem Teich. Ich saß auf den öligen Blättern des Lotos, und blieb dort vierundzwanzig Stunden lang. Dann kam Udha dorthin, um zu baden, und war, als sie das schöne Kind sah, (davon) angezogen. In diesem Körper eines Kindes gab ich ihr meinen Darshan und sie nahm das Kind in ihr Haus.

Als sie das Kind in ihr Haus brachte, sagte Chandan Sahu: „Sage mir, Frau, woher hast du dieses Kind bekommen und warum hast du ihn hierher gebracht?" Udha sagte: „Ich habe dieses Kind vom Wasser, und als ich seine Schönheit sah, gefiel es mir." Chandan

---

[15] Perkins merkt an, daß dieses und ähnliche kurze Momente, in denen Kabir in der früheren Geschichte auftaucht, historisch nicht unbedingt nachvollziehbar sind und auch noch nicht den „stabilen" Charakter haben wie sein tatsächlich dokumentiertes Wirken im historischen 15. Jahrhundert Nordindiens.

sagte: „O törichte Frau! Geh schnell zurück und laß das Kind dort! Unsere Verwandten und Nachbarn werden uns auslachen, und ihr Gelächter wird zu Kummer führen."

Kabir sprach zu Dharam Das: Als Chandan Sahu ärgerlich über sie wurde, nahm Udha das an und fürchtete sich. (Chandan Sahu sagte:) „O Dienerin Udha, hebe das Kind hoch und wirf es in das Wasser."

Kabir sprach zu Dharam Das: Die Dienerin (Chandan Sahus Frau Udha) nahm das Kind auf und gedachte, es (ins Wasser) zu werfen. Als sie begann, mich zu werfen, verschwand ich. Als ich aus ihren Händen verschwand, weinten beide sehr. Verwirrt und benommen vor Erstaunen, wanderten sie herum, um mich zu suchen. Auf diese Weise vergingen viele Tage. Sie verließen ihre Körper und wurden wiedergeboren.

Die dritte Geburt der Eltern von Sudarshan

Sie erhielten den menschlichen Körper und wurden in einer muslimischen Weberfamilie geboren, und wiederum brachte ihr Karma sie zusammen. Sie lebten in der Stadt Kashi[16] und ihre Namen waren Nima und Niru. Am Tage des Vollmondes im Monat Jyeshth ging Nima auf der Straße entlang. Sie ging mit vielen anderen Frauen auf der Straße und kamen an einen Ort, wo sie täglich ihr Wasser holten. Im Teich saß ich in der Gestalt eines Kindes auf einem Lotosblatt. Ich lag dort als Kind und spielte Kinderspiele. Nima schaute dort hin, und als sie mich sah, liebte sie mich. Wie der Lotos erblüht, wenn er die Sonne sieht, und wie der Arme rennt, um Reichtum zu bekommen, lief sie und hob das Kind auf und brachte es zu Niru. Auch dieses Mal wurde der Weber zornig: „Geh schnell (zurück) und wirf das Kind fort!" Aber die Frau war glücklich und bedachte es sorgfältig, und ich sprach diese Worte zu ihr:

„O Nima, höre auf meine Worte, ich erkläre dir: Aufgrund der Liebe aus der Vergangenheit kam ich zu dir, um dir Darshan zu ge-

---

[16] *Kashi*: Benares, Varanasi.

ben. Nimm mich in dein Heim, und falls du mich (als mehr als ein Kind) erkennst und mich als deinen Guru annimmst, werde ich dir Naam geben und dich darin festigen, und dann wirst du nicht in den Galgenstrang des Todesengels fallen."

Als sie meine Worte hörte, verlor sie die Furcht vor Niru. Sie nahm mich in ihr Haus und so kam ich in die Stadt Kashi. Ohne Angst nahm sie mich nach Hause, wie der Arme Reichtum in sein Heim nimmt. Als er die Verbindung der Frau (zum Kind) sah, gestattete der Weber es: „Nimm ihn."
Viele Tage lebte ich dort, aber auf keine Weise glaubten sie an mich. Viele Tage lang lebte ich in ihrem Haus, sie aber, die mich (nur) als ein Kind betrachteten, nahmen das Heilige Wort nicht an und erlaubten Ihm nicht, in ihren Herzen zu wohnen.
Ohne Vertrauen kann das Werk (der Rückverbindung und der Meditation) nicht geschafft werden. Deshalb sollte man festes Vertrauen haben. In jenem Körper erkannten sie mich nicht; sie betrachteten mich als ihren Sohn und sie begleiteten mich nicht (auf dem spirituellen Weg). O Bruder, ich will dir von der nächsten Geburt erzählen, die sie aufnahmen:

Die vierte Geburt und wie sie nach Sat Lok gelangten
Als ihre Zeit als Weber beendet war, kamen sie nach Mathura und wurden dort geboren. Ich ging dorthin und gab ihnen Drashan; sie glaubten und akzeptierten mein Heiliges Wort. Sowohl Frau wie Mann widmeten sich, nachdem sie Naam erhalten hatten, der Hingabe aus ganzem Herzen. Ich gab ihnen eine Wohnstatt in Sat Lok. Auf diese Weise gingen meine Schüler zurück an den Ort ihres Ursprungs. Sie hielten ihren Geist zu Füßen von Gott gerichtet und sie erhielten den Körper und die Herrlichkeit des Schwanes. Als er die Schwäne sah, was Gott glücklich, und dann sprach Er zu Sukrit: „Viele Tage bist du in Sat Lok geblieben, und die ganze Zeit hat Kal die Seelen bedrängt."

O Bruder: die Seelen litten sehr – dann (deshalb) rief Gott Sukrit[17]. Er trug Ihm auf: „Gehe in die Welt hinein, weil Kal, der Starke, den Seelen Schmerzen zufügt. Gehe und berichte ihnen die Botschaft von Sat Lok. Gib ihren Seelen Naam und befreie sie."

Als er den Auftrag hörte, wurde Sukrit glücklich und er kam sofort herbei, und verließ Sat Lok. Als er Sukrit sah, wurde Kal glücklich: „Ich werde ihm eine Falle stellen." Dann spielte Kal viele Tricks und nachdem er Sukrit fing, warf er ihn ins Wasser. Als viele Tage vergangen waren, ohne daß auch nur eine einzige Seele Kal besiegt hatte, wurd der Ruf der Seelen in Sat Lok gehört. Dann sandte Gott mich.

Die Ankunft Kabirs, um Dharam Das zu initiieren

Dann ertönte der Klang von Gott: „O Gyani, gehe schnell in die Welt hinein! Der Seelen willen sandte ich meine Essenz – Sukrit manifestierte (sich) in der Welt. Bruder, ich gab ihm meine Anweisungen und erklärte ihm umfassend das Geheimnis des Heiligen Wortes. Ich sagte ihm, daß er den Seelen die Hilfe von Naam geben und sie nach Hause bringen sollte, nachdem er sie das Meer des Lebens überqueren machte. Als er den Auftrag hörte, ging er, aber er ist (bis jetzt) nicht in das Land des Friedens, Sat Lok, zurückgekehrt. Sukrit ging in das Meer der Welt, und er vergaß (seinen Auftrag und seine Vollmacht), weil er von Kal in einer Falle gefangen wurde. O Gyani, gehe und erwecke ihn (wieder), damit der Pfad der Befreiung weiterhin bestehen möge. Im Heim von Sukrit werden zweiundvierzig meiner Essenzen inkarniert werden. O Gyani, gehe schnell und zerschneide die Fesseln von Sukrit."

Kabir sprach: Ich verneigte mich vor Ihm (Gott) und begab mich auf den Weg, und nun, Dharam Das, bin ich zu dir gekommen. Du bist die Inkarnation von Niru und (deine Frau) Amin ist die Inkar-

---

[17] *Sukrit*: Nach Perkins ist hier nicht *Sat Sukrit* gemeint (der im Goldenen Zeitalter kam), sondern die Seele des Vaters von Sudarshan, der nun als neuer „Meister" in die Welt geschickt wird, und jetzt einfach *Sukrit* heißt.

nation von Nima. Du bist meine sehr teure Seele, um die ich mich sehr gesorgt habe. Mit den Anweisungen von Gott kam ich zu dir, und machte dich die früheren Dinge (Geschehnisse) erinnern. Ich habe dir nur deshalb Darshan gegeben. O Dharam Das! Dieses Mal hast du mich erkannt. Ich werde dir Gottes Worte berichten: „Erkenne das Heilige Wort und habe Vertrauen."

Dharam Das fiel ihm zu Füßen, und aus seinen Augen kamen Tränen. Er wurde sehr aufgewühlt und sagte: „O Herr, Du hast die Täuschung meiner Seele beendet." Selbst, nachdem ihm (nun von Kabir) alles erklärt worden war, konnte er sich nicht beruhigen: Dharam Das war wie eine Mutter, die nachdem sie von ihrem Kind getrennt worden war, wieder mit ihm vereint ist. Er legte seinen Kopf auf die Erde, er berührte beide Füße. Er war so aufgeregt, daß er nicht stehen konnte, sogar nachdem er aufgehoben wurde. Er weint und spricht nichts, und seine Aufmerksamkeit weicht kein bißchen von den Füßen ab. Nachdem er den Körper (Kabirs) anblickt, ergreift er wiederum die Füße. Und er ist überwältigt und kann nicht sprechen. Er weint und bewegt sich nicht. Er ist sehr still und öffnet seine Augen nicht.

Dharam Das sagte: O Herr, Du bist groß. Du hast den Körper aufgenommen, um mich zu befreien. Nun o Herr, segne mich mit Gnade, so daß ich Dich nicht auch nur einen Augenblick lang je vergesse. Gib mir dieses Zugeständnis: daß ich Tag und Nacht zu Deinen Füßen verbleibe, und gib mit Deinen Schutz.

Kabir sprach: O Dharam Das! Bewahre Vertrauen und gehe ein in das Naam mit Liebe und Glaube. Da du mich erkannt hast, ist deine Täuschung verschwunden und du wirst immer fest in der Liebe bleiben. Jene, die Naam (das Heilige Wort) in Gedanken, Worten und Taten annehmen, wohin sollten sie gehen, außer zu Ihm? Wenn man (zeitweise) nicht (mehr) auf dem Pfad geht, leidet man und gibt unnötigerweise dem Meister die Schuld.
Der Meister erklärt, was gut und was schlecht ist, da der Schüler jedoch unbewußt ist, erlaubt er nicht, daß dies in seinem Herzen wohnt. Du bist meine Essenz und du wirst viele Seelen nach Sat

Lok nehmen. Unter den vieren bist du (mir?) der Liebste. Warum denkst du nach und grübelst? Es gibt zwischen dir und mir keinen Unterschied. Schaue das in dir selbst, prüfe das Heilige Wort. In Gedanken, Worten und Taten richte deine Aufmerksamkeit auf mich, und kein Gedanke an Dualität wird in dein Herz kommen. Ich habe in dir meine Wohnstatt gemacht und ich habe dich ganz fest mein eigen gemacht.

O Dharam Das, ich habe dich zu meinem eigen gemacht. Bleibe unbesorgt in deinem Herzen. Ich habe dir das ewige Naam gegeben. Festige dich darin, befreie die Seelen. Der Simran Gottes, Der das Fleisch gewordene Wort und der Befreier ist, ist die Essenz. Indem man seine Aufmerksamkeit an einem (einzigen) Ort sammelst, erlangt die Seele Befreiung. O Dharam Das, du bist der Steuermann der Seelen von Indien[18]. Jene, die sich meiner mit dir erinnern, werden in Sat Lok wohnen.

Dharam Das sagte: Heil dem Sat Guru! Dein Wort ist groß! Da du mich angenommen hast, hast Du mir Verstehen gegeben. Da Du gekommen bist, hast Du mich erweckt. Voller Glück bin ich, daß ich Deinen Darshan hatte. Heil Dir, o Herr, daß Du mich Dir zu eigen gemacht hast und daß Du Deine Lotosfüße[19] zu meinem Kissen gemacht hast. Ich begreife, daß jener Tag glückverheißend war, als ich Deinen Darshan erhielt und das Siegel der Befreiung. O Beseitiger aller Not, nun laß Gnade auf mich regnen, daß Kal mich nie wieder einfangen kann. Die Mittel, wodurch die Seele aus der Falle Kals befreit werden kann und die Mittel, mit denen die Bande Kals zerschnitten werden können – o Herr, benutze diese Mittel und gib mir das Wahre Wort.

---

[18] idV: *Jumbu Island.*

[19] zur Erinnerung: Füße, Lotosfüße = Symbol für das Licht, das von einer erleuchteten Seele ausgeht; die zeitgenössischen Meister des Lichts empfehlen, auf der weltlichen Ebene in die Augen der erleuchteten Seele zu schauen, weil von dort das Licht und die Liebe Gottes fließen, nicht aber ihre physischen Füße zu berühren.

Dharam Das´ Auftrag

Kabir sprach: O Dharam Das, du bist die Essenz von Sukrit. Nun nimm Naam (an) und beseitige deine Zweifel. O Dharam Das, ich habe dich meinem Eigen gemacht und werde dir das Siegel[20] geben, nachdem das Chauka ausgeführt wurde. Nimm die Vollmacht, nachdem du den Strohhalm[21] zerbrochen hast, damit der Stolz Kals ein Ende findet. Gib die Hoffnung auf Shaligram[22] auf und werde, indem du das Wahre Wort annimmst, zu Seinem Diener. Die zehn Inkarnationen (Vishnus und Shivas) und die Maya der Götter – all dies sind (nicht mehr) als Schatten von Kal. Du bist in die Welt gekommen, um die Seelen zu erwecken, und du selbst wurdest in Kals Fallstrick gefangen. O Dharam Das, du mußt jetzt auch auf-wachen und das Heilige Wort Gottes manifestieren. Indem du die Vollmacht ergreifst, erwecke die Seelen und befreie sie aus dem Fallstrick Kals. Nur zu diesem Werk bist du in diese Welt gekommen; laß keinen anderen Gedanken in dein Gemüt eingehen.

Chatur Bhuj, Banke Ji, Sahte Ji und du – ihr alle vier seid die Steuerleute der Welt. Nimm dieses Wort als wahr an. Um der Seelen willen, wurden die vier Essenzen in der Welt manifestiert. Ich habe ihnen mein Wissen gegeben, und Kal wird davonlaufen, wenn er es hört. O Dharam Das, unter den vieren bist du der Guru von (für) Indien. Indem sie bei dir Zuflucht nehmen, werden die Seelen der zweiundvierzig Inkarnationen (der höchsten Gotteskraft) Befreiung erlangen.

Die Beschreibung, wie das Chauka-Ritual ausgeführt wird

Voller Liebe umfing Dharam Das die Füße: O Herr, du hast mich zu einem Beglückten gemacht. O Herr, ich habe keine Zunge, die

---

[20] idV: „passport", das biblische „Siegel auf der Stirn"; zur Erinnerung: gemeint ist die Vollmacht, durch die inneren Ebenen und aus dem Herrschaftsbereich Kals herauszugelangen; auch Vollmacht oder Passierschein genannt.

[21] „Strohhalm zerbrochen": das Gefäß des Körpers und die Formenwelt als nur äußerlich, oberflächlich und begrenzt erkennen und überwinden bzw. sich davon lösen.

[22] *Shaligram*: steht für alle äußeren Idole.

Deine nektarerfüllten Eigenschaften beschreiben könnte. O Swami, Deine Größe ist unermeßlich, wie kann ich sie beschreiben, O Allbewußter? Ich bin in jeder Hinsicht unfähig, und meine Gedan-ken sind schlecht, aber Du hast mich, den Sünder, errettet. O Swami, berichte mir jetzt das Geheimnis des Chauka. Was muß ich tun, o Wohnstatt der Seligkeit? Was immer Du sagst, werde ich tun – ich werde nichts daran verändern.

Kabir sprach: O Dharam Das, höre auf die Vorbereitung des Arti(-Rituals), das Kal fortlaufen läßt. Bringe ein Tuch von sieben Hand Größe und errichte einen weißen Baldachin[23]. Reinige das Haus und den Hof. Bringe ein rechteckige Platte Sandelholz und sprühe Wasser darauf. Mache ein Quadrat aus Mehl darauf und bringe ein und ein Viertel Maß[24] Reis. Bringe einen weißen Thronsitz und gib verschiedene Düfte darauf: weiße Süßigkeiten, weißes Betelblatt, und auch die Betelnuß sollte weiß sein. Gib eine Gewürznelke, Kardamom und Kampfer dazu; und gib auf Bananenblätter acht verschiedene Trockenfrüchte und Nüsse. Dann bring eine Kokosnuß und richte alles schön her.

Dharam erfüllte, was Kabir angeordnet hatte. Dann richtete er diese Bitte an ihn: O Bevollmächtigter, sage mir, was der Weg der Befreiung ist. O Meister, ich habe alles gebracht, was Du mit Deinem Mund angeordnet hast.
Als er das hörte, war der Meister glücklich: Gesegnet bist du, Dharam Das. Jetzt hast du mich verstanden.

---

[23] Perkins merkt an, daß laut Tulsi Sahib das weiße Tuch das von allen weltlichen Gedankenbewegungen gereinigte, gesammelte und auf Gott gerichtete Bewußtsein symbolisiert. Die anderen Dinge sind ebenfalls symbolisch zu verstehen und dienen dazu, daß in einer Zeit ohne viele Schriftaufzeichnungen äußerliche Rituale die Funktion der Erinnerung an innere Prozesse haben – was sich im Verlaufe der Zeiten in den meisten Religionen und spirituellen Richtungen jedoch verloren hat, so daß die innere Bedeutung verloren geht; vgl. auch das Heilige Abendmahl, in dem „Brot" und „Wein" sowie der „Leib Christi" sich natürlich nicht auf Lebensmittel oder kannibalistische Anwandlungen beziehen, sondern auf den geistigen Nektar, das Manna, das WORT, den Heiligen Geist.
[24] idV: „seer".

Nach den Anweisungen, wie das Chauka(-Ritual) durchzuführen ist, saß
der Herr auf dem Thron. Er rief alle jüngeren und älteren Seelen in der
Familie von Dharam Das herbei. Mann und Frau stimmten überein (die
Initiation zu erhalten), und beide nahmen die Kokosnuß in die Hand. Sie
entboten sie dem Meister und verneigten sich voller Ehrerbietung.

Dharam Das sagte: O Sat Guru, Deine Füße sind wie der Mond und
mein Geist[25] ist wie der Mondvogel. Da in meinen Geist Hingabe
gelangte, sind alle meine Zweifel verschwunden.

Als das Chauka durchgeführt wurde, erklang das Heilige Wort wie Zym-
beln und Trommeln. Dharam Das´ Strohhalm wurde zerbrochen, so daß
Kal ihn nicht (mehr) einfangen konnte. Der Herr schrieb die wahren Wor-
te für Dharam Das (gab ihm die fünf geladenen Gottesnamen des Sim-
rans), die dieser sogleich annahm. Dharam Das erhielt das Siegel und
warf sich sieben Mal vor Kabir nieder. Dann legte der Sat Guru Seine
Hand auf Dharam Das´ Stirn, und in dem er ihm die Lehren mitteilte,
stellte er ihn zufrieden.

Kabirs Lehren an Dharam Das
Kabir sprach: Höre, Dharam Das, ich habe (dir) das Geheimnis der
Wahrheit enthüllt. Ich habe dir den Trank von Naam gegeben und
habe alle Fallstricke Kals für dich gelöst. Nun höre auf die (rechte)
Lebensweise, ohne die zu kennen ein Mensch in die Irre geht.
Übe deine Hingabe (Meditation) aus ganzem Herzen und, indem
du dein Ich aufgibst, diene den Heiligen. Gib zuerst alle Begren-
zungen der Familie auf und werde dann zu einem furchtlosen
Schüler. Gib alle anderen (asketischen bzw. meditativen) Übungen
auf, leiste selbstlosen Dienst[26], da der Dienst für den Meister in der
Anbetung[27] des Meisters besteht. Die Seele, die sich selbst für klug
hält und versucht, den Meister zu täuschen, wird in (von) der Welt

---

[25] idV: „mind"; kann sowohl als Geist wie als Gemüt übertragen werden.
[26] idV: *Seva.*
[27] „Anbetung" des Meisters: nicht äußerlich zu verstehen, sondern innerlich, d.h.
Meditation über die innere Lichtgestalt des Meisters, welche die Seele durch die inneren
Ebenen nach Sat Lok geleitet.

getäuscht. Verbirg also nie etwas vor dem Meister. Jene, die etwas vor Ihm verbergen, bleiben in der Welt. Bewahre die Worte des Meisters immer in deinem Herzen und laß nie Maya und Verstrickung dich dämpfen. Wenn man auf diese Weise lebt, kehrt man nicht in diese Welt zurück, und hält sein Herz immer zu den Lotosfüßen des Meisters.

Höre, Dharam Das, sei fest in Naam – der einzigen Zuflucht. Diese Welt ist sehr schwierig, weil Kal seine Fallen ausgelegt hat. O Dharam Das, verstehe diese Dinge durch die Herrlichkeit Gottes; falls alle Männer und Frauen in einer Familie das Heilige Wort annehmen, dann wird die große Negative Kraft[28] nicht bleiben. Gehe rasch und rufe alle Seelen, die in deinem Heim sind. Richte deine Aufmerksamkeit fest auf den Geliebten, damit Kal dich nicht wieder täuschen kann.

Dharam Das sagte: O Herr! Du bist der Ursprung aller Seelen. Du hast alle meine Not beendet. Narayan ist mein Sohn. Gib auch ihm den Reichtum des Wortes.
Als er dies hörte, lächelte der Sat Guru, aber sprach nicht weiter darüber.
Kabir sprach: Dharam Das, rufe rasch all jene, denen du wünschst, daß sie ein herrliches Ende haben werden. Dann rief Dharam Das jeden: „Kommt! Verneigt eure Köpfe zu Füßen des Ehemanns[29]! Brüder, kommt und berührt die Füße des kompetenten Einen – auf diese Weise werdet ihr nicht mehr in die Welt geboren.
Als sie das hörten, kamen viele Seelen und umfingen die Füße des Sat Gurus. Einer kam nicht – Narayan[30]. Alle anderen kamen zu Füßen des Meisters. Dharam Das dachte: Warum ist mein weiser Sohn nicht gekommen?

---

[28] Ein zeitgenössischer Meister nennt diese Kraft „Erhaltende Kraft", weil ihr Bestreben darauf gerichtet ist, den ihr gegebenen Bereich mit den ihr „geliehenen" Seelen aufrecht zu erhalten.
[29] der innere spirituelle Meister bzw. dessen Lichtgestalt ist der „Ehemann" der als weiblich betrachteten Seele.
[30] idV abwechselnd *Narayan* und *Narayan Das* genannt.

144

Narayans Verachtung für Kabir und der Grund dafür

Dharam Das sagte zu seinen Diener: Wohin ist mein Sohn Narayan gegangen? Jemand möge gehen und ihn suchen, damit auch er zum Meister kommt. O Roop Das! Vertraue dem Meister und suche nach ihm. Vielleicht liest er die Gita. Gehe rasch zu ihm und sage ihm, daß er gerufen wird, und daß Dharam Das einen kompetenten Meister erlangt hat!

Als er das hörte, ging der Bote rasch an den Ort, an dem sich Narayan befand. Der Bote sagte zu Narayan: Komm schnell! Zögere das nicht hinaus! Dharam Das hat dich gerufen.

Narayan sagte: Ich werde nicht zu meinem Vater gehen! Er ist alt und seine Vernunft ist zerstört. Wer sonst ist ein Schöpfer(-Gott) wie Hari? Warum sollte ich ihn verlassen und jemand anderen anbeten? Er ist so altersschwach geworden, daß er einen Weber vorzieht[31]. Ich aber trage Vishnu als meinen Meister in meinem Geist. Was kann ich (sonst noch) sagen? Ich kann nichts (mehr) sagen, da mein Vater verrückt geworden ist.

Der Bote kam zu Dharam Das zurück, und nachdem er ihm berichtet hatte, daß Narayan nicht kommen würde, blieb er stumm. Als er das hörte, erhob sich Dharam Das und ging dorthin, wo sein Sohn saß.

Dharam Das sagte zu Narayan: O Sohn, komm. Laß uns dorthin gehen, wohin der Göttliche Herr gekommen ist. Bitte ihn (um die Initiation) und berühre Seine Füße, damit all deine Karmas abgewickelt werden. Ich bin gekommen, um dir zu sagen: Komm und nimm den Sat Guru an und gib rasch dein Ich auf. Diese Gelegenheit wird nicht wiederkommen, laß also ab von deiner Sturheit, o Verrückter. Ich habe die Bande Kals durchschnitten, weil ich einen vollkommenen Sat Guru erlangt habe. Erhebe dich, mein Sohn, und komm rasch, damit du nicht wiedergeboren werden mußt.

Narayan sagte: Vater, du bist verrückt geworden. Im dritten Abschnitt deines Lebens hast du einen lebenden Meister angenommen. Es gibt keinen anderen Gott, der dem Namen von Ram gleich

---

[31] Kabir als Muslim und als Weber Angehöriger einer niedrigen Kaste galt Zeitgenossen, die auf Rang und Stand sahen, zumal reichen und dogmatischen Brahmanen, nicht viel.

ist – dem sogar die Rishis und Munis dienen. Du hast Guru Vishnu aufgegeben, und in deinem fortgeschrittenen Alter einen lebenden Meister angenommen.

Dharam Das hob Narayan an einem Arm auf und brachte ihn vor den Sat Guru. Dharam Das sagte: O Kind, berühre die Füße des Sat Gurus, der, der Befreier von den Banden Kals ist. Das Leid, wieder in den Schoß zu kommen, erfährt die Seele nicht (mehr), die Zuflucht in Naam erhält. Sie verläßt die Welt und geht nach Sat Lok, wo das Naam des Gurus ihr hilft.

Narayan wandte sein Gesicht und sagte: Der Niedrige ist in unser Haus gekommen! Woher ist dieser lebende Räuber gekommen, der meinen Vater verrückt gemacht hat? Während er die Veden und Shastras verurteilt, spricht er von seiner eigenen Herrlichkeit! Solange dieser lebende Räuber bei dir bleibt, werde ich den Schutz dieses Hauses aufgeben!

Als er das hörte, wurde Dharam Das ärgerlich und wußte nicht, was sein Sohn tun würde. Dann riet ihm seine Frau Amin auf vielerlei Weise zu, aber er (Narayan) nahm nicht ein einziges Wort in seinem Herz an. Dann kam Dharam Das zum Meister und brachte diese Bitte vor: O Herr, sage mir den Grund, warum mein Sohn Zweifel hat.

Der Sat Guru lächelte und sagte: Dharam Das, auch das habe ich dir früher schon berichtet. Ich sage es dir erneut. Höre aufmerksam zu und sei nicht überrascht. Als der Auftrag Gottes erging: „O Gyani, gehe schnell in die Welt hinein, da Kal den Seelen leid zufügt. Beeile dich und zerschneide die Bande Kals," verneigte Gyani sein Haupt und ging zum ungerechten Kal. Als Kal Gyani sah, schwoll seine Gestalt vor Zorn an.

Kal sagte: „Ich habe diesen Platz (die unteren Welten) erhalten, weil ich (Gott) Dienste geleistet habe, warum bist du also in das Meer der Welt gekommen? O Gyani, du kennst mich nicht. Ich werde dich töten!"

Dann sagte Gyani: „Höre, o Ungerechter! Du kannst mich nicht ängstigen. Falls du ichhafte Worte sprichst, werde ich dich sehr bald töten!"

Dann brachte Kal diese Bitte vor: „Du gehst in die Welt, um die Seelen zu befreien. Wenn alle Seelen nach Sat Lok gegangen sind, wie wird mein Hunger dann befriedigt? Täglich muß ich einhunderttausend Seelen verschlingen und einhundertfünfundzwanzigtausend wieder herstellen. Da Gott mir diese Ebene gegeben hat, gib auch Du, o Gyani, mir etwas. Du wirst in die Welt gehen, die Seelen bringen und sie aus der Falle Kals befreien. In den ersten drei Zeitaltern sind wenige Seelen (fort)gegangen, im Eisernen Zeitalter aber wirst Du hart arbeiten. Du wirst nun Deinen Pfad begründen und wirst die Seelen nach Sat Lok senden. Ich aber habe keine Macht über Dich. Falls irgendein anderer Bruder gekommen wäre, hätte ich ihn zerschmettert und sofort verschlungen! Wenn ich Dir irgendetwas sage, wirst Du nicht gehorchen und Du wirst (trotzdem) in die Welt gehen. Ich werde dort etwas tun, so daß niemand Deinem Wort glaubt. Ich werde dort solche Karmas und Täuschungen schaffen, daß keiner einen Weg heraus findet. In jedem einzelnen Heim werde ich den Geist der Illusion schaffen und indem ich die Seelen täusche, werde ich sie vergessen machen. Alle Menschen werden Fleisch essen und Wein trinken, und alle Arten von Fleisch werden ihre Lieblingsspeisen sein. O Bruder, Deine Hingabe (ehtische Lebensweise und Meditationsübungen) ist schwierig – niemand wird ihr glauben, das sage ich Dir! Deshalb sage ich: Gehe jetzt nicht in die Welt!"

Kabir sprach: Zu jener Zeit sagte ich zu Kal: „Ich kenne deine Täuschung und Listen. Indem ich die Seelen im wahren Wort festige, werde ich sie befähigen, deine Täuschungen zu beseitigen. Ich werde sie alle deine Tricks erkennen machen, und vermittels der Stärke von Naam werde ich die Seelen befreien. Jene, die sich an mich in Gedanken, Worten und Taten erinnern, und ihre Aufmerksamkeit auf das richten, was ohne Elemente ist: solche Seelen werden in die Unsterbliche Welt gehen, und ihre Füße auf deinen Kopf setzen. Jede tapfere und weise Seele wird dein Ich beenden. Und sehr beseligt wird diese Seele vom wahren Wort überzeugt sein."

Als Kal das hörte, fühlte er sich besiegt und begann, an (weitere) Täuschungen zu denken. Kal sagte: „O Glücksspender, Wesenhaf-ter[32], erkläre mir eine Sache: Was wird Dein Name in diesem Zeitalter sein? Sprich diesen Namen laut aus für mich."
Kabir sprach: „Im Eisernen Zeitalter wird mein Name Kabir sein, und wenn man Kabir sagt, wird Kal der Seele nicht nahekommen."
Als er das hörte, sagte der Ungerechte: „Höre Kabir, ich sage Dir, in Deinem Namen werde ich den Pfad führen und auf diese Weise werde ich die Seelen in die Irre gehen lassen. Ich werde zwölf Pfa-de machen, und in Deinem Namen werde ich sie predigen. Meine Essenz Mritu Andha wird im Haus von Sukrit inkarniert werden. Mritu Andha wird in Dein Heim kommen und den Namen Nara-yan tragen. Erst wird meine Essenz (dorthin) gehen, und danach wird Deine (Essenz) (dorthin) gehen. Gestehe mir wenigstens diese Bitte zu, die ich Dir vorlege, indem ich mein Vertrauen in Dich set-ze."

Kabir sprach zu Dharam Das: Dann sagte ich ihm: „Höre, Kal. Um der Seelen wegen hast du deine Fallen ausgelegt." Ich gab ihm das Versprechen (daß seine Bitte erfüllt würde), und kam (erst) dann in die Welt. So ist also Mritu Andha in dein Heim gekommen, und trägt den Namen Narayan. Narayan ist die Essenz von Kal. Und Kal hat diese Falle gelegt der Seelen wegen.
In Meinem Namen wird er den Pfad erstrahlen lassen und die See-len in die Irre führen. Die Seelen, die sein Geheimnis nicht kennen, werden zur Hölle gehen. So wie der Jäger die Musik spielt, um das Reh anzulocken, und das Reh, wenn es die Musik hört, nahe kommt und der Jäger es trifft: auf dieselbe Weise hat Kal diese Fal-le ausgelegt, aber jene, die erwachen sollen, werden erwachen. Je-

---

[32] idV: Essenz.

ne, die das Wort von Meiner Essenz erhalten, werden nach Sat Lok gehen.

Die Beschreibung der zwölf Wege

Dharam Das sagte: O Herr, berichte mir über die zwölf Pfade[1], die Du an Kal verloren hast. O Sat Guru, berichte mir über die Gebräuche jedes Pfades, damit ich sie erkenne. Ich bin unwissend und weiß nichts. Du bist der Herr, der Gott[2]. Hab Gnade mit mir, dem Diener. *Nachdem er das gesagt hatte, erhob sich Dharam das und berührte beide Füße (Kabirs).*

Kabir sprach: Dharam Das, verstehe diese Botschaft. Ich werde all deine Illusionen aufklären. Ich werde dir die Namen der zwölf Pfade sagen und dich ihre Geheimnisse erkennen machen. Dharam das, ich werde dir deutlich ihre Gebräuche und Geheimnisse sagen. Ich werde die Täuschung deines Herzens beenden und alle deine Gemütszweifel beseitigen.

Höre auf die Beschreibung des ersten Pfades, Dharam Das. Sei bereit in deinem Geist, zu unterscheiden. Mritu Andha ist ein grenzenloser Bote, der in deinem Heim inkarniert wurde. Er wird sehr schmerzlich für die Seelen sein (wirken), immer wieder warne ich dich (vor ihm).

Als zweiter wird Timir Doot[3] kommen. Er wird in der Ahir-Kaste geboren und wird „Diener" genannt. Er wird viele deiner Schriften stehlen und wird seinen Pfad getrennt aufrecht erhalten.

Nun sage ich dir etwas vom dritten Pfad und von Andha Achet Doot. Er wird als dein Barbier auftreten und sein Name wird Surat

---

[1] Diese „Pfade" sind abgewandelte Zerrbilder der spirituellen Lehren, die deshalb manchmal als glaubwürdig erscheinen, weil einige ihrer Elemente spirituellen ursprungs sind. Im Abschnitt „Die Geschichte der Zukunft" weiter unten findet man bei der Beschreibung der „vier Boten" weitere Einzelheiten auch über diese zwölf Pfade.

[2] idV: *Sat Purush* für Gott.

[3] *Doot* = Bote; es handelt sich lt. Perkins um reale historische Personen, deren menschlicher Name jedoch nur gelegentlich auftaucht.

Gopal sein. Indem er Worte miteinander verbindet, die Seelen in Täuschung halten, wird er einen eigenen Pfad begründen.

Höre, Dharam Das, vom vierten Pfad, der von Manbhang Doot aufrecht erhalten wird. Er wird den Pfad begründen, indem er die Geschichte der Schöpfung gebraucht. Er wird in die Welt kommen und sagen, daß sein Pfad der ursprüngliche ist. Er wird den Seelen vom Namen „Loodi" berichten und er wird diesen Namen als den „Stein der Weisen" bezeichnen. Er wird vom Simran des Klangs sprechen, der vom Bambus erzeugt wird, und auf diese Weise wird er all die Seelen (die er einfängt) hier behalten.

O Dharam Das, höre vom fünften Pfad, den der Weise Banghi Doot beginnen wird. Das ist der Pfad der Götter und der unvollkommenen Weisen, Asketen und Heiligen[4]. Indem er die Seelen die Zeichen der Zunge, der Augen und der Stirn erkennen läßt, indem er die Narbe und den Muttermal erklärt, wird er die Seelen in Täuschung halten[5]. Welche Arbeit man auch verrichten möchte, wird er (dieser Bote) einen in dieser Arbeit (fest)halten. Auf diese Weise wird er alle Männer und Frauen binden und (den Pfad) in alle zehn (Himmels)Richtungen verbreiten.

Der Name des sechsten Pfades wird „Kamali-Pfad" sein und er wird beginnen, wenn Manmarkarand Doot in die Welt kommt. Er wird unter den toten Körpern wohnen, und indem er mein Sohn wird[6], wird er den Pfad auf falsche Weise erhellen. Er wird den Seelen das schimmernde Licht[7] zeigen, und auf diese Weise viele Seelen täuschen. Solange die Seele jene schau hat, wird sie das

---

[4] idV: *Sadhus*.

[5] bezieht sich auf äußere „Erkennungsmerkmale" eines wahren Meisters, die allein – ohne die innere Erfahrung und die vorbildliche gottverwirklichte liebevolle und friedfertige Lebensführung – jedoch nichts über echte Meisterschaft aussagen!

[6] unklare Textstelle; evtl. ist gemeint, daß er unter Kabirs Nachkommen als Sohn geboren wird, ähnlich wie Narayan als Sohn in Dharam Das' Familie geboren wurde.

[7] auch unvollkomene Meister können unter Umständen ein bestimmtes inneres Licht zeigen, das jedoch die Seele nicht durch die Ebenen weiterführt; nur das Licht, das von einem wahren Meister bzw. Gottessohn kommt, ist „echt".

schimmernde Licht sehen. Jene, die nicht mit ihren beiden Augen[8] sehen, wie können sie die schimernde Schönheit (dieses Lichtes) überprüfen? Verstehe die schimmernde Schönheit von Kal und nimm sie nicht als (höchste) Wahrheit in deinem Herzen an.

Der siebente Bote ist Chitbhang, der veränderliche Gesichter, Stimmen und Gemüter besitzen wird. Er wird den Pfad unter dem Namen „Daun" verbreiten und wird fälschlicherweise den, der dieses Wort ausspricht, als Gott bezeichnen. Er wird über die fünf Elemente und die drei Eigenschaften sprechen, und so wird er den Pfad aufrecht erhalten. Während er die Worte (von Daun?) spricht, wird er selbst zu Brahma werden und sagen: „Warum hat Rama Vashishth zu seinem Meister gemacht? Auch Krishna hat seinem Meister Dienst erwiesen, um die Rishis und Munis gar nicht zu erwähnen. Narada gab seinem Meister Schuld. Deshalb litt er und lebte in der Hölle." Dieser Bote wird das Wissen des Bijak[9] über alles stellen, wie das Insekt, das im Goolar-Baum bleibt. Niemand gewinnt Nutzen von diesem Pfad. Wenn sie darauf einhergeht, wird die Seele weinen.

Nun berichte ich dir vom achten Pfad und werde dir von Akalbhang Doot erzählen. Er wird etwas aus dem Koran stehlen und etwas aus den Veden und wird sagen: „Dies ist der Pfad, der zur wahren Heimat führt." Er wird auch einige Eigenschaften von mir (an)nehmen und dann ein Buch machen. Er wird den Pfad begründen, der Wissen von Brahm[10] gibt, und die Seelen, die an Riten und Ritualen interessiert sind, werden von ihm angezogen.

---

[8] gemeint sind die äußere und die innere Schau: einerseits ist es ein Kriterium für einen"Gottessohn", der suchenden Seele inneres Licht zu offenbaren, andererseits ist es aber auch ein Kriterium für den sichtbaren „Menschensohn", daß sein Anblick dem suchenden Menschen Frieden gibt; s.a. Fußnote 5.

[9] *Bijak*: eine Sammlung von Liedern, die auf Kabir zurückgeht. Chitbhang benutzt also Texte von Kabir, kann aber das Heilige Wort nicht vermitteln; das genannte Insekt steht wohl symbolisch dafür, etwas anscheinend von innen heraus zu kennen, es aber doch nicht wirklich offenbaren zu können.

[10] *Brahm*: gemeint ist eine Kraft eines vermeintlichen höchsten, umfassenden und überpersonalen Bewußtseins, eben Brahm, nicht jedoch der Gott Brahma.

O Dharam Das, höre auf die Geschichte des neunten Pfades, wie Bishamber Doot das Stück spielen wird. Der Name des Pfades wird „Ram Kabir Pfad" sein, bei dem gute und schlechte Eigenschaften als gleich bewertet werden. Er wird sagen: „Begreife, daß Sünden und Tugenden gleich sind."

Nun berichte ich dir vom zehnten Pfad. Der Name des Boten ist Naktanen. Er wird den Pfad führen und ihn „Satnami Pfad" nennen, auf dem er alle Seelen der vier verschiedenen Kasten vereinen wird. Er wird Brahmanen, Krieger, Bürger und Dienstleute vereinen. O Bruder, er wird nicht das Heilige Wort des Sat Gurus erkennen[11], und wenn sie ihm folgen, gehen die Seelen in die Hölle. Er wird den Körper beschreiben und erklären, und wird niemals den Pfad Gottes erlangen.

Höre, Dharam Das, auf das Spiel von Kal. Er wird viele Fallen schaffen. Er wird viele Seelen verschlingen, indem er sie in den Ketten des Karmas verstrickt. Die Seelen, die mein Wort erkennen, werden aus den Fallstricken Kals befreit. Wer Naam annimmt, wird durch dessen Herrlichkeit zu Unbeweglichen Ebene gehen, welche die Region des Friedens ist. Der vom Nektar erfüllte Simran, der kostbare Eigenschaften besitzt, ist die Essenz des Heiligen Wortes Gottes. Falls die Seele Es in Gedanken, Worten und Taten annimmt, wird sie das Meer des Lebens überqueren.

Ich berichte dir vom elften Pfad, der von Durghani stammt, der ein grenzenloser Bote war. Er wird seinen Pfad als „Der Pfad der Seelen" begründen und er wird ihn über den Körper erklären. Er wird den Seelen auftragen, Dinge mit ihrem Körper auszuführen, und wenn sie so von ihm getäuscht sind, werden sie (das Meer des Lebens) nicht überqueren. Die Seele, die stolz ist, wird ihn lieben, wenn sie sein Wissen hört.

---

[11] idV: *Brahmane, Kshatriya, Vashya, Shudra.* Perkins merkt u.a. an, daß natürlich auch die wahren Meister Kasten nicht gelten lassen und selbst in allen möglichen Kasten geboren wurden, daß aber ohne die Verbindung mit dem heiligen Wort dieser zehnte Pfad nur der sozialen Veränderung, nicht der spirituellen Erhebung dienen kann.

Nun werde ich dir von der Manifestation des zwölften Pfades berichten, in dem Hansmuni Doot sein Spiel gespielt hat. Er wird erst als Diener in dein Heim kommen, und er wird dir sehr dienen. Später wird er seinen eigenen Pfad schaffen und viele Seelen einfangen. Er wird sich der Essenz (Gottes) und den Inkarnationen (der Gottessöhne) in den Weg stellen. Er wird an manches Wissen glauben und an anderes nicht[12].

Auf diese Weise bereitet Kal seine Bühne, und aus seiner Essenz wird er zwölf Pfade schaffen. Sie werden wieder und wieder kommen, und wieder und wieder werden sie verschwinden, und erneut erscheinen sie wieder und wieder in der Welt. Wo die Boten Kals auch auftauchen, werden sie der Seele viel Wissen mitteilen. Sie nennen sich selbst Kabir und sie werden denen, die sie initiieren, immer Wissen über den Körper[13] geben. Wo sie auch in der Welt ihre Geburt aufnehmen, werden sie wirken und ihren Pfad verbreiten. Sie werden den Seelen Wunder[14] zeigen, sie damit täuschen und in die Hölle führen.

Höre, Dharam Das: Auf diese Weise wird der mächtige Kal kommen und in die Irre führen. Jene, die das Licht Meiner Worte annehmen, die werde ich retten. O Meine Essenz! Erwecke die Seelen, indem (du, Dharam Das) ihnen das wahre Wort gibst. Indem man das Wissen des Meisters fest im Herzen bewahrt, kann man das Wort prüfen und Kal erkennen[15].

---

[12] Die „Negative Kraft" (die von einem zeitgenössischen Meister als „erhaltende Kraft" bezeichnet wird, setzt dem Wissen über Gott und die Rückkehr der Selen zu Ihm nicht etwas völlig Anderes entgegen, sondern führt Seelen durch Halbwahrheiten in die Irre.

[13] „Wissen über den Körper": darin ist auch Wissen über psychologische und philosophische Fragen, über feinstoffliche Zusammenhänge und über gewisse innere Ebenen und übersinnliche Kräfte enthalten, aber eben nicht das zu Gott zurückführende Wissen über Sat Lok, das Heilige Wort, Notwendigkeit eines kompetenten Meisters, etc.

[14] Wunder: Boten Kals und noch nicht vollendete Meister, aber auch Asketen und manch andere können „übernatürliche" Wunder wirken, was sie meistens jedoch tun, um Menschen anzuziehen; vollendete Meister wirken durchaus ebenfalls Wunder, allerdings fast nie öffentlich und vor allem nie, um Menschen dadurch zu „gewinnen".

[15] evtl. idV mißverständlich, denn eigentlich ist wohl eher gemeint: „.... kann man mit Hilfe des Wortes, der vom Meister übermittelten geladenen Gottesnamen äußere und vor allem innere Erscheinungen überprüfen und Kal erkennen"; Kal und dessen Boten können nach

O Dharam Das, erwache! Kal täuscht auf diese Weise. Jene, die Naam voller Vertrauen annehmen, werden von Kal nicht gefangen (gehalten).

Dharam Das sagte: O Herr, Du bist der Ursprung aller Seelen[16], mögest Du alles Leid beenden. Narayan ist mein Sohn. Ich habe ihn jetzt herausgeworfen. Die Essenz Kals nahm in meinem Haus eine Geburt auf und wurde für die Seelen schmerzhaft. Heil dem Sat Guru! Du hast mir die Essenz von Kal gezeigt und mich sie erkennen gemacht. Ich habe meinen Sohn Narayan aufgegeben[17] und habe an Deine Worte geglaubt.

Dharam Das erfährt von seinem eigenen spirituellen Nachfolger
Dharam Das verneigte sich und brachte folgende Bitte vor:
O Herr – Glückseligkeit Spendender aller Seelen – sage mir, auf welche Weise die Seelen das Meer des Lebens überqueren werden? Berichte mir, o wunderschöner Bräutigam[1], wie der (echte) Pfad auf-recht erhalten wird, und wie die Seelen nach Sat Lok gehen werden? Ich habe Narayan herausgeworfen, der mein Sohn war, weil ich erkannte, daß er Kal ist. Nun, o Herr, zeige mir den Pfad, durch den die Seelen (wirklich) nach Sat Lok gehen können. Wie wird meine (Meister)Linie fortgesetzt, und wie werden sie Deinem Pfad folgen? Deshalb, o Herr, richte ich meine Bitte an Dich, mir zu sa-gen, wie der Pfad weitergeführt wird.

Kabir sprach: Höre, Dharam Das, auf die Lehren des Heiligen Wortes: Ich gebe dir diese Botschaft, weil ich dich als mein eigen[2]

---

den Lehren Kabirs nämlich vor dem „Simran" (s.a.Glossar) nicht bestehen, und so kann sich die suchende Seele durch den Simran vor einer Täuschung Kals bewahren.
[16] auch hier wird Kabir, wie weiter oben, mit Gott gleichgesetzt; vgl. auch das Jesus-Wort: Wer mich gesehen hat, hat den Vater gesehen.
[17] vgl. auch hier ein Jesus-Wort, wenn dieser davon spricht, die eigene Familie zu verlassen, wenn man ihm nachfolgen wolle.
[1] vgl. die Bezeichnung Jesu als „Bräutigam" durch christliche Mystikerinnen des Mittelalters.
[2] eigen: als „mit mir eins" gemeint, nicht etwa als Besitzanspruch.

betrachte. Die Seele des Heiligen Wortes[3] ist die Essenz Gottes, die sich in deinem Heim offenbaren wird. Das Wort wird sich in der Welt inkarnieren, und wird mit Namen „Chudamani" genannt. Die Essenz Gottes in den Inkarnationen der Seele des heiligen Wortes wird die Fallstricke Kals zerschneiden und die Zweifel der Seelen beseitigen.

Im Eisernen Zeitalter werden die Seelen vermittels der Herrlichkeit von Naam von Kal befreit. Jene, die das wahre Naam fest in sich annehmen, werden von den Fallen, die Kal ausgelegt hat, frei. Der Todesengel wird jenen nicht nahe kommen, die Vertrauen in die Inkarnationen hegen. Solche Seelen überqueren das Meer des Lebens, nachdem sie ihre Füße auf Kals Haupt gesetzt haben. O Dharam Das, nimm dir das zu Herzen: Ich werde jene Seelen befreien, die sich in den Worten der Inkarnationen festigen.

Dharam Das sagte: O Herr, indem ich meine Hände falte, lege ich dir diese Bitte vor, aber meine Seele erzittert, während ich es ausspreche: das Wort wird als die Essenz Gottes inkarniert werden, aber meine Gemütszweifel werden verschwinden, wenn ich Seinen Darshan haben werde. O Herr! Bitte nimm diese meine Bitte an – o Herr! Segne mich mit Gnade – dann werde ich die Wahrheit erkennen und von Deinen Worten überzeugt werden.

Als er das hörte, sprach der Herr[4] diese Worte: „O Muktamuni[5], Meine Essenz, da Sukrit von Mir abhängt, hat er um Deinen Darshan gebeten, also bitte komme und gib ihm Deinen Darshan." Dann

---

[3] idV: „The Soul *NOTM* is the Essence of Sat Purush ..."; lt. Perkins bedeutet *NOTM* „die Essenz der Essenzen"; ein außerhalb Kabirs Schöpfungsmythos und Weltbericht völlig unbekannter Begriff; vielleicht ähnlich wie „das Wort ward Fleisch und wohnte unter uns" zu verstehen, also als die bewegende Kraft des Heiliges Geistes odes des schöpferischen Wortes (s. Johannes-Evangelium). Ein deutlicher Wesensunterschied zu den früher erwähnten Inkarnationen des Heiligen Wortes in Gottessöhnen wie Sat Sukrit, Maninder, Karunamai und Kabir ist nicht zu erkennen; deshalb wird im Folgenden die Umschreibung „Seele des Heiligen Wortes" beibehalten.
[4] in der Vorlage bleibt unklar, ob mit „Herr" Gott oder Kabir gemeint ist.
[5] Perkins deutet *Muktamuni* so: die NOTM-Essenz in ihrer prä-inkarnierten Form, d.h. die Seele, die erst noch zu Dharam Das' Nachfolger Chudamani wird.

kam Muktamuni einen Augenblick lang und Dharam Das hatte Seinen Darshan.

Dharam Das fiel (ihm[6]) zu Füßen und berührte sie: Nun hast Du das Verlangen meines Herzens erfüllt. *Wieder und wieder legte er sein Herz (ihm) zu Füßen:* O edler Gott[7], Du hast gemacht, daß ich den Darshan gehabt habe. Da ich (nun) den Darshan gehabt habe, ist mein Herz glücklich wie der Mondvogel, wenn er den Mond bekommt (sieht). Nun, o Herr Gyani, laß eine solche Gnade herabregnen, daß das Fleisch gewordene Wort sich in der Welt inkarnieren möge. Ich richte diese Bitte an Dich, o Herr, damit der Pfad fortgesetzt werden möge.

Die Inkarnation von Chudamani

Kabir sprach: Nach zehn Monaten wird sich Chudamanis Seele manifestieren. Er wird in deinem Heim geboren und wird um der Seelen willen den Körper aufnehmen. Dharam Das, höre auf diese Worte der Weisheit, die ich dir berichte, da ich dich als mein(en) eigen(en Sohn) betrachte. Du hast das Lager für die Dinge erhalten, die ich dir gegeben habe. Nun wird derjenige, der dein Sohn werden wird, meine Essenz sein.

Dann bat Dharam Das: O Herr, erkläre mir dies: O Gott, ich habe die Sinnesorgane beherrscht[8]. Wie wird Deine Essenz Geburt in der Welt erlangen?

Dann sprach der Herr diese Worte, während er den Auftrag gab, die (eheliche) Beziehung nur über die Augen aufzunehmen: O Dharam Das, ich schreibe die Worte[9] nieder, wodurch die Essenz die Geburt aufnehmen wird. Verstehe die Zeichen, die ich dir erkläre. Dharam

---

[6] „ihm" ist Einschub des Hrgs.; unklar bleibt, ob er Kabir zu Füßen fällt, oder Muktamuni oder dem Gottessohn Gyani (als „Essenz" Kabirs?) oder sogar Gott, der sich womöglich hier selbst offenbart hat (vgl. Moses´ Begegnung mit Gott auf dem Sinai).
[7] idV: *Sat Purush.*
[8] Nachdem er seine anderen Kinder gezeugt hatte, hatte Dharam Das mit seiner Frau Amin keine geschlechtlichen Beziehungen mehr unterhalten.
[9] idV: *Paras Naam.*

Das, höre diesem aufmerksam zu: Schreibe auf das Betel-Blatt das Zeichen von Gott und gib es (das Blatt) an (deine Frau) Amin. *Da verschwand Dharam Das´ Zweifel und der Vorgang wurde ihm klar. Dharam Das rief Amin und hieß sie, zu Füßen des Geliebten Herrn zu fal-len.* Auf das Betel-Blatt schrieb er die Worte und gab es ihr, wodurch sie das Kind empfing. *Chudamani wohnte in jener Schwangerschaft, die sich (nur) aufgrund der Aufmerksamkeit ereignete. Dharam Das rief Amin, und dann kam sie und grüßte ihn. Als die Schwangerschaft von zehn Monaten[10] vollendet war, wurde die Essenz, Chudamani, geboren. Das geschah am siebenten Tag des Halbmondes von Agahan. Als Mukta-yan, der Befreiungs-Spender manifestiert war, gab Dharam Das all seinen Reichtum fort:* Von Glück gesegnet bin ich, daß du in mein Heim gekom-men bist! *Und dann verneigte sich Dharam Das vor Seinen Füßen. Als Kabir er-fuhr, daß Mukatayan[11] gekommen war, kam er sogleich zu Dharam Das´ Haus:* Zur Befreiung ist der Unvergängliche Mukatayan gekom-men, und um der Seelen willen hat dieser den Körper aufgenom-men. Nun hat sich das unverwesliche Zeichen inkarniert, das die Seelen vom Todesengel befreien wird. Durch die Ankunft von Muktamuni werden die Seelen frei.

Die Errichtung des Reiches der zweiundvierzig Inkarnationen

Nachdem einige Tage vergingen, sprach der Herr diese Worte: O Dharam Das, bringe, was benötigt wird, ich werde das Chauka durchführen. Ich will das Reich der zweiundvierzig Inkarnationen begründen, damit das Werk (der Befreiung) der Seelen vollendet werden kann. *Dann brachte Dharam Das, was gebraucht wurde und legte es vor Gyani hin.*

---

[10] Mond-Monate.
[11] Muktayan, Muktamuni und Chudamani sind ein und derselbe.

Dharam Das sagte: O Gyani, falls Du noch etwas anderes brauchst, bitte sage es mir. *Der Herr bereitete das Chauka vor wie früher, und was Er auch wünschte, darum bat er. Die rechteckige (Holz-)Platte wurde auf vielfache Weise geschmückt und Chudamani wurde darauf gesetzt.*
Kabir sprach: Du bist in die Welt hinein gekommen mit dem Auftrag Gottes, und indem Du Seine Mittel gebrauchst, sollst Du die Seelen befreien. Ich gebe dir das Reich der zweiundvierzig Inkarnationen, und durch Dich werden die Seelen ihre Arbeit erledigen.

Kabir gibt Chudamani die Lehren

Von dir werden die zweiundvierzig Inkarnationen stammen, welche die Seelen befreien werden. Von ihnen gehen sechzig Zweige[12] aus, und von diesen werden mehr hervorsprießen. Du wirst zehntausend kleine Zweige haben, und sie alle werden gleichzeitig mit den Inkarnationen bestehen. Einen, der Druck ausübt, um die Beziehung herzustellen[13], werde ich nicht in die Heimat der Seelen senden. Da du der Steuermann geworden bist, wird dein Zweig ebenfalls so sein.

Höre, o Essenz Gottes, Du bist aus dem Hohen Geschlecht und nicht von irgendjemand anderem. Du bist die Seele des Wesens Gottes[14], Der sich in diesem Meer der Welt manifestiert hat. Da Gott die Seelen in einer schlimmen Lage gesehen hat, hat Er Dich gesandt. Jede Seele, die Dich als die Essenz von jemanden anderem (als Gott) begreift, wird von Kal verschlungen. Der Kenner des Wissens wird die (deine) Inkarnation als die Gestalt Gottes erkennen. Jener, der das Siegel der Inkarnation erhält, wird zum Schwan.

Kabir sprach zu Dharam Das: Höre, Dharam Das: Nun gebe ich dir das Lagerhaus. O Bruder, nun erkläre ich dir alles, was ich dir zu-

---

[12] Perkins merkt an, die Zahl 60 sei für uns bedeutungslos, sie drücke lediglich aus, daß es im Eisernen Zeitalter allzeit genügend wahre Meister gäbe.
[13] Druck ausüben, um die Beziehung herzustellen: die Verbindung mit dem Heiligen Wort nicht freiwillig, sondern auf Druck hin aufnehmen.
[14] idV: „You are the *NOTM* Essence of Sat Purush".

vor gegeben habe. Wenn Chudamani vollkommen wird und Kal dies sieht, wird er (wie am Boden) zerstört sein.

Als er das hörte, stand Dharam Das auf und rief Chudamani zu sich. Ihm wurde sogleich Naam gegeben, und darin trat keine Verzögerung auf. Als sie beide die Füße des Meisters berührten, begann Kal voller Furcht zu erzittern. In Seinem Geist wurde der Sat Guru erfreut, und als er Chudamani betrachtete, wurde er sehr glücklich. Dann sprach er zu Dharam Das: Höre, Sukrit: Du bist sehr beglückt. Dein Geschlecht ist zum Befreier der Welt geworden und wird die Seelen das Meer der Welt überqueren machen. Es wird zweiundvierzig Inkarnationen geben, und die erste, die sich inkarniert, wird Meine Essenz sein. Er wird das Fleisch gewordene Wort. Jene, die nach Ihm kommen, kommen in die Welt aus dem Samen[15].

Die Seelen, die den Passierschein von diesen Inkarnationen erhalten, werden in die Heimat der Seelen eingehen, indem sie furchtlos werden. Der Todesengel wird ihren Weg nicht blockieren, und die 880 Millionen Gefängnisse[16] werden den Verlust (an Seelen) spüren. Gleichgültig, ob jemand (anderes) ständig von anderem Wissen zu ihnen spricht, wird Er (die auf den Weg gestellte Seele) das Naam von Kabir Tag und Nacht wiederholen. Gleichgültig, ob jemand ständig von anderem Wissen spricht: ohne das Wissen von den Inkarnationen (und ihrer Botschaft der Befreiung der Seelen) ist alles (andere) falsch.

Gehe und frage jemanden, der etwas vom Geschmack von Speisen versteht: Gleichgültig, auf welcherlei mannigfaltige Weise man die Speisen zubereitet, bleiben sie ohne Salz fade. Verstehe, daß Wissen die (normalen) Speisen sind, und das Siegel der Inkarnationen ist (das Salz und) der Geschmack. Es gibt 140 Millionenfaches Wissen, aber das Wesenhafte Wort ist davon unterschieden. Am

---

[15] d.h., nur Chudamani wird ohne geschlechtliche Vereinigung der Eltern geboren, während alle späteren kompetenten Meister auf allgemeinmenschliche Weise ihren Körper erhalten.

[16] idV: „eighty-eight crore prisons" (crore = 10 Millionen); gemeint sind damit die ungezählten weltlichen und überweltlichen Ebenen und Gestaltungen, die unter Kals Herrschaft stehen, in denen Seelen verstrickt sind, die nun aber stark entvölkert werden.

Himmel erscheinen 900.000 Sterne, und jeder, der sie sieht, wird glücklich. Aber wenn am Tag die Sonne hervorkommt, verbirgt sie das Licht der Sterne. Das Wissen ist wie die 900.000 Sterne, und das Wesenhafte Wort ist wie die Sonne. Hundertausendfaches Wissen erklärt der Seele die Dinge, während das Siegel der Inkarnationen die Seelen in ihre Heimat nimmt. Höre auf noch ein Beispiel, wie das Schiff das Meer überquert: Das Heilige Wort ist das Schiff, und deine Inkarnation ist derjenige (Kapitän), der sie (die Seelen) hinüber nimmt.

O Dharam Das, ich habe dir den Ursprung Gottes beschrieben. Jene, die irgendeinen anderen Pfad als den der Inkarnationen aufnehmen, werden in die Region des Todes[17] gehen. Die Seele, die Tag und Nacht das Wort singt, (aber) ohne das Siegel[18] der Inkarnation zu erhalten, werden in Kals Falle gefangen. Gib mir hinterher nicht die Schuld dafür!
Jene, die das Heilige Wort erkennen, und die Eigenschaften der Krähe aufgeben, werden zu Schwänen. Kal wird die nicht kriegen, die das Wesenhafte Wort fest annehmen.

---

[17] idV: in die Region von *Yama*.
[18] idV: „Sign" = Zeichen, Passierschein, Siegel.

Teil IV: Die Geschichte der Zukunft

Der Anfang der Geschichte der Zukunft

Dharam Das bat: O Herr, ich gebe mich ganz für Dich hin. Herr, Du hast mir berichtet, daß die Inkarnationen um der Seelen willen in die Welt kommen. Der Weise[1], der der das Fleisch gewordene Wort erkennen wird, wird (auf seinem Heimweg der Seele) nicht aufgehalten, selbst nicht durch eine starke Macht. Ich habe verstanden, daß die Inkarnation die Gestalt Gottes (auf Erden) ist, und in mein Herz ist kein anderer Gedanke (darüber) gekommen. Die Essenz des Wesens[2] hat sich manifestiert und kam in die Welt, und ich habe Ihn (Sie) gesehen und gründlich geprüft. Und dennoch habe ich einen Zweifel. Segne mich mit Gnade, damit er vergehen mag. Ich wurde (früher, als Sukrit) vom Kompetenten Einen gesandt, und als ich in die Welt kam, fing Kal mich in seiner Falle. Du nennst mich die Essenz von Sukrit, und doch hat der schreckliche Kal mich gebissen. Falls das (auch) den Inkarnationen passieren würde, dann würden alle Seelen der Welt zerstört[3]. Laß also Gnade auf mich regnen, Beseitiger der Leiden, damit Kal die Inkarnationen nicht täuscht. Ich weiß sonst nichts. O Herr, meine Ehre ist in Deinen Händen.

Kabir sprach: Dharam Das, du hast richtig nachgedacht. Dein Zweifel ist zutreffend. Dharam Das, in der Zukunft wird es geschehen, daß Kal diese List spielt, die ich nicht vor dir verbergen werde. Was auch (in der Zukunft) passieren wird, werde ich dir wahrheitsgemäß berichten. Höre jedoch erst, was ich dir bereits gesagt hatte, und indem du dem aufmerksam zuhörst, verstehe es (auch). Im Goldenen Zeitalter hat Gott mich gerufen und mir aufgetragen, in die Welt hinein zu gehen. Als ich kam, traf ich Kal auf dem Weg.

---

[1] idV: *Gyani*; aber hier bedeutet das Wort *Gyani* ganz allgemein „der Weise", und bezieht sich nicht auf den zweitgeborenen Sohn Gottes; vgl. Begriff Jnana-Yoga (Gyana-Yoga), der „Yoga der Erkenntnis".

[2] idV: „The *NOTM* Essence".

[3] weil sie dann eben nicht erlöst würden, sondern weiterhin in den karmischen Verstrickungen von Kals Welten blieben.

Nachdem ich mich mit ihm auseinandersetzte, beseitigte (demütigte) ich seinen Stolz. Dann täuschte er mich und nahm drei Zeitalter von mir[4]. Dann sagte der ungerechte Kal zu mir: „O Bruder, ich werde dich nicht um das vierte Zeitalter bitten." Nachdem ich ihm mein Versprechen (über die ersten drei Zeitalter) gegeben hatte, kam ich in die Welt.

Ich offenbarte meinen Pfad in den ersten drei Zeitaltern nicht (weithin), weil ich sie ihm gegeben hatte. Als das vierte, das Eiserne Zeitalter kam, sandte mich Gott erneut in die Welt. Der Schlächter Kal hielt mich auf dem Weg auf, und auf vielerlei Weise bat er mich (um Zugeständnisse). Ich habe dir diese Geschichte und das Geheimnis der zwölf Pfade (Kals) schon erzählt. Er täuschte mich und sagte mir nur etwas von zwölf (Pfaden), sonst sagte er mir nichts. In den ersten drei Zeitaltern besiegte er mich[5], und im Eisernen Zeitalter stellte er viele Fallen auf. Er sagte mir, daß er zwölf Pfade geschaffen hatte, aber er versteckte vier (weitere Pfade) vor mir.

Als ich vier Gurus machte, sandte auch Kal seine Essenzen. Als ich vier Steuermänner machte, versärkte Kal seine Maschinerie der Täuschungen. Gott hat mir das offenbart, o Dharam Das, ich berichte dir das als (Teil) eines spirituellen Werkes: O Bruder, jene, die Naam als Helfer in ihrem Herzen haben, nur sie werden dieses ganze Spiel verstehen.

Kals Auftrag an seine vier Boten

Kal machte vier Boten, denen er viele Lehren gab. Er sagte ihnen: „Hört, Essenzen: Ihr seid aus meinem Geschlecht. Was ich euch auch sage, glaubt daran und gehorcht meinen Aufträgen. Ein Bruder, der Kabir genannt wird, ist mein Feind. Er möchte das Meer der Welt beenden und die Seelen nach Sat Lok zurücknehmen.

---

[4] bezieht sich darauf, daß – wie weiter am Anfang geschildert – Kal dem Gottesboten das Zugeständnis abnimmt, in den ersten drei Zeitaltern nur sehr wenige Seelen zu befreien.

[5] siehe Fußnote 4.

Er täuscht und betrügt, Er führt die Welt in die Irre, und Er macht alle (Seelen) von meinem Pfad frei. Indem Er die Seelen das wahre Naam hören macht, sendet Er sie in die Heimat der Seelen. Da Er entschlossen ist, die Welt zugrunde zu richten, deshalb habe ich euch geschaffen.

Gehorcht mir, geht in die Welt hinein, und gründet im Namen Kabirs eure Pfade. Die Seelen der Welt sind in der Süße der Freuden verloren – sie tun, was ich ihnen auch sage. Ihr schafft eure vier Pfade in der Welt und zeigt sie den Menschen. Alle vier von euch sollten sich Kabir[6] nennen, und sprecht aus eurem Mund kein anderes Wort als Kabir.

Wenn die Seelen im Namen Kabirs zu euch kommen, sprecht solche Worte, an denen sie ihr Gemüt erfreuen. Im Eisernen Zeitalter haben die Seelen keinerlei Wissen. Indem sie andere ansehen (sich an anderen orientieren), folgen sie einem Pfad. Wenn sie eure Worte hören, werden sie erfreut sein, und immer wieder zu euch kommen. Wenn sie in ihrem Glauben an euch fest werden, und in ichrem Geist kein Unterschied (Zweifel) ist, dann werft eure Fallstrikke über sie. Seid achtsam! Laßt sie nicht euer Geheimnis erkennen!

Macht eure Heimstatt in Indien, wo der Name Kabir weit verbreitet ist. Wenn Kabir nach Bandho Garh geht und Dharam Das als Sein Eigen annimmt, wird Er das Reich der zweiundvierzig Inkarnationen begründen, und (ab) dann wird sich Sein Reich ausbreiten. Ich werde die Seelen durch vierzehn Todesengel aufhalten, und durch zwölf Pfade werde ich sie täuschen. Und doch habe ich meine Zweifel (ob das ausreicht). Deshalb, Brüder, sende ich euch. Greift die zweiundvierzig (Inkarnationen) an und fangt sie in euren Worten. Dann werde ich erkennen, Brüder, daß ihr mir gehorcht habt."

Als die diese Worte hörten, wurden die Boten sehr glücklich: „O Mächtiger, wir habe deine Aufträge angenommen. Wie du es uns

---

[6] Perkins merkt an, daß sie auch den Namen des jeweiligen Gottesboten späterer Zeiten annehmen können/sollen.

aufgetragen hast, nehmen wir uns diese Worte zu Herzen[7]. Durch deine Gnade sind wir beglückt." Sie falteten ihre Hände und antworteten auf diese Weise.

Kabir sprach zu Dharam Das: Als er das hörte, wurde Kal glücklich. Er war hocherfreut über das, was die Boten (ihm) sagten. Er erklärte ihnen viele weitere Dinge. Auf diese Weise zeigt Kal, der Ungerechte, ihnen seinen Pfad. Er gab ihnen Mantras, um die Seelen damit zu verschlingen und sagte ihnen: „Brüder, geht in die Welt hinein! Geht alle vier, nehmt vier verschiedene Gestalten auf, und verschont weder Große noch Kleine. Stellt die Fallen auf, Brüder, damit meine Beute[8] nicht aus meinen Händen gelangt." Als sie diese Worte hörten, wurden sie sehr erfreut: die Worte Kals schienen wie ein Strom von Nektar zu fließen.

Das also sind die vier Boten, die in der Welt manifestiert sind, und sie werden vier Pfade begründen. Betrachte die Boten als die Helden und Anführer der zwölf Pfade. Die von ihnen begründeten vier Pfade werden immer wieder verändert, um die Dinge zu erklären. Diese vier Pfade sind der Ursprung der zwölf Pfade, und sie werden für das Fleisch gewordene Wort leidvoll sein.

Als er das hörte, wurde Dharam Das unruhig, und er faltete seine Hände und brachte diese Bitte vor: Höre, o Herr, nun sind meine Zweifel (noch) stärker geworden. O Meister, schieb es nicht auf! Zuerst berichte mir ihre Namen. Ich bitte Dich um der Seelen willen darum. Berichte mir von ihrem Wesen. Berichte mir über die Gestalt dieser Boten, ihre Zeichen und auch ihre Wirkungen. Welche Form haben sie in der Welt angenommen, und wie fangen sie die Seelen ein? In welchem Land werden sie sich manifestieren? O Herr, berichte mir alles.

---

[7] idV: „auf unsere Köpfe"; in Indien ist es eine Form der Ehrerbietung, sich etwas, was man erhält, an die Stirn zu führen oder auf den Kopf zu setzen, also „zu Füßen" dessen sein, der dies gegeben hat.
[8] idV: „meine Nahrung", „meine Speise".

Kabir sprach: Dharam Das, ich berichte dir (jetzt) das Geheimnis der vier Boten. Höre zuerst ihre Namen: Rambh, Kurambh, Jay und Vijay.

Beschreibung des Boten Rambh

Rambh[9] wird seine Wohnstatt in Kalinjer Garh errichten. Er wird der Ergebene des Herrn genannt werden. Er wird viele Seelen angreifen. Jene (jedoch), die ihrem Herzen treu bleiben, werden aus dieser vergifteten Falle Kals gerettet werden. Rambh ist mächtig und feindselig. Er wird dich und mich verdammen. Er wird Arti (Chauka, Initiationsritual), Initiation, Sat Lok (Heimstatt der Seelen) und andere (spirituelle) Ebenen verdammen. Er wird die (Heiligen) Schriften verdammen, und das Wissen von Naam. Er wird die Lehren[10] Kals ernsthaft hervorbringen. Er wird meine Worte bestreiten, und viele werden in seiner Falle gefangen.

Er wird meinen Namen annehmen und (unter diesem Namen) seinen (eigenen) Pfad ständig in alle vier Himmelsrichtungen verbreiten. Er wird sich selbst „Kabir" nennen und wird sagen, daß ich von den fünf Elementen beherrscht werde. Er wird sagen, daß die Seelen (bereits) Gott seien, und indem er die Seelen täuscht, wird er Gott leugnen. Er wird sagen, daß dieser Kabir der Gott der Seelen ist, und er wird auch den Schöpfer „Kabir" nennen.

Der Schöpfer (dieser Lehren und der niederen Welten) ist aber Kal, der den Seelen Leid bereitet, und wie jener wird (auch) dieser Todesengel die Seelen anziehen. Jene, die Riten und Rituale durchführen, werden von ihm der „Höchste[11]" genannt, und indem er den Höchsten verbirgt, wird er sich selbst manifestieren. Falls die

---

[9] *Rambh* wird idV verschiedentlich auch *Rambh Doot* und *Rambh Yama* genannt; auch die anderen drei Boten tragen manchmal Zusätze zu ihren Namen.

[10] idV: *Ramainis*; Perkins merkt an, daß der Pfad von Rambh besonders hinterhältig sei, weil er eine Art des „intellektuellen Non-Dualismus" lehre, die inneren rein spirituellen Ebenen bestreite, und die Existenz der „Negativen Kraft" ebenso wie die Gottes un der Notwendigkeit eines Meisters; dem Anhänger werde vorgegaukelt, er sei bereits „eins" mit Gott und werde bereits dadurch erweckt, daß er sich als solches empfinde und erkläre.

[11] idV: *Sat Purush.*

Seele (bereits) alles ist, wie könnte sie dann (aber) solche Not erleiden? Die Seele leidet, weil sie von den fünf Elementen beherrscht wird – und doch nennt er sie Gott gleich? Der Körper von Gott ist unsterblich und ewig jung. Er hat viele Fähigkeiten und Seine Schönheit wirft keinen Schatten. Und doch wird dieser Bote Kals Ihn leugnen und wird sagen, daß die Seelen Gott seien.

Dann wird er zum Meer (der Welt) gehen und seinen eigenen Schatten sehen. Da er sich (dann) als der Wortlose betrachtet, wird er getäuscht. Ohne Spiegel wird er seine eigene Gestalt sehen! O Dharam Das, dieser „Guru" ist der einzigartig erreichbare[12]!

Höre, Dharam Das. Auf diese Weise wird der unbegrenzte mächtige Rambh die Täuschung ausspielen. Er wird den Namen „Kabir" singen, und so viele Seelen in diese Welt fangen. Indem du das Siegel des Heiligen Wortes gebrauchst, sollst du die Essenz erwecken und die Inkarnationen. Benutze das vom Meister gegebene Wissen, prüfe das Heilige Wort und erkenne (erfahre) es in deinem Herzen. O Dharam Das, sei achtsam in dir, wenn Kal diese Täuschung ausspielt. Indem du Vertrauen in das Wort setzt, erwecke die Seelen für das Wort.

Beschreibung des Boten Kurambh

Ich habe dir die Geschichte von Rambh erklärt, und nun werde ich dir die Eigenschaften von Kurambh beschreiben. Er wird sich in Magadh (im südlichen Bihar) manifestieren und den Namen „Dhanidas" tragen. Kurambh wird viele Fallen aufstellen und durch sein Wissen wird er die Seelen in die Irre leiten. Kal wird durch Tücke jene zerstören, die gewöhnliches Wissen[13] in sich haben.

---

[12] Perkins meint, daß im Vergleich zur Unerwachtheit der Welt und der Seelen darin sich dieser Bote Kals als mächtig und gottgleich ansieht. Der dt. Hrsg. vermutet, daß hier statt „er" womöglich „sie" = Seele stehen sollte, weil dieser Abschnitt dann mehr Sinn macht: die Seele, die sich als etwas empfindet bzw. erfährt, was nicht von dieser Welt ist, hält diese erste geistige Erfahrung bereits für den Endzustand der eigenen Erleuchtung oder Erhebung, und sieht deshalb keine Notwendigkeit mehr, nach höheren Erfahrungen und Ebenen zu suchen.

[13] im Unterschied zum spirituellen Wissen.

Dharam Das sagte: O Herr, berichte mir vom Wissen, was er heraus-
geben wird.

Kabir sprach: Dharam Das, höre auf die Falle von Kurambh. Er wird
eine feste Falle dadurch schaffen, daß er wahre Dinge sagt[14]. Er
wird die Menschen mit der Sonne und mit dem Mond beschäftigen, und wird ständig über die Mondphasen reden. Er wird die
fünf Elemente als das Wichtigste beschreiben, und die unweise
Seele wird seine Täuschung nicht erkennen. Er wird den Pfad der
Astrologie verbreiten, welcher die Seele unter die Herrschaft der
sichtbaren Planeten bringt. Er wird die Seelen den Herrn vergessen
machen.

Er vermittelt das Wissen von Wasser und Luft, er wird die Namen
der Luft beschreiben. Er wird viele Deutungen des Arti- und
Chauka-Rituals vorstellen, und indem er die Seelen (darüber)
täuscht, führt er sie in die Irre. Wenn er jemanden zu seinem Anhänger macht, wird er besondere Dinge tun: er wird die Linien auf
jedem einzelnen Teil des Körpers lesen. O Bruder, er wird (den
Körper) von Kopf bis Fuß untersuchen.

Er versetzt die Seelen in die Falle des Karmas, er leitet sie fehl. Er
wird die Seelen Gold und Frauen als Gaben opfern machen, und
auf diese Weise wird er die Seelen plündern. Indem er die Seelen
bindet, wird er sie veranlassen, (von Geburt zu Geburt) vor und
zurück zu gehen, und indem er sie in Handlungen verstrickt, wird
er sie zu Anhängern Kals machen.

Es gibt fünfundachtzig Winde[15] Kals. Er schreibt die Namen dieser
Winde auf Betelblätter und er wird die Seelen diese essen lassen.
Indem er über das Wasser und den Wind spricht, wird er den Pfad
verbreiten, und im Namen der Winde wird er das Arti-Ritual aus-

---

[14] gemeint ist: Wissen und Wissenschaft der Welt – und sei sie noch so „wahr" – nutzt
nichts, wenn der Mensch kein Wissen über die Seele erlangt; diese „wahren Dinge" dienen
dann dazu, den Menschen in der Welt so zu beschäftigen, daß er kein Augenmerk auf die
Spiritualität richtet.
[15] Winde: vermutlich sind „Energien" gemeint.

führen. Während er die fünfundachtzig Winde visualisiert, wird er das Arti- und Chauka-Ritual sorgfältig ausführen.

O Bruder, er wird die Muttermale und Warzen überall auf dem Körper untersuchen, sei es Mann oder Frau. Von Kopf bis Fuß wird er alle Linien deuten. Er wird die „Muschel", den „Kreis" und die „Auster" untersuchen.

O Bruder, solcherart sind die bösen Wege Kals, mit deren Hilfe er Zweifel in den Seelen (am wahren Weg der Erlösung) schaffen wird. Indem er Zweifel schafft, wird Kal die Seelen verschlingen (können) und ihren Zustand sehr schlimm machen. Höre auf weitere Wege Kals. Was er auch spricht, wird falsch sein.

Indem er sechzig Unterteilungen der Zeit und zwölf Monate erschafft, wird er im Körper Illusion schaffen. Er wird vorgeben, den Simran von Naam zu geben, der voll der fünf Nektare ist, der die Essenz des Heiligen Wortes ist und die Wohnstatt der (idealen) Eigenschaften. Was auch immer für die Seele gemacht wurde (um sie zu erheben und zu befreien): Kal plant, seine Täuschung dort hineinzugeben.

Er wird über den Gebrauch der fünf Elemente sprechen und sagen, daß dies sein (wissenschaftlicher) Pfad sei. Fünf Elemente, fünfundzwanzig natürliche Wesen, drei Eigenschaften und vierzehn Todesengel werden von ihm „Gott" genannt werden. O Bruder, dieser Todesbote hat die Fallstricke der fünf Elemente[16] geschaffen, in denen er die Seelen fängt. Wenn man im Körper ist und seine (ganze) Aufmerksamkeit auf die Elemente richtet: wohin wird man gehen, nachdem man den Körper (beim Tode) verläßt? Wo eines Menschen Verlangen ist, dort wird er wohnen. Da seine Aufmerksamkeit in den Elementen ist, wird er (wieder) in die Elemente hineingehen.

---

[16] als Erinnerung: die fünf Elemente bilden die weltlichen Formen; diese als Grundlage des Lebens anzusehen (anstatt des göttlichen Geistes) beschränkt den Menschen auf sein kurzes Körperleben und hält ihn in der Täuschung der Materie gefangen.

Kal wird einen die Kontemplation über Naam aufgeben lassen und wird einen auf der physischen Ebene gefangen halten. O Dharam Das, was kann ich sonst noch sagen! Dieser Kurambh wird grauenvolle Dinge tun. Nur die Seele, die mich versteht und mit mir eins wird, wird seine täuschende Natur erkennen. Alle fünf Elemente sind Teil von Kal. Wenn man ihnen folgt, werden die Seelen vergehen.

Dharam Das, du hast vom Spiel von Kurambh gehört, der viele Fallen schaffen wird, um die Seelen zu fangen. Indem er den Pfad der Elemente verbreitet, wird er zahllose Seelen verschlingen. Im Namen von Kabir wird er diesen Pfad in der Welt begründen. Die Seelen, die zu ihm gehen, werden – weil sie von Illusion beherrscht sind – in den Schlund Kals fallen.

Simran[17], der voller Nektar und kostbarer Eigenschaften ist, ist die Essenz des Heiliges Wortes Gottes. Jene, die Ihn (Simran) fest in Gedanken, Worten und Taten annehmen, werden das Meer der Welt überqueren.

Beschreibung des Boten Jay

Ich habe Rambh und Kurambh beschrieben. Nun verstehe die Rede[18] über Jay. Der Bote von Kal ist sehr schrecklich, und dieser Böse wird sich selbst der „Ursprung" nennen. Er wird im Dorf Kurkut geboren und wird bei Bandhogarh wohnen. Er wird in einer Familie von Schustern geboren, und er wird die hohen Kasten kritisieren. Der Bote wird sich selbst den Diener des Herrn nennen, und er wird einen Sohn namens Garpat haben. Sowohl Vater als auch Sohn werden sehr leidvoll sein (wirken). Sie werden kommen und deine (Dharam Das´) Familie angreifen.

Er wird sagen: „Der Ursprung ist bei mir." O Dharam Das, er wird dich beseitigen[19]. Er wird das Wissen vieler Schriften vermitteln

---

[17] Zur Erinnerung: *Simran* ist die geistige Wiederholung fünf besonderer Gottesnamen, „Kraftworte", „Passierscheine", die von einem wahren Meister an die Schüler gegeben werden, um das Bewußtsein der Seele vom Stoff auf den Geist wenden zu können.
[18] idV: *Bani*, „Wort".
[19] idV: „he will remove you", was sich vielleicht auf einen Ortswechsel von Dharam Das bezieht, nicht jedoch auf seine Funktion als Nachfolger Kabirs und Meister seiner Zeit.

und wird die Unterhaltungen zwischen Gyani und Gott verändern. Er wird sagen: „Gott hat mir das Wurzel-Mantra gegeben" und „Dharam Das hat seinen eigenen Ursprung nicht erkannt".

Auf diese Weise wird Kal mächtig sein (wirken) und Zweifel für die Inkarnationen schaffen. Er wird die Inkarnationen an seine Lehren glauben machen und wird ihnen seine Lehren aufzwingen[20]. Durch sein Siegel werden die Inkarnationen (in ihrer Arbeit) gestört, sogar die reinen Seelen nehmen Kals Natur an. Er wird über Jnana[21] sprechen, o Bruder, und er wird sogar die treuen Seelen vergessen machen.

Da der Körper aus Wasser geschaffen wurde, wird er darauf seinen Pfad aufbauen. Er wird sagen, daß die Wurzelursache des Körpers Karma ist und er wird Naam verborgen halten. Zunächst wird er sein (eigenes) Mantra verborgen halten. Wenn der (sein) Anhänger gefestigt ist, erst dann wird er es aussprechen.

Er wird sagen, daß das weibliche Geschlechtsorgan der Stein der Weisen sei, und indem er die Anhängerin um ihre Erlaubnis bittet, wird er sie nehmen[22].

Er wird zuerst Worte des Wissens sprechen, und dann wird er die Anhänger sein (eigenes) Wurzel-Mantra trinken lassen. Diese Wurzel ist die Grube der Hölle. Dieser betrügerische Todesbote hat sich entschlossen, diese Form der Täuschung zu spielen. Er wird die Bedeutung der Geschichte von Jhanjhari Deep erklären und wird den Schülern auftragen, über Jhang Naam zu meditieren[23]. Er wird den

---

[20] ob die Vorlage hier korrekt ist? Es ist im Lichte des bisher Gesagten doch sehr unwahrscheinlich, daß die von Gyani/Kabir im Auftrage Gottes gesandten Nachfolgemeister die Lehren Kals annähmen; der nächste Satz ist eher verständlich, daß Kals Wirken das Wirken der Gottesboten stört und beeinträchtigt; auch die etwas später folgenden Ausführungen darüber, daß Kal „arm bleibt", wenn sich die Seelen nur mit den Inkarnationen verbunden halten, widerlegt den Satz der englischen Vorlage.
[21] idV: *Jnana Shabda* = Weg der (vernunftmäßigen) Erkenntnis.
[22] bezieht sich auf den Weg, der heute als „Tantra" bekannt ist.
[23] *Jhang Naam*: lt.Perkins ein bestimmter „mystischer Klang" aus niederen Chakras, der jedoch nicht zur Befreiung, sondern zur weiteren Verstrickung der Seelen führt.

Grenzenlosen Klang[24] die Wohnstatt der Negativen Kraft nennen, und wird den Pfad der fünf Elemente lehren. Er wird in die Höhle der fünf Elemente gehen, wo er verschiedene Dinge tut. Er wird die fünf Elemente erstrahlen lassen, und in der Höhle wird der Jhang-Klang laut erklingen.

Wenn aber die Seele, die im Innersten eins mit Gott ist[25], den Körper verläßt, dann sage mir, wie Jhang sie schützen wird? Kal hat das Jhanjari Deep geschaffen, und sowohl Jhang wie Hang sind beides Zweige Kals. Dieser ungerechte Kal wird sie „unzerstörbar" nennen, und indem er sie „unsterblich" nennt, wird er (die Seelen) täuschen.

Er wird viele Arten beschreiben, Rituale auszuführen, und er wird viele Steuerleute haben. Er wird alles mit dem Naam von Kal erschaffen. O Dharam Das, begreife das geduldig. An jedem Ort wird er die Riten und Rituale begründen, und indem er meinen Namen benutzt, wird er mich lächerlich machen. Seine Seelen werden keinen anderen als ihm ebenbürtig ansehen, wenn sie jedoch sein Geheimnis entdecken, wird ihre Illusion verschwinden. Wie lange noch sollte ich fortfahren, über Kal zu sprechen? Jemand, der ein Weiser[26] ist, wird es durch (die Anwendung seiner) Unterscheidungsfähigkeit verstehen.

Einer, der das Licht Meines Wissens in seiner Hand trägt, wird den Boten des Todes erkennen. Indem sie die von Kal geschaffenen Freuden aufgibt, wird eine solche Seele eilen, ihre Arbeit zu tun. Nur ein Erkennender wird die (rechte) Lebensweise und Unterscheidung verstehen. Jene, die Meinem Wort Aufmerksamkeit schenken, werden die Hülse beiseite lassen und nur die Essenz nehmen.

---

[24] Grenzenloser Klang: die Himmelsmusik, das Heilige Wort, die zur Heimat der Seelen führen. Das Vorgehen dieser Boten Kals besteht also darin, einige innere Tatsachen zu offenbaren, noch höhere Kräfte jedoch zu leugnen.

[25] idV: „„When the soul of Sohang leaves the body ...`` = *Sohang* bedeutet "Ich und der Vater sind Eins" und bezeichnet die Seele, die nicht von Kausal-, Astral- und Erdkörper umkleidet ist; bezieht sich auf eine Ebene, in die der astrale *Jhang*-Ton nicht reicht.

[26] idV: ein *Gyani*.

O Dharam Das, begreife die Wege der Täuschung der Kinder Kals. Ich werde den Seelen ein Siegel gegen, so daß Kal sie nicht aufhalten kann. O Dharam Das, die Seelen erkennen nicht die Zeichen Kals, weil sie unter der Herrschaft des Unwissens sind. Aber solange man sich den Inkarnationen verbunden hält, wird Kal arm bleiben[27]. Jene, die nutzlos dahinreden und sich an Kal erinnern, werden Naam aufgeben und Kal wird sich in ihnen manifestieren. Wenn die Wurzel[28] die Inkarnationen angreift, werden diese (solche) Seelen (wie gerade beschrieben), der Täuschung zum Opfer fallen und die Wahrheit aufgeben. Kal wird kommen, um die Inkarnationen zu zerstören, und er wird die Seelen Kals in materiellen Täuschungen binden. Die Inkarnationen werden jedoch durch meine Mittel erweckt und werden die Tätigkeit der Wurzel stoppen.

Der Sohn von Nad wird davon nicht betroffen und er wird mein Wort fest annehmen. Durch die Unterstützung des Heiligen Wortes wird er eine glänzende Lebensweise ebenso wie (glänzendes) Wissen, Verstehen und (ebensolche) Eigenschaften haben. Der ungerechte Kal wird ihn nicht verschlingen. Wisse dies als wahr, o Bruder!

Beschreibung des Boten Vijay

Nun höre von den Eigenschaften von Vijay, die ich dir eine nach der anderen erkläre. Er wird in Bundelkhand geboren, und er wird den Namen Gyani tragen. Er wird ein Ras[29] abhalten und die Flöte spielen, und so wird er die Seelen in Sakhi Bhav festigen. Er wird viele weibliche Begleiterinnen bei sich halten und wird sich als zweiten Krishna bezeichnen. Er wird die Seelen täuschen, denn wie können sie ihn ohne (das spirituelle) Wissen erkennen?

Er wird sagen, daß vor den Augen der Schatten des Gemüts sei und über der Nase der Himmel[30]. Die Seelen werden der nebligen

---

[27] vgl. Fußnote 20.

[28] Wurzel: bezieht sich wohl auf den hier beschriebenen Boten Kals selbst, auf Jay.

[29] *Ras, Sakhi Bhav*: unklare Begriffe (der dt. Hrsg. ist für Hinweise dankbar).

[30] hier handelt es sich um eine Verzerrung der Lichtmeditation, wie sie von kompetenten Meistern gezeigt wird; ein Hinweis darauf, daß auch die „Negative Kraft" durchaus

Täuschung Kals zum Opfer fallen, eines Malers, der schwarze und weiße Farben (in den „inneren" Meditationserfahrungen) benutzt. Ständig wird er[31] sich unruhig hin und her bewegen und wird nicht still stehen. Sie (die Seelen) werden versuchen, das auch mit den äußeren Augen zu sehen.

Kal wird den Schatten des Gemüts zeigen und er wird diesen Schatten das Hilfsmittel zur Befreiung nennen. Er wird die Seelen das wahre Naam beiseite lassen machen, so daß die Seelen in den Schlund Kals gehen.

O Dharam Das, ich habe dir erklärt, was Kal tun wird. Alle vier Boten schaffen tiefe Illusion, und auf diese Weise werden sie die Seelen stehlen.

Schutz vor Kal

Ich werde ganz sicher das Licht des Wissens entzünden, so daß Kal die Seelen nicht verdirbt – genauso wie ich Indra Mati gewarnt hatte, die auf der Hut blieb, so daß Kal sie nicht bekam.

Ansprache über die Zukunft

O Bruder, ich erkläre dir, was in der Zukunft geschehen wird. Solange du im Körper bleibst, wird sich Kal nicht (in Form der Boten) manifestieren. Wenn du deine Aufmerksamkeit zurückziehst[1], wird er sein nutzloses Gerede beginnen, und wenn du den Körper verläßt, dann wird Kal kommen.

Er wird deine Familie auseinanderbrechen, und vermittels seiner Täuschung wird Kal sie zufrieden stellen. In der Familie wird es viele Steuerleute geben. Die Essenz des Nektars wird das Gift

---

„innere" und vermeintlich höhere Erfahrungen offenbaren kann; da der Normalsterbliche keine spirituelle Unterscheidungsfähigkeit auf den inneren Ebenen besitzt, bedarf er um so mehr eines wahren Gottesboten.

[31] nach Ansicht des dt. Hrsg. ist mit „er" der Schatten des Gemüts („Schatten vor den Augen") gemeint, wie es auch die folgenden Zeilen nahelegen.

[1] gemeint ist, wenn Dharam Das beginnt, endgültig nach innnen zu gehen und dann schließlich körperlich stirbt.

schmecken. Indem er Mool und Bindh[2] benutzt, wird er die Familie verschmutzen. Die Familie wird sich einer großen Täuschung gegenübersehen, wenn Hang Doot sich der Familie anschließt und mit ihr lebt. Während Hang stärker wird, wird er die Familie dazu veranlassen, untereinander zu streiten. Aufgrund ihres Natur werden sie Hang nicht verlassen, und er wird sie immer wieder stören. Er wird seine eigene Essenz töten – und danach wird der Streit noch mehr anwachsen. Kal wird nicht in der Lage sein, die Auseinandersetzungen (weiterhin) anzusehen, und so wird er einen Weg finden, um aus der Familie heraus zu gelangen. Deine Familie (bzw. einige! Familienmitglieder) wird über viele Erfahrungen sprechen und den Sohn des Wortes[3] kritisieren.

Jene, die Steuerleute werden, werden ichsüchtig. Aufgrund ihrer Ichsucht, werden sie den Herrn nicht erkennen und werden viele Menschen fehlleiten. Deshalb erkläre ich dir (alles so genau), damit du deine Familie warnst. Sie sollten dem Sohn des Wortes, der sich manifestieren wird, liebevoll begegnen. O Dharam Das, du bist mein Sohn des Wortes. Begreife, daß das Gemüt (Gefühle und Verstand) (Agenten) von Kal sind. Selbst (Sogar) wenn Mein (eigener) Sohn Kamal Tote zum Leben erweckt (erwecken würde), ist (wäre) der Bote (von Kal) noch in ihm. Er versteht Mich als seinen Vater und ist (dennoch) ichsüchtig. Deshalb habe ich dich bevollmächtigt (als spirituellen Nachfolger). Ich bin der Freund von Liebe und Hingabe. Ich möchte keine Pferde und Elefanten!

Jene Seelen, die mich mit Liebe und Hingabe annehmen, werden in Meinem Herzen wohnen. Wenn mich Ichsucht erfreuen würde, hätte ich Quazis und Pandits[4] (zur Initiation) bevollmächtigt. Ich sah (jedoch), daß du demütig wurdest, meine Zuflucht gesucht

---

[2] *Mool*: Beziehung zum Wurzelchakra und Ganesha, *Bindh*: Beziehung zum Sakralchakra und Brahma; gemeint ist wohl, daß die Verstrickung in Kräfte dieser Chakren einen spiritueller Rückfall darstellt.
[3] idV: „the Son of *Nad*" = den Sohn des Heiligen Wortes, also der jeweilige Meister.
[4] *Quazis*: islamische (dogmatische) Schriftgelehrte; *Pandits*: hinduistische (dogmatische) Schriftgelehrte.

hast, und von Liebe regiert wurdest. Deshalb, o Dharam Das, habe ich dich gelehrt und bevollmächtigt. Gib diese Lehren dem Sohn des Wortes (weiter), so daß dieser Pfad strahlt. In der Familie ist eine Menge Ichsucht: „Wir sind die Söhne von Dharam Das´ Familie." Wo das Ich ist, bin ich nicht. Dharam Das, verstehe das in deinem Geist als Wahrheit: Wo Ichsucht herrscht, ist Kals Gestalt, und solche Seelen werden nicht in die schöne Heimstatt der Seelen gehen.

Dharam Das sagte: O Herr, ich bin in deiner Herrschaft – (ich bin) dein Diener – und ich werde deine Anordnungen nicht beiseite lassen. O Swami, ich werde den Sohn des Wortes zum Nachfolger machen, aber meine Familie sollte auch erlöst werden, All-Bewußter Einer!

Kabir sprach: O Dharam Das, deine Familie wird befreit. Beseitige diesen Zweifel! Höre, o Dharam Das! Wie werden jene, welche die Hingabe an Naam fest annehmen, nicht befreit? Ich werde sie alle erlösen, falls sie entsprechend Meiner Weise leben. Falls sie Mein Wort annehmen, werde ich die zweiundvierzig befreien. Jene, die Mein Wort annehmen werden, werden die geliebte Familie sein, weil man ohne Mein Wort (das Meer des Lebens) nicht überqueren kann.

Dharam Das sagte: Zweiundvierzig Inkarnationen sind Deine Essenzen. Indem Du sie befreist, welche große Tat vollbringst Du damit! O Herr, falls Du die Essenzen dieser Inkarnationen erlöst, dann ist Herrlichkeit in Deiner Ankunft in der Welt.

Kabir sprach: Die zweiundvierzig Inkarnationen deiner Essenz habe ich mit Einem Meiner Worte befreit. Aus den niederen (weniger beglückten) Familien, wird keiner befreit, ohne das Siegel zu erhalten. Wenn man sich mit dem Samen vereint, wird das „Familie" genannt, und (aber) das wird ohne das Heilige Wort nicht fruchtbar werden[5]. Der Kompetente Eine hat Seine Unterstützung den zwei-

---

[5] eine besonders unklare Passage; dem dt. Hrsg. scheint, daß es hier und im Folgenden um subtile Unterscheidungen im spirituellen Rang von künftigen Meistern und deren Schülern

undvierzig Inkarnationen gegeben. Für beide, die Inkarnationen und die Essenzen, ist das Heilige Wort dasselbe. Die Inkarnationen sind größer und die Essenzen sind niedriger. Durch Mein Wort, wird die Höchste Essenz erwachen, und die niederen Inkarnationen werden ihm folgen. Sie werden den Pfad (des Heiliges Wortes) begründen, und den vergessenen Seelen den Weg zeigen. Sie werden den Pfad des Fleisch gewordenen Wortes[6] begründen, und Chudamani wird die Seelen befreien.

O Dharam Das, deine Familie wird unwissend, und wird die Zeichen der Essenzen nicht erkennen. O Bruder, ich sage dir alles, was in der Zukunft geschehen wird. Du wirst einen Samen in deiner sechsten Generation haben, und sogar dieser Samen wird die Inkarnationen vergessen. Dein Samen wird so unwissend, daß er den Pfad von Taksari annehmen wird. Sie (alle im Geschlecht deiner Nachkommen) werden dem Pfad von Taksari folgen. Sie werden das Chauka-Ritual auf eine Weise ausführen, daß viele Seelen in den Kreislauf (der Wiedergeburt) der 8,4 Millionen Geburten gehen werden. Sie werden ein großes Maß an Ichsucht haben und mit dem Sohn des Wortes kämpfen. Deine Familie wird üblen Sinnes und das Inkarnierte Wort wird sie stoppen.

Dharam Das sagte: Nun sind meine Zweifel angewachsen. O Herr, sprich deutliche Worte zu mir. Zuerst hast Du dies gesagt: „Ich habe zweiundvierzig unter meinem Schutz behalten." Nun sagst Du, daß sie unter die Herrschaft Kals gelangen! Wie kann beides (zugleich) geschehen?

---

geht, und auf welche Weise sie Befreiung erlangen – allerdings ist der Text in sich widersprüchlich (einmal werden die Inkarnationen als höher bezeichnet, ein anderes Mal ist die „Höchste Essenz" höher als diese), was auf die englische Übertragung der indischen Vorlage(n) zurückgehen kann oder auf diese. Perkins meint dazu u.a., daß eine Unterscheidung zwischen Meisterseelen gemacht werde, die bereits vollkommen in die Welt kommen und solchen, die „erst" durch ihre Meditationshingabe und die Gnade ihres Meisters vollkommen erleuchtet würden; in beiden Fällen jedoch nehmen sie immer einen lebenden Meister an (vgl. Jesus, der darauf bestand, von Johannes getauft zu werden).
[6] idV: „establish the path of *Nad* and *Bind*".

Der Lobpreis der Inkarnation von Nad

Dharam Das, paß auf! Ich erkläre dir, was es über das Inkarnierte Wort zu sagen gibt. Immer, wenn Kal einen plötzlichen Überfall macht, komme ich, um dort zu helfen. Dann werde ich in der Seele von Nad[7] manifestieren, und indem ich die Illusion zerbreche, werde ich die Welt fest in der Hingabe (an Gott) machen. Der Sohn des Wortes ist Meine Essenz und durch Ihn wird der Pfad (des Heiligen Wortes) verherrlicht.

Das Inkarnierte Wort wird bewußt sein, aber dein Same (Nachkomme) wird keine Liebe für ihn haben. Das Inkarnierte Wort wird durch den Heiligen Geist[8] erweckt, und wird den Hinterhalt von Kal beenden. Dein Same wird Ihm nicht glauben, und wird nicht mit dem Heiligen Geist eins werden. Der Sohn des Wortes hegt Sehnsucht nach dem Heiligen Wort, während dein Same (es) vergessen wird.

O Dharam Das, das kannst du prüfen: durch den Samen wird das Heilige Wort nicht offenbart[9]. Schau in die Geschichte der vier Zeitalter: der Pfad ist immer (nur) durch den heiligen Geist begründet worden. Gleich, ob man ohne (gute) Eigenschaften oder voll von ihnen ist: ohne das Heilige Wort kann man nicht auf den Pfad (der Heimkehr der Seele) kommen.

O Dharam Das, du bist mein Sohn des Wortes. Deshalb habe ich dir das Seil der Befreiung gegeben. Auf diese Weise werde ich die zweiundvierzig befreien. Immer, wenn sie hinfallen, werde ich sie retten. Wenn Kal den Samen (Familien-Nachkommen) ansieht, der das Wort des Heiligen Geistes nicht annimmt, wird er ihn ergreifen. Die Inkarnierten, die an den Heiligen Geist glauben, werden selbst befreit und werden viele anderen Seelen (ebenfalls) befreien. O Bruder, wo ist der Heilige Geist? Wo ist der Nachkomme? Ohne Hingabe an Naam kann man nicht nach Sat Lok gehen.

---

[7] *Nad*: zuvor auch als „Sohn des Wortes" benannt.

[8] idV: *Shabda*.

[9] Blutsabstammung bzw. Zugehörigkeit zur leiblichen Familie eines Gottesboten bedeutet also nicht automatisch Erlösung, weil die Willensfreiheit des Einzelnen, der sich ja bewußt für eine Verbindung mit dem Wort durch die Gnade eines Gottesboten entscheiden muß, höher steht als die weltliche Verwandtschaft.

Die Bedeutung des spirituellen Lehrers

Man sollte keinen als größer ansehen als den (wahren) Meister, und man sollte verstehen, daß der Meister der Höchste von Allen (Menschen) ist. Man sollte seinen Meister als den besten betrachten, und man sollte verstehen, daß die Lehren des (wahren) Meisters wahr sind.

Dein Nachkomme wird so (dagegen) kämpfen: ohne den Meister will er das Meer der Welt überqueren. Ohne Guru will er die Welt belehren! Er selbst wird ertränkt, und er wird andere dazu bringen, (auch) zu ertrinken.

Ohne Guru gibt es keine Befreiung: Jene, die den Meister annehmen, überqueren das Meer. Mit Macht[10] will er eine Verbindung zu den Inkarnationen aufnehmen, und so wird Kal ihn verschlingen. Wenn die Welt in (verwandtschaftlichen) Beziehungen und Familien(banden) stecken bleibt, dann können (sogar auch) die Inkarnationen (zeitweise) getäuscht werden. Dann wird Kal kommen und die Seelen verschlingen, und sie in viele verschiedene Körperformen verstricken und so wieder zurück in die Welt bringen. Dann wird Mein Sohn des Wortes kommen und (die Seelen) rufen: wenn er Ihn sieht, wird Kal sofort weglaufen.

Deshalb, Dharam Das, warne ich dich: ich habe dir auf vielerlei Weise vom Inkarnierten Wort berichtet. Jene, die aus den Täuschungen von Kal entfliehen wollen, sollten ihre Liebe für die Inkarnationen des Heiligen Wortes aufrecht erhalten.

Der Nachkomme[11], der die Stütze der Inkarnation des Wortes verläßt, wird von Kal gefangen. Der Bote (Kals) wird viele Fallen aufstellen, von denen die Seelen, wenn sie sie sehen, angezogen werden. Jene, die in ihrem Herzen keine Liebe für das Fleisch gewor-

---

[10] mit Macht ...: ähnlich, wie Kal versucht hat, dem Gottesboten das Geheimnis der Initiation und der Gottesnamen (Simran) zu entlocken, versuchen manche Menschen, die spirituellen Gaben des Meisters diesem zu entwinden, ohne den geistigen Weg wirklich beschreiten zu wollen und vor allem, ohne ihr Ich aufzugeben und die Führung durch einen kompetenten Meister anzunehmen; das führt zu nichts bzw. ins Verderben, sagt Kabir.
[11] idV: "the Seed", also der Same.

dene Wort tragen, werden in den Schlund Kals gehen. Deshalb habe ich dir alles erklärt und habe dich gewarnt.

Die Seelen, welche die Essenz des Wortes kennen, und jene, welche die Zeichen des Inkarnierten Wortes erkennen, jene, welche den wahren Heiligen Geist erkennen: solche kann der Todesengel nicht aufhalten!
Dharam Das, dies erkläre ich dir. Nimm meine Worte an und höre aufmerksam zu: Gehe (hinaus) und berichte den Seelen, daß das Inkarnierte Wort gekommen ist, um die Welt zu befreien. Sie sollten das Fleisch gewordene Wort nicht verlassen – welches der Sohn des Wortes ist – und sie sollten für den (Gottes-)Sohn immer Liebe haben.
Sie sollten bei Streit in der Familie und unter Freunden und Bekannten nicht Partei ergreifen. Wenn sie (doch) Partei ergreifen, werden sie in Leiden fallen. Auf vielerlei Weise habe ich dich gewarnt. Einer, der achtsam ist, wird nicht leiden. Auf diese Weise wird dein Nachkomme mit dem Sohn gehen[12], und die Boten Kals werden in ihrem Herzen bereuen, wenn sie das sehen. So wird (auch) der Nachkomme glücklich werden (können). Die Boten werden nicht auf den Nachkommen einwirken (können), der mit dem Sohn und dem Inkarnierten Wort (verbunden) ist.

Dharam Das erhob sich und bat: O Herr, nun erkläre mir dies: Du hast von der Wichtigkeit des Sohnes so viel gesprochen, und du hast das Inkarnierte Wort unter Ihm erwähnt. O mein Herr, berichte mir den Grund, warum Du das Inkarnierte Wort geschaffen hast. Falls der Inkarnierte Sohn die Welt erwecken wird, wann wird dann das Inkarnierte Wort wirken[13]?

---

[12] d.h., wenn sich Streit erhebt – vor allem darüber, wer der wahre Meister, der „Sohn des Wortes" ist – dann kann auch der Nachkomme Dharam Das' trotz der vorherigen eher negativen Zukunftsprognosen Kabirs doch auch errettet werden, wenn und solange er sich nicht in den Streit hineinziehen läßt.

[13] dem Sinn nach sind der „Sohn" und das „Fleisch gewordene Wort", sind der „Heilige Geist" und das „Heilige Wort" (bzw. Naam, Shabd, etc.) das Gleiche; es bedarf nach

Als er diese Worte hörte, lachte der Sat Guru und Er erklärte Dharam Das eingehend: Da Gargin den Sohn und das Wort nicht annahm, deshalb habe ich den Samen geschaffen. „Der „Same" ist ein Name und wird „Same" (Nachkomme) genannt, nachdem er der Essenz begegnet ist. Das Inkarnierte Wort ist die Essenz Gottes. Wenn sie Seine Wohnstatt erreicht, wird die Seele von dieser Welt frei. (Nur) Wenn sowohl der (rein geistige und/oder Fleisch gewordene) Sohn wie der Same (geschlechtlich gezeugter Nachkomme) zusammenkommen, nur dann wird Kals Schlund verschlossen bleiben.

Wie ich dir zuvor berichtet habe, werden Sohn und Nachkomme zusammenkommen. Denn ohne den Sohn, kann sich der Nachkomme nicht (spirituell) entwickeln, aber (auch) ohne den Nachkommen kann der Sohn (andere Seelen) befreien. O Bruder, im Eisernen Zeitalter ist Kal sehr schwierig: in der Form der Ichsucht wird er jeden verschlingen. Die Vereinigung mit dem Sohn wird (erst dann) geschehen, nachdem man die Ichsucht aufgegeben hat, während der (weltlich geborene und lebende) Nachkomme voller Ichsucht ist. Deshalb hat Gott diesen Anker geschaffen, und den Sohn und den Nachkommen als zwei verschiedene Formen gemacht.

Jene, die sich an die Gestalt der Wahrheit erinnern und die Ichsucht aufgeben, diese werden zu Schwänen. O Bruder, gleich ob man der Sohn oder der Nachkomme ist: die Eigenschaft der Ichsucht ist für keinen gut. Jene, die Ichsucht haben, sie werden im Meer der Welt ertränkt und in den Fallstricken Kals vollständig verstrickt. Wenn die Eigenschaft der Ichsucht sogar in den Inkarnationen (den zur Seelenrettung beauftragten Gottesboten) auf-

---

diesen und anderen religiösen Lehren eines menschliches „Gefäßes", durch welches der Heilige Geist anderen Menschen offenbart wird, damit die Seelen mit dem Heiligen Geist verbunden werden (vgl. Taufe im Christentum) und so den Rückweg in ihre Heimat, zu Gott, antreten können. Die ganze Textpassage ist, wie auch Perkins anmerkt, sehr dicht und auch nicht ganz „logisch" – was an den vielleicht unklaren Quellen bzw. ihrer unverständigen Überlieferung oder mangelhaften Übertragung liegen kann – oder einfach daran, daß bestimmte spirituelle Zusammenhänge in einer begrenzten Sprache nie ganz vollständig und klar ausgedrückt werden können.

kommt, werden die Unterschiede zwischen dem Sohn und dem Nachkommen geschaffen werden. Falls den Inkarnationen Gegnerschaft erwächst, wird jeder, weil er von Kal beherrscht wird, dessen Pfad folgen.

Dharam Das sagte: Herr, höre meine Bitte: Mit Deiner Gnade werden die Seelen befreit. Du hast mich die Form des Sohnes und die des Nachkommen verstehen gemacht, und Du hast mir das Geheimnis ihrer Befreiung berichtet. Alle Seelen gehen nach Sat Lok. Was wird dann (mein Sohn) Narayan tun? Da er in der Welt mein „Sohn" genannt wird, deshalb kommt diese Sorge in meinen Geist. Alle Seelen werden das Meer der Welt überqueren, aber (nur) Narayan wird in den Schlund von Kal fallen? Das ist keine gute Sache. Höre auf meine Bitte, o Spender, Meer der Seligkeit! O Swami, befreie ihn! Das ist meine Bitte, o All-Bewußter Einer.

Kabir sprach: O Dharam Das, wieder und wieder habe ich dir gesagt, aber in deinem Herzen glaubst du es nicht: Falls die vierzehn Todesboten[14] nach Sat Lok gehen, sage mir, wer wird (dann) die Seelen fangen? Nun habe ich deinen Verstand erkannt: Obwohl du weißt, bist du zu jemandem geworden, der nichts weiß. Du hast (jetzt) begonnen, die Anordnungen Gottes auszuradieren[15]. Wenn man das Wissen vergißt, dann erwachen Verstrickung und Täuschung. Wenn die Dunkelheit der Bindung das Herz beherrscht, vergißt man das Wissen und verläßt seine Arbeit. Ohne Vertrauen kann keine Hingabe erfolgen, und ohne Hingabe kann keine Seele (das Meer der Welt) überqueren. Du bist wieder in der Falle Kals gefangen worden. Deshalb ist die Bindung an deinen Sohn in deinem Herzen erwacht. Obwohl du so deutlich gesehen hast, daß Narayan unter der Herrschaft Kals ist, bist du doch so stur gewor-

---

[14] idV: *Yamas,* die Todesengel oder Boten Kals, welche die Seele beim Tode abholen und gemäß deren (ohne die Verbindung mit dem Heiligen Wort unvermeidlichen) karmischen Verwicklungen (nach einer gewissen Zeit in „Himmel, Höllen oder Geisterwelten") in immer wieder neue irdische Körper in der Welt inkarnieren machen.

[15] Diese weitere Aussage Kabirs macht übrigens deutlich, daß natürlich auch das Wirken Kals und seiner Boten Teil des (durchaus unverständlichen) Willens Gottes sein muß.

den und hast noch nicht einmal ein (einziges) meiner Worte verstanden.

O Dharam Das, was du mir gerade gesagt hast – darüber hast du in deinem Herzen nicht nachgedacht. Du glaubst mir nicht. Habe Vertrauen in den Meister, warum setzt du Vertrauen in die Welt? Wenn man dem Meister begegnet, und (dann) alles Eigene aufgibt: ein solcher Seliger erklimmt die Stufen der Wahrheit.
Falls man Bindung ergreift, erwacht Illusion, und ein solch Unglücklicher gibt alle Hingabe und Wissen auf. Du bist die Essenz von Gott. Du bist in die Welt gekommen, um die Arbeit aufzunehmen, die Seelen zu erwecken. Falls du selber das Vertrauen in den Meister aufgibst und, während du die Dinge der Welt betrachtest, dich mit ihnen verstrickst, wo ist dann Raum für (die Arbeit für) die Seelen? Das zeigt deutlich, Dharam Das, daß deine Familie (die leiblichen Nachkommen) dasselbe machen werden. Sie werden immer im Feuer der Bindung (an die Welt) brennen und werden Streit in der Familie stiften.

Zu sagen, „Ohne den (leiblichen) Sohn kann der Name (des Geschlechts) nicht fortfahren zu bestehen," und, „Ohne die Frau kann es kein Heim geben," all dies sind, wie (auch der) Familienstolz), Listen von Kal. Dabei werden alle Mitglieder der Familie (die Spiritualität) vergessen, und werden nicht den Pfad des wahren Naams erlangen.
Wenn sie auf andere schauen, werden die Seelen in diesen Dingen gefangen – und die Boten (Kals) werden das gerne sehen. Dann werden die Boten mächtig, und sie ergreifen die Seelen und schicken sie in die Hölle. Wenn die Seelen im Fallstrick Kals gefangen sind, werden sie sich in Lust, Bindung, Habgier und Ichsucht vergessen. Sie werden (dann) kein Vertrauen in den Guru haben, und wenn sie vom wahren Naam hören, werden sie brennen.

Höre auf die Zeichen derer, die Sat Naam in sich haben: Sie werden von Kal nicht beeinträchtigt, und werden nicht Lust, Zorn, Ichsucht und Habgier in sich tragen. Sie geben Bindungen und Verlangen auf, sie werden immer das Wort des Sat Gurus in ihrem Herzen bewahren. Wie die (sprichwörtliche) Schlange den Edelstein auf ihrem Kopf trägt, so sollte der Schüler die Anweisungen des Meisters immer auf seinem Kopf tragen. Indem er „Sohn" und „Frau" vergißt und Sinnesfreuden aufgibt, wird die Seele, welche die Füße Gottes berührt, zum Schwan.

O Dharam Das, nur ein tapferer Mensch kann beständig den friedensspendenden Worten des Meisters folgen. Solch eine Seele geht nach Sat Lok und für sie ist Befreiung nicht weit. Indem du die Schwierigkeiten von Karma und Illusionen aufgibst, liebe die Füße des Meisters. Habe festes Vertrauen in das Heilige Wort des Gottesdieners[16], und begreife, daß der Körper (nur) Asche ist.

Als er diese Worte hörte, schämte sich Dharam Das und in seinem Geist bereute er umfassend. Er kam gelaufen und fiel dem Sat Guru zu Füßen und sagte: O Herr, hilf mir, ich bin der Unwissende! O Swami, vergib meinen Fehler! Erhöre diese Bitte, All-Bewußter. Ich bin der Unwissende, der Deine Worte nicht beachtet hat, und (Dir) wieder und wieder Bitten vorgelegt hat. Nun komme ich zu Deinen Füßen und bringe diese Bitte vor: Wenn das Kind vor dem Vater eigensinnig wird, kümmert sich dieser nicht um „gut" oder „schlecht". Dein Naam ist der Befreier der Sünder, also übersieh bitte meine schlechten Eigenschaften.

Kabir sprach: O Dharam Das, du bist die Essenz von Gott: Gib Narayan und Familie(nangelegenheiten) auf. Gebrauche das Heilige Wort, schau in dein Herz, o Dharam Das! Es gibt zwischen dir und mir keinen Unterschied[17]! Du bist in diese Welt hineingekommen der Seelen wegen, und du wirst den (spirituellen) Pfad im Meer der Welt begründen.

Dharam Das sagte: O Herr, Du bist der Spender des Meeres der Seligkeit! Du hast mich zu einem Diener und einem wahren Schüler

---

[16] idV: "firm faith in the *Shabda* of the *Gurmukh*".
[17] Perkins merkt an, daß diese Aussage jedem Menschen Hoffnung gibt.

gemacht. Kal hatte meinen Verstand weggenommen, bis ich Dich erkannt habe! Da Du mich Dein Eigen gemacht hast, habe ich festes Wissen erlangt. Indem ich Deine Füße fest ergreife, sage ich, daß die Welt jetzt nicht (mehr) in mir ist. Falls ich nach irgend etwas anderem verlange – und Dich aufgebe – dann möge ich in der Hölle leben!

Der Sat Guru sprach: Dharam Das, du bist der Gesegnete, der mich erkennt, der du, indem du meinen Worten gehorchst, deinen Sohn aufgibst. Wenn der Spiegel des Herzens des Schülers blank poliert ist, erst dann kann man die (innere strahlende) Gestalt des Meisters sehen. Nur wenn der Schüler die (Licht)Gestalt des Meisters in seinem Herzen bewahrt, zerstört er alle Zweige von Kal. Solange man listiges Verlangen hat, wird ein solcher Diener den Herrn nicht sehen.

Wenn sich der Schüler den Füßen des Meisters widmet, mit einpunktiger Konzentration, wird er von Bindung befreit und Wissen erwacht. Wenn das Licht des Wissens ins Herz gelangt, zerstört Es alle Bindungen und Täuschungen. Wenn er dann wieder (nach den Erdenwanderungen) zum Sat Guru kommt, ist es, als ob sich der Tropfen selbst im Meer auflöst.

Kabir sagt: Wenn der Tropfen sich selbst im Meer verliert, dann sind alle Sorgen vorbei. O Dharam Das, das ist die Herrlichkeit der Füße des Meisters. Gib also Illusion und Stolz auf, nimm die Füße des Gurus an. Indem du (das) annimmst, wird alles Leiden enden. Ohne den Meister bleibt der Schüler traurig.

Nun sage ich dir etwas, das – wenn du es hörst – deine Zweifel vertreiben wird: Narayan wird dir nicht glauben. Er wird tun, was immer ihm in den Sinn kommt. Es gibt über diese Tatsache keinen Zweifel: das in der Welt sein (Narayans) Pfad auch existieren wird. Wenn er den Pfad betrachtet, den Unsere Essenz aufrecht erhalten wird, wird er den Streit vergrößern. Er wird unfähig sein, damit fertig zu werden, daß unser Pfad so weit verbreitet wird – also wird er seinen Pfad als größer als den unseren bezeichnen.

Mit vollständiger Ichsucht wird er seinen Pfad aufrecht erhalten, und er wird alle anderen (Pfade) als minderwertig ansehen. Er wird in der Gegenwart von Weisen und Heiligen ichsüchtig sein, und er wird an die Söhne des Wortes nicht glauben. Solange er sich so verhält, wird er den Pfad der Wahrheit nicht erhalten.

Das Inkarnierte Wort und das Heilige Wort sind die Steuerleute – er (Narayan) wird erst dann befreit, wenn er Ihnen begegnet, und Ichsucht und Ruhmsucht aufgibt. Wenn er das wahre Reine Wort in seinem Herzen hat, wenn er das Inkarnierte Wort als Essenz benennen wird – nur dann, Dharam Das, wird er von mir gemocht (und angenommen).

Nur der, der seine Kaste aufgibt und keine Bindung zuläßt, wird die Essenz des Inkarnierten Wortes genannt. Einer, der den Zustand seiner Familie vergißt, wird ganz sicher die Essenz der Inkarnationen genannt werden. Dann werde ich ihn befreien. Ich sage dir diese Wahrheit, und sie ist nicht falsch. O Dharam Das, hege dieses Vertrauen in deinem Herzen, da ich kein Wort gesprochen habe, dem man nicht vertrauen kann.

Ohne Vertrauen wird die Seele (das Meer) nicht überqueren, und ohne Vertrauen in den Meister zu haben, wird die Seele Kal annehmen. O Bruder, es gibt keinen Gebenden wie den Meister. Deshalb solltest du dein Herz zu Füßen des Meisters aufgehen lassen. Es gibt keinen anderen Gebenden in der Welt. Begreife den Meister als den Spender der Befreiung. Indem er einen von seinen niederen Lebensweisen frei macht, erklärt der Meister das (spirituelle) Wissen. Indem er die Seele in der Hingabe (an das Heilige Wort) festigt, bringt Er sie in den Schoß von Naam.

Jemand, der keinen Unterschied sieht zwischen dem Meister und Gott, erlangt vollkommene Erkenntnis, und für einen solchen enden die Leiden von (durch) Kal. O Dharam Das, sieh die Eigenschaften des Sat Gurus: wie fest Er glaubt und Vertrauen hat.

Betrachte (im Vergleich) den Menschen, der sich mit Riten und Ritualen beschäftigt – wie fest er in seinem Glauben fortfährt. Er schafft den Lehm selber herbei, und fertigt selbst das Idol des Schöpfers. Er entbietet ihm Gaben von Reis und Blumen. Mit Liebe und Vertrauen meditiert er über es (das Idol) mit seinem Geist. Dann versteht er es als den Schöpfer, betet es an und läßt seinen Glauben nicht zerbrechen. Da in dieser (Selbst)Täuschung (echte) Liebe existiert, wird dem Menschen diese (eigene) Liebe lebendig.

Solche Seelen, welche Liebe zum Meister hegen wie dieser Mensch für sein Idol hat, sind unbezahlbar, und sie werden zum Geliebten Schwan des Herrn. Schau auf die Liebe dieser Idol-Anbeter – wie fest sie in Täuschung verstrickt sind. Ich selber habe dir das Naam des Guru gesagt, und habe dir berichtet, daß es keinen Unterschied zwischen dem Guru und Gott gibt.

So werden die (solche) Seelen (wie die der Idolanbeter) unter der Herrschaft Kals bleiben, und sie werden kein Vertrauen in den Meister haben. Wenn man kein Vertrauen in die (menschliche) Gestalt des Meisters hat, und (stattdessen) über die Leere meditiert, wird man sich nur selbst täuschen. Jene, die fest auf den Meister bauen, deren Befreiung kann nicht verzögert werden.

Jene, die ein solch festes Vertrauen haben, daß sie den Meister nicht verlassen oder ihr Bewußtsein woanders hin wenden – eine solche Lebensweise der Seele ist kostbar, und eine solche Seele färbt ihren Körper in der Farbe der Liebe. Begreife in voller Liebe, daß das Wort des Meisters der Nektar ist, der – wenn man ihn trinkt – den schlechten (begrenzten) Verstand auflöst. O Dharam Das, wenn du all das in deinem Herzen bedenkst, sei fest in deinem Vertrauen in den Meister.

Liebe Ihn auf diese Weise beständig, mit festen Vertrauen in die Füße des Meisters. Indem du das Licht des Wissens des Meisters im Herzen entzündest, beseitige die Dunkelheit der (weltlichen) Verstrickungen. Durch die strahlende Herrlichkeit des Staubes der Füße des Meisters, werden die Sünden sicher verschwinden. Es gibt keinen anderen Weg, um Befreiung zu erlangen, außer voller Ver-trauen mit dem Heiligen Geist zu verschmelzen.

Diese Welt ist sehr abgründig. Nimm das Naam mit Liebe und Entschiedenheit an. Durch die Gnade und Unterstützung des Meisters erhält man das (Heilige) Wort des Meisters als den Steuermann (der Seele).

Die Lebensweise des Lehrers und des Schülers

Dharam Das stellte diese Bitte: Du bist mein Herr und ich bin Dein Diener. Meister, vergib meine Irrtümer, aber sei so gnädig und berichte mir von der Lebensweise der Meister und der Schüler. Erkläre mir das.

Der Sat Guru sprach: O du, der du die Worte des Gurus einhältst: der Meister ist die Stütze in der (sichtbaren) Schöpfung und darüber hinaus. Kein Handeln kann ohne den Guru erfolgen[18]. Verstehe den Schüler als die Schale der Auster, und den Guru als den Keim der Perle, oder den Guru als den Stein der Weisen und den Schüler als Eisen (das in Gold verwandelt wird). Verstehe den Guru als den (kühlenden) Malay-Berg und den Schüler als Schlange (in Indiens Hitze) – der Körper (des Schülers) wird kühl, wenn er den Meister berührt.

Der Meister ist das Meer und der Schüler Seine Welle; der Meister ist das Licht und der Schüler die Motte. Betrachte den Schüler als den Mondvogel und den Meister als den Mond; die (geistigen) Füße des Meisters sind die Sonne und der Schüler ist der Lotos, der (ihr entgegen) blüht.

Falls der Schüler in dieser Art von Liebe entschlossen ist, und falls er den Darshan der Füße des Meisters in seinem Herzen bewahrt – wenn der Schüler sich (also) auf diese Weise des Meisters erinnert, dann betrachte einen solchen Schüler als dem Meister gleich. Denke an den Unterschied zwischen irgendeinem Guru[19] und ir-

---

[18] gemeint ist: ohne die Hilfe des Meisters kann es kein karmafreies Handeln geben bzw. kein Leben, das die Seele in ihre Heimat führt.

[19] idV: „*guru*" kleingeschrieben, im Unterschied zum wahren „*Guru*"; die dt. Übertragung versucht das mit dem Zusatz „irgendein" wiederzugeben.

gendeinem anderen, wo doch die ganze Welt „Guru, Guru" ruft.
Jener ist der (wahre) Guru, Der den Heiligen Geist in den Seelen
offenbart, durch Dessen Kraft die Seelen in ihre Heimat gehen. In
einem solchen Guru ermangelt nichts. Der Pfad eines solchen Gurus und des Schülers ist derselbe.

Die ganze Welt ist in unterschiedlichen Gedanken, Handlungen
und Gefühlen verstrickt. Die Seele ist in die Schlinge der Illusion
gefallen und weiß nicht, wie sie in ihre wahre Heimat zurückkehrt.
Es gibt viele Gurus in der Welt und (auch) sie haben künstliche
Fallstricke gemacht. Ohne den Sat Guru wird die Täuschung nicht
beendet, daß der schreckliche Kal sehr mächtig ist.
Ich opfere mich selbst jenem Sat Guru, Der die unsterbliche Botschaft gibt. Wenn die Seelen Ihm begegnen, werden sie einzigartig[20] und begegnen Gott.

Tag und Nacht sollte man sein Bewußtsein auf den Meister richten,
und man sollte in sich selbst ruhen, wie es die Weisen und Heiligen
tun. Der Mensch, auf den der Sat Guru Gnade regnen läßt: dessen
Galgenstrick an Karma wird verbrennen. Falls man eine Anstrengung unternimmt und sein Bewußtsein zurückzieht (wirklich meditiert), macht der Sat Guru denjenigen Sat Lok erreichen. Der Sat
Guru zerschneidet den Fallstrick desjenigen, der – nachdem er den
Dienst[21] erweist – kein Verlangen (mehr) hat. Jemand, der sein Bewußtsein auf die Füße des Meisters gerichtet hält, geht zur Ebene
der Unsterblichkeit.
Gleich, ob man ein Yogi wird und Yoga übt – ohne den Meister
kann man das Meer der Welt nicht überqueren. Der Schüler, welcher den Anweisungen des Meisters folgt, wird mit der Gnade des
Meisters das Meer der Welt überqueren. Für die Seele, welche dem
Guru hingegeben ist, gibt es keinen Unterschied zwischen den

---

[20] einzigartig: gemeint ist wohl „reine Seele", ohne Ichsucht.
[21] idV: *Seva*; kann sich hier sowohl auf spirituelle Hingabe und Meditation beziehen, als
auch auf selbstlosen Dienst im Sinne eines Gottesboten.

Weisen und dem Meister[22]. Jemand, der keinen Unterschied sieht zwischen den Weisen und dem Guru: betrachte Ihn als den Wahren Guru.

Die weltlichen Menschen werden weder die Lebensweise des Gurus, noch des Schülers noch der Weisen verstehen. Begreife, daß solche (weltlichen Menschen) in der Falle Kals stecken; solche Boten (die die weltlichen Menschen in die Falle locken), sind die Essenz Kals. O Dharam Das, dies sind ihre Zeichen: Der Verlust der Seelen erfolgt ihretwegen.

Einer, der den Weg der Liebe des Meisters kennt, wird den Pfad des wahren Heiligen Wortes erkennen. Die Meister machen die Seelen fest in ihrer Hingabe an Gott, und indem sie die Seelen anleiten, das (innere) Hören und das (innere) Sehen zu praktizieren, machen sie die Seelen in ihre Heimat gehen[23]. Wenn man die eigene Klugheit und Narretei aufgibt, und falls man Sie (die Meister) aus ganzem Herzen liebt, dann wird man zweifellos die wahre Heimat erreichen. Nachdem man das Meer der Welt überquert hat, kommt man (dann) nicht (mehr) zurück.

Sat Naam ist der kostbare Nektar. Jemand, der diesen unwandelbaren Nektar erhält, und die Eigenschaften der Krähe aufgibt, wird die Eigenschaften des Schwans annehmen und sein Bewußtsein immer zu Füßen des Meisters halten. Es gibt eine Vielzahl anderer, schlechter Pfade, die er sich (noch) nicht (einmal) ins Bewußtsein ruft. Jemand, der immer Liebe für die Füße des Meisters hat, und für den guten Pfad, o Dharam Das: eine solche Seele wird nach Sat Lok gehen.

---

[22] Perkins meint, daß mit „Weise" frühere Meister gemeint seien; der dt. Hrsg. versteht hier eher, daß der Sat Guru alle Weisen in allen Religionen und Kulturen als Vorbild für suchende Menschen gelten läßt und bewußt sich zur Welt hin nicht als „höher" präsentiert, obwohl er als unmittelbarer Gottesbote „höher" ist.
[23] ein deutlicher Hinweis auf die Meditation mit dem geistigen Licht und dem geistigen Klang; weitere praktische Informationen über einen zeitgenössischen Lehrer, der das vermittelt, im Anhang unter „Licht- und Klangmeditation".

Gib die Fallstricke der Karmas und der Illusionen auf, liebe die Füße des Meisters. Begreife, daß dein Körper wie Asche ist, hab Vertrauen in die Worte des wahren Schülers Gottes[24].

---

[24] idV: „faith in the words of the *Gurumukh*".

Teil V: Epilog

Dharam Das wurde sehr glücklich in seinem Herzen. Tränen kamen aus seinem Herzen und überwältigt sprach er diese Worte: In meinem Herzen war Dunkelheit, die du mit dem Licht der Gnade beseitigt hast. *Dann faßte er sich und sagte:* „O Gott, wie könnte ich Dich preisen? Nun, Meister, höre auf meine Bitte: sage mir, wie ich unter den Seelen unterscheiden kann? Welche Seelen sollte ich initiieren? O kompetenter Einer, berichte mir das, indem du mir ihre Zeichen gibst."

Zeichen der Menschen, denen Naam[1] bestimmt ist

Der Sat Guru sprach: O Dharam Das, sorge dich nicht. Gib den Seelen die Botschaft der Befreiung. Jene, die du als demütig und hingebungsvoll (emp)findest: denen berichte über die Hingabe an die Befreiung (den Meditationsweg mit dem Heiligen Wort). Dharam Das, gib Naam-Initiation dem, der Barmherzigkeit, Mäßigkeit und Vergebung in sich hat.

Sprich zu ihm die Botschaft Gottes: Tag und Nacht fest in der Kontemplation des Wortes zu bleiben. Jemand, der nicht mit Gnade gesegnet wird, und der nicht an den Heiligen Geist glaubt, geht in die Richtung von Kal. Das wahre Wort wird nicht in dem wohnen, der eine unstete (innere) Schau hat. Wisse, daß der Bote selber in einem solchen Menschen wohnt, dessen Kinn hervorsteht[2]. Jene, die ein Muttermal in ihrem Auge haben: betrachte sie ganz sicher als eine Form von Kal. Solche, die einen kleinen Kopf und einen großen Körper haben: Hinterlist wird immer in ihren Herzen bleiben. Gib ihnen nicht das Siegel Gottes, weil solche Seelen dem Pfad Schaden[3] bringen.

---

[1] in diesem Erdenleben!

[2] dies und das Folgende bezieht sich lt. Perkins nicht auf den physischen, sondern auf den astralen, also den feinstofflichen Körper bzw. die Lichtgestalt eines Menschen; Perkins verweist auf Kirpal Singh, *Morning Talks*, S. 238, wo einige weitere Hinweise zu finden sind.

[3] idV wörtlich: „dem Pfad Verlust bringen".

Das Wissen über den Lotos-Körper[4]

Dharam Das sagte: O Herr, Du hast meine Geburt erfolgreich gemacht. Indem du mich vom Todesboten befreit hast, hast Du mich Dein eigen gemacht. Selbst wenn man tausend Zungen im Mund hätte, auch dann könnten Deine Eigenschaften nicht beschrieben werden. O Herr, ich bin sehr begünstigt. Wer sonst ist so begünstigt wie ich es bin? Nur jener Mensch, in dessen Herz Dein Naam wohnt, ist begünstigt.

Nun höre auf meine Bitte und berichte mir, wie dieser Körper beschrieben werden kann. Welcher Gott wohnt wo und welche Arbeit verrichtet er? Wieviele Venen gibt es, und wie viel Blut und Haare? Und auf welchen Wegen fließt der Atem? Herr, beschreibe mir die Eingeweide, die Galle und die Lungen. Herr, beschreibe mir, wo sich diese Dinge befinden, und gib mir ihre Zeichen. Wieviele Blütenblätter gibt es in jedem Lotos, und wieviele Atemzüge kommen und gehen Tag und Nacht?

Von wo strömt das Heilige Wort (Licht und Klang) aus, und berichte mir, wohin es geht und (wo/womit) es eins wird? Falls ein Mensch das schimmernde Licht erhält, o Herr, sage mir, wie man es (von anderen inneren Lichterscheinungen) unterscheiden kann. Den Darshan welchen Gottes hat er (dann, wenn er das schimmernde Licht sieht), und erkläre mir den (geistigen) Ort davon.

Der Sat Guru sprach: Dharam Das, höre nun vom Körper, der anders ist als das Heilige Wort Gottes. Im ersten Wurzel-Chakra ist ein vierblättriger Lotos, wo Ganesha lebt. Man nennt ihn den Spender der Eigenschaft des (weltlichen) Wissens, und man kann ihn erfahren, indem man sich dort versenkt und sechshundert Mantren spricht[5]. Über dem Wurzel-Chakra ist das Sakral-Chakra und dort hat der Lotos sechs Blütenblätter. Brahma, Savitri und die Götter herrschen dort, und sechstausend Klänge[6] ertönen dort. Im Nabel-

---

[4] Lotos-Körper = feinstofflicher Körper, Energien hinter den Körperfunktionen, Chakras.
[5] idV: 600 *Japas*; „spricht": nicht unbedingt als hörbares Sprechen gemeint.
[6] idV: *a-Japas*; innere Klänge oder Energien, die nicht wie Mantren gesprochen oder wie Musik gespielt werden, sondern aus der Energie höherer Ebenen kommen.

Chakra ist der achtblättrige Lotos; Vishnu und Lakshmi sind die hauptsächlichen (Götter), die dort wohnen. Wenn man dorthin gelangt, erhält man die Erfahrung von 6.000 Klängen, und diesen Ort erreicht man nur, wenn man den Pfad der Meister praktiziert. Darüber ist der zwölfblättrige Lotos, und in diesem Lotos wohnen Shiva und Parvati. Dort ertönen 6.000 Klänge – erfahre dies durch das Wissen des Meisters.

[Das (Alltags-) Ich lebt im Lotos mit sechzehn Blütenblättern, wo 1.000 Klänge ertönen. ... Die Seele hat ihren Ort am Platz zwischen den Augenbrauen[7], wo 1.000 Klänge ertönen. Dharam Das, Gott der Seelen, verstehe das.]

Über den zwei Blütenblättern ist der Ort der Leere, wo das Licht schimmert. Begreife, daß dieses (Licht) (eine Form von) Kal ist[8]. O Dharam Das, höre auf die Botschaft des Heilgen Geistes. Ich gebe dir die Lehren des Wissens vom Inneren. Höre erneut vom Körper, und setze dein Vertrauen nur in das Eine Naam.
Der Körper wird von Blut geschaffen. Millionen von Haaren haben die Erde des Körpers geschmückt. Es gibt zweiundsiebzig Hauptvenen, aber nur eine ist die Einzigartige, durch die man – wenn man in sie eingeht – die Gestalt der Wahrheit erhält[9]. Wenn das Heilige Wort manifestiert ist, offenbaren sich die Eigenschaften des Lotos (des „3. Auges"). Wenn das Heilige Wort strömt, tritt man in die Leere ein und verschmilzt damit.

---

[7] Perkins merkt an, daß die indische Vorlage für die englische Fassung an dieser Stelle unvollständig ist. Offensichtlich sind das fünfte Chakra (dem Kehlkopfzentrum) mit sechzehn Blütenblättern, also der Sitz des „Gemüts" oder der „Ich-Bewußtheit", mit dem Sitz der Seele am sechsten Chakra (dem Augenbrauenzentrum) mit zwei Blütenblättern irrtümlich und fälschlich zusammengezogen worden!

[8] am sogenannten 3. Auge befindet sich die „Verknüpfung" von Selbst und Ich, von Geist und Verstand, von göttlich geschaffener Seele und weltlich verstricktem Gemüt. Auch ohne Initiation kann man dort (bzw. darüber) ein gewisses Licht „schimmern" sehen, quasi als Spiegelung (aus) der Astralebene. Dieses „ungepolte" Licht führt die Seele jedoch nicht in die Heimat; das kann nur Licht eines Gottesboten, das von Liebe und Hingabe erfüllt ist.

[9] gemeint ist eine nicht-körperliche „Vene", durch welche das zuvor von der Welt und auch vom Körper abgezogene und geistig gesammelte Bewußtseins der Seele nach Innen, in die spirituellen Ebenen eingeht; es ist das „zehnte Tor", *Sukhmana* bzw. *Shah Rag*.

Die Gedärme sind einundzwanzig Hände (lang), und der Magen mißt (insgesamt) ungefähr ein und ein Viertel Armlänge. Der Solar Plexus mißt ein und ein Viertel Armlänge, man geht in die Höhle durch die Öffnung ein. Verstehe die Galle als drei Finger (breit) und das Herz als fünf Finger (breit). Die Lungen sind sieben Finger (breit), und in ihnen wohnen sieben Meere.

Indem er die Luft aus dem Körper herauszieht, begibt sich der Asket auf den Weg des Yogi. Sie (Die Menschen) üben diesen Yoga aus, und (da sie) ohne Hingabe[10] (sind), werden sie in der Welt weggefegt.

Das Yoga des Wahren Wissens ist die Wohnstatt der Seligkeit, aus welcher man Naam erhält und in die Wirkliche Heimat geht. Die Seele wird dadurch zum Befreiten Einen, nachdem sie den sehr mächtigen Feind (Gemüt/Kal) zerstört hat.

O Dharam Das, verstehe aufgrund des Wissens des Meisters die Wege des Gemüts. Das Gemüt zeigt Licht in der Leere, und das Gemüt selbst erschafft verschiedene Arten von Illusionen. Der Formlose Eine[11] ist vom Gemüt geschaffen worden, o Bruder. Und die Schöpfungen des Gemüts sind durch alle drei Welten (Physische Welt, Astral- und Kausalebene) verbreitet. An vielen Orten verneigt sich die (unerweckte) Seele – da sie ihr eigenes Selbst nicht erkennt, wird sie getäuscht. Dies ist alles der Wille von Kal und ohne das Heilige Wort kann seine Falle nicht zerbrochen werden. Wie der Leierkastenmann den Affen quält, indem er ihn auf verschiedene Weise zu tanzen zwingt, auf dieselbe Weise macht das Gemüt die (unerlöste) Seele tanzen, indem es ihn fest in der tiefen Falle von Karmas und Illusionen verstrickt.

---

[10] ohne Hingabe: ohne Verbindung zum Heiligen Wort und ohne die Hingabe an einen Gottesboten, sondern in der Bemühung um Erweckung von Kräften beschäftigt.
[11] idV: *Nirankar*; anderer Name für die vermeintliche höchste „Gotteswirklichkeit" auf der Kausalebene; der Suchende ohne kompetente Führung wird hier festgehalten.

Das wahre Wort entwurzelt das Gemüt. Nur sehr wenige, welche das Geheimnis (des Wortes) kennen, erkennen das Gemüt. Wenn es die Botschaft Gottes hört, wird das Gemüt eifersüchtig und nimmt die (unerweckte) Seele in eine (eigene) Richtung mit. O Dharam Das, dies sind die Wege des Gemüts. Erkenne das Gemüt und nimm die Füße (des Meisters) an. In diesem Körper lebt sonst niemand anderes. Nur das Gemüt und die Seele leben in diesem Haus. Das Gemüt steckt fest in fünf Elementen, fünfundzwanzig Neigungen und drei Eigenschaften – all diese sind Sklaven von Kal.

Wenn die Essenz von Gott in die Seele kommt, erinnert sie sich des Zeichens ihrer wahren Heimat. Diese Sklaven haben die Seele umstellt. Wenn die Seele die Sklaven nicht erkennt, wird auch sie ein Sklave Kals. Wie ein Papagei in einem Käfig, so erkennt die Seele, solange sie unter der Herrschaft der Täuschung ist, sich selbst nicht. Wie der Löwe, der sein Spiegelbild im Wasser für einen anderen Löwen hält, hineinspringt und sein Leben verliert, auf dieselbe Weise wird die Seele getäuscht und erkennt sich selber nicht. Wie die Hunde, die in einem Spiegelpalast bellen, ihr Spiegelbild als andere Hunde auffassen, und o Bruder, wenn sie das Echo hören, wieder beginnen zu bellen – auf dieselbe Weise hat Kal Täuschungen für die Seelen geschaffen. Wenn Kal sie verschlingt, (erst) dann bereuen die Seelen.

Weil sie das Heilige Wort des Sat Gurus nicht lieben, werden sie zerstört. Das falsche Naam ist ein Zweig von Kal und das ursprüngliche Naam ist vom Sat Guru. Die (unerweckten) Seelen lieben nicht die Füße des Sat Gurus, aber sie können nur heimgehen, wenn sie dem Sat Guru begegnet sind. O Dharam Das, die (unerlösten) Seelen sind untereinander zugeneigt geworden[12], und im Glauben, daß es sich um Nektar handelt, sind sie im Gift verstrickt. Kal hat solch unterschiedliche Attraktionen geschaffen, daß die Seelen von Täuschung beherrscht und (ihren Ursprung) vergessen haben.

---

[12] idV unklar: „the jivas have become of others".

Höre auf die Verbreitung von Karmas, die vom (eigenen) Gemüt geschaffen werden. Eine Seele wird (erst dann) zum Einzigartigen Einen werden, wenn man dieses Übel erkennt. O Dharam Das, indem man ihn (Kal bzw. das Gemüt) erkennt, sollte man anders als er werden – indem man das Licht meines Wortes annimmt. Einer, der diesen Unterschied sieht, wird nicht von Kal gefangen. Solange die Wachen schlafen, können die Diebe leicht ihr Werk verrichten. Auf dieselbe Weise sind (die Seelen) von Illusion beherrscht und der Dieb tut seine Arbeit. Indem die Seele erwacht, erhält sie die Einzigartige Eigenschaft, die es Kal unmöglich macht, sie einzufangen. Illusion ist wie ein dunkler Brunnen, in dem Kal mittels Täuschungen die Seele (anlockt und) verschlingt.

Sünden und Tugenden des Gemüts

O Tapferer, höre von diesem Element des Gemüts und unterscheide, mit der Hilfe des Meisters, zwischen dem Dieb und dem Reichen. Das Gemüt ist der schreckliche Kal, der die Seelen tanzen und ihren Zustand schrecklich macht. Wenn eine schöne Frau (oder ein ansehnlicher Mann) in sein Blickfeld kommt, wird das Gemüt erregt und Lust wühlt den Körper auf. Das Gemüt führt ihn dahin (in diesen Zustand), und die unwissende Seele wird getäuscht. Das Gemüt verwickelt den Menschen in sexuelle Freuden[13] mit der Frau (oder dem Mann), aber die Seele hat den Schaden.

Wenn es den Reichtum eines anderen sieht, wird das Gemüt fröhlich (und denkt): „Ich werde es nehmen!" Und so entsteht Verlangen. Wenn man eines anderen Habe nimmt, trägt die Seele den Schaden für diese Sünde. Das verrückte Gemüt schafft sich dieses Karma und die unschuldige Seele gehorcht seinen Anweisungen. Andere zu kritisieren und ihren Besitz an sich zu bringen sind Fallen des Gemüts.

Wenn man dem Heiligen gegenüber feindselig gesonnen wird und den Meister kritisiert, sind das (ebenfalls) Karmas, die vom Gemüt

---

[13] idV ist hier und kurz zuvor nur vom Mann die Rede, der durch die Frau verlockt wird; die dt. Fassung übersetzt zeitgemäßer und „gleichberechtigt".

geschaffen sind und die Seele in die Falle Kals bringen. Wenn man verheiratet ist, und eine andere Frau (bzw. Mann) begehrt, so sät das Gemüt (auch) auf diese Weise das Gift tiefen Karmas. Das Gemüt, wenn es erregt ist, veranlaßt die Seele, andere zu töten. Es bewirkt für die Seele, daß *sie* für diese Sünde die Hölle erleidet. Indem es die Seelen täuscht, macht das Gemüt Götter und Göttinnen dienen, in Form von Pilgerfahrten und Fastenzeiten. Das Gemüt selber führt schlechte Gewohnheiten ein, und, indem es die Seele darin verwickelt, verdirbt es sie. Man mag die Geburt eines Königs erhalten – und doch wird man (aufgrund der Karmas) dahingehen und in der Hölle leiden. Oder man mag als ein Stier inkarniert werden, der zum Ehemann vieler Frauen wird. (Auch) Karma-Yoga[14] ist eine Falle des Gemüts: (Nur) Wenn man (ganz) ohne Karma wird (und lebt), nur dann werden Not und Leiden verschwinden.

O Dharam Das, höre von den Eigenschaften des Gemüts. Wie lange (noch) soll ich sie dir beschreiben? Drei Götter, dreiunddreißig mindere Götter sind in seiner Falle; Shesh Nag und andere Götter werden von ihm besiegt. Ohne den Sat Guru, kann keiner das Gemüt verstehen und wird in dessen Schlinge fallen. Nur ein seltener Heiliger hat das Gemüt durch Unterscheidungskraft erkannt, und es (hinter sich) gelassen. Die Angst vor Geburt und Tod verschwindet mit dem Vertrauen in den Sat Guru. O Dharam Das, jemand, der das wahre Wort fest annimmt, ist der Diener Gottes.

Der Charakter von Kal

Höre, Dharam Das, vom Charakter von Kal, der die Seelen gefangen hat und sie getäuscht hat. Indem er sich selbst inkarniert hat, äußerte er die Bhagavad Gita und ließt die blinden Seelen nicht (das Meer der Welt) überqueren. Arjuna war sein sehr ergebener Schüler, dem er alles weise Wissen gab: Kal gab ihm das Wissen, wie Karma geschaffen wird und wie man karmafrei wird – und indem er Arjuna das Letztere aufgeben ließ, verstrickte Kal ihn fest

---

[14] darauf geht die Passage über Krishna weiter unten näher ein.

im ersteren! Erst erzählte er ihm von Barmherzigkeit und Verge-bung, Wissen, Zeichen[15], Karma, und Arjuna wurde in der Vereh-rung von Lord Krishna wahrhaft ergeben. Erst schuf Krishna Ver-langen (nach Krishna!) in Arjuna, dann sandte er ihn in die Hölle. Indem er ihn Gyani-Yoga[16] aufgeben machte, machte er ihn fest im Karma (verstrickt), und Arjuna, von Karma beherrscht, litt schreck-lich. Er zeigte ihm Nektar, und gab ihm später (jedoch) Gift. Als Heiliger verkleidet, plünderte er die Seelen aus.

Wie lange sollte ich den täuschenden Verstand Kals noch beschrei-ben? Nur rare Seelen werden das verstehen! Wenn man fest auf dem Pfad des Wissens bleibt, nur dann wird man den Wahren Pfad lehren. Dann wird man die Täuschungen Kals kennen und sie (bei-seite) lassen: Indem man in die Zuflucht des Sat Gurus kommt, wird die Angst vor dem Todesboten vergehen und man wird ewi-ge Seligkeit erlangen.
O Dharam Das, erreiche die Herrlichkeit des Sat Gurus! Laß den Pfad erstrahlen! Ich habe dir die Ewige Botschaft gegeben.

Die Zeichen des Pfades, der zur Befreiung führt
Dharam Das sagte: O Herr, Du bist der gnädige Gott[17], und Deine Worte sind voller Nektar und mir sehr lieb. Ich habe die Geheim-nisse der Wege des Gemüts erhalten, Heil Dir, o Sat Guru, der mich erweckt hat. Nun, Herr, berichte mir über Deine Wege – wie das Seil Kals zerschnitten wird.

Der Sat Guru sprach: Höre, Dharam Das, über die Wirkung (bzw. das Wirken) von Gott. Wenn die Kraft Gottes nach innen kommt, kann der Schlächter Kal sie nicht aufhalten. Höre, Gott hat sech-zehn Mächte, und mit diesen Mächten geht die Seele nach Sat Lok. Ohne diese Mächte kann das System des Meisters (bzw. der Weg

---

[15] idV vermutlich Auslassung oder Druckfehler; unklar ob es so heißen soll wie oben oder: „... Wissen, Zeichen von Karma, ...".
[16] *Gyani-Yoga*: Weg der Erkenntnis bzw. Annahme eines Erlöser-Meisters, s.Fußnote 14.
[17] idV: „*Sat Purush*".

der Erlösung der Seele) nicht funktionieren, und ohne diese Mächte bleibt die Seele in der Welt stecken.

(Diese Mächte sind:) Wissen, Unterscheidungsfähigkeit, Wahrhaftigkeit, Zufriedenheit, Liebe, Geduld und Frieden – (sowie) Barmherzigkeit, Vergebung, Mäßigung, Neh-Karma, Entsagung, Sehnsucht und die Bewahrung echter Religion[18]. Durch Mitgefühl erlangt die Seele Befreiung, und in ihrem Herzen betrachtet sie alle als Freund.

Indem man diese (Eigenschaften) entwickelt, kann man in der Heimat der Seele wohnen, und indem man auf diesem Pfad wandelt, kann man seine Heimat sehen. Jemand, der dem Meister dient und Liebe für Seine Füße hat, wohnt im Herzen des Meisters und besiegt Kal.

Sogar in den Veden und Shastras ist die Bedeutung der Verehrung der Seele und der Begegnung mit Heiligen niedergeschrieben. Man sollte den Heiligen wie dem Meister ergeben sein, und die Eigenschaften von Verstrickung und Zorn kontrollieren. Das Heilige Wort Gottes ist der Baum des Nektars, und indem man die Gemeinschaft eines Freundes Gottes (sucht und aufrecht) hält, geht man zur Unveränderlichen Ebene.

All dies sind die Fäden, um zu Gott zu gelangen. Wenn man das wahre Naam annimmt, geht man in die Heimat der Seele. Der (spirituell) Blinde kann nicht in seine Heimat gelangen. Dies sind die Zeichen des (spirituellen) Pfades. Der Heilige Geist Gottes ist das Auge und die Vollmacht, vermittels derer die Seele nach hause geht. Geburten und Tode werden beendet, falls man mit festem Vertrauen die Füße des Meisters annimmt.

---

[18] Wissen = spirituelle Erkenntnis, nicht weltliches Wissen; *Neh-Karma* = Nicht-Karma, also die Gabe, karmalos zu leben (durch Gnade und Aufgabe von Ichsucht); Entsagung = nicht Asketen- u/o Eremitentum ist gemeint, sondern innerliche Lösung während man äußerlich weiter verantwortlich lebt, vgl. Meister Eckehart: „Seid in der Welt, nicht von der Welt"; Sehnsucht = Sehnsucht nach spiritueller Verwirklichung. IdV werden hier nicht 16, sondern nur 14 Eigenschaften genannt; evtl. sind Mitgefühl und Freundschaft im folgenden mitgezählt.

Dharam Das sagte: O Herr, Du bist der gnädige Gott[19], Deine Worte geben mir Frieden. O Herr, erkläre mir Deinen Pfad: Wie sollen die Menschen leben, die sich aus der Welt zurückziehen und wie jene, die in Familie und Haushalt leben[20].

Der Sat Guru sprach: Dharam Das, höre auf die Botschaft des Wortes, und gib den Seelen die Lehren der Befreiung. Mach jene, die der Welt entsagt haben, fest in ihrer Entsagung und erkläre denen, die im Haushalt leben die (rechte) Hingabe.

Eigenschaften der von der Welt gelösten Menschen

Ich berichte dir von der Natur des Entsagenden. Nur wenn er ungenießbare Speise aufgibt, die keinen Anteil an der Ernährung des Körpers hat – Tabak, Fleisch, Wein – kann er zum Schwan werden. Liebe und Hingabe bleibt immer in seinem Herzen, und er hat keine Feinseligkeit oder Gewalttätigkeit in sich. Er hat immer Barmherzigkeit für die Seelen und verübt weder in Gedanken, noch Worten und Taten Gewalt.

Er bewahrt immer das Siegel der Befreiung[21], durch welches alle Karmas und Illusionen enden. Er begründet den Pfad (im Inneren), indem er zur Gestalt des Schwanes wird, und er trägt (im Äußeren) Ohrringe, ein Halsband, und malt das Tilak-Zeichen auf seine Stirn[22]. Er ißt einfache Nahrung und wiederholt täglich mein Naam.

Falls er auch dein Naam annimmt[23], (nur) dann werde ich ihn auf die unsterbliche Ebene senden. Er gibt alle Karmas und Täuschungen auf, er bleibt in den Heiligen Geist versenkt.

---

[19] idV: „*Sat Purush*".
[20] idV: „How should the renunciates and householders live their lives".
[21] gemeint ist bewußte Verbindung zu Meister und Gott durch Meditation und Simran (geistige Wiederholung der Gottesnamen, die als „Passierschein" zur Lösung von Körper und Gemüt und Aufstieg durch die Ebenen dienen).
[22] bezieht sich auf solche Schüler, die bereits einer bestimmten Religion angehören, in welcher diese äußeren Dinge üblich sind; die Meister fordern dazu auf, in der Religion zu bleiben, in der man ist, und dem Weg der Spiritualität als rein geistige, innere und „wissenschaftliche" (weil durch eigene Erfahrung überprüfbare) Entwicklung zu folgen.
[23] es reicht nicht, frühere Meister anzunehmen und ihre Lehren zu befolgen, sondern die Verbindung mit dem Heiligen Wort muß durch einen lebenden Lehrer erfolgen und auf

Er gibt Frau (oder Mann) auf, und nennt sie (bzw. ihn) (falls nur als Geschlechtsobjekt mißverstanden) eine Grube der Hölle, und mit einpunktiger Konzentration verbindet er sich mit dem Heiligen Wort des Meisters. Er wirft allen Zorn und Betrug ab, und badet im Ganges der Vergebung.

Er ist die Wohnstatt von Freude und Meditation, und das Meer der Glückseligkeit, Liebe und (angenehmen) Kühlung. Er prüft (fragt) nie, ob man ein König oder ein Untertan ist. Indem er die Meditation des Nicht-Wiederholten (der Gottesnamen) ausübt, beseitigt er die früheren Schleier. Ein solcher Entsagender, der (von der Welt) unbeeinflußt bleibt und sich nie in Leidenschaften verströmt, erhält mich.

Indem er mich (im Inneren, als Lichtgestalt) trifft, wird er wie ich und beseitigt alle Dualität. Er bleibt zu Füßen des (lebenden) Meisters absorbiert und gibt alle Täuschung, Hinterlist und (eigene) Klugheit auf. Einer, der immer den Anweisungen des Meisters folgt – den wird der Böse Kal nicht kriegen.

Er bewahrt festes Vertrauen in den (jeweils lebenden) Meister und betrachtet diesen als mich. Er erhält alle Frucht, indem er dem Meister dient. Falls man sich gegen den Meister stellt, wird man (das Meer der Welt) nicht überqueren. Wie die Lilie den Mond liebt, auf dieselbe Weise sollte der Schüler Vertrauen in den Meister haben. So sollte der Entsagende leben. Nur der ist ein Liebender, der den Meister liebt.

Eigenschaften der Menschen, die in Familie und Haushalt leben
Nun, Dharam Das, höre auf die Hingabe der Menschen, die so im Haushalt leben, daß sie nicht in die Schlinge fallen. Sie werfen alle Eigenschaften der Krähe ab und in ihrem Herzen bleibt Barmherzigkeit für alle Seelen. Sie geht nicht in die Nähe von Fisch, Fleisch oder Wein; sie bleiben immer Vegetarier. Sie trinken das Zeichen der Befreiung, so daß Kal nicht kommt, um sie aufzuhalten. Sie

---

seine Weise (was sich im Verlauf der Zeit nämlich äußerlich ändern kann; ein Beispiel dafür ist heute die Aufgabe des äußeren Arti- oder Chauka-Rituals als Teil der Initiation!).

übernehmen das Halsband, das Tilak-Zeichen und die Kleidung eines Entsagenden[24], und in ihrem Herzen haben sie immer Liebe für die Worte des Meister-Schülers[25].

Sie bewahren Liebe für die Heiligen und dienen immer den wahren Ergebenen. Sie opfern alles im Dienst des Meisters. O Bruder, in Gedanken, Worten und Taten werden sie fest und wiederholen den Simran, den der Meister ihnen gibt.

Höre, Dharam Das: Dies sind die Fäden Gottes, durch die die Haushälter(innen) Befreiung erlangen. Ohne Augen kann man nicht in Sein (Gottes) Heim gehen – was sonst kann man also tun?
O Dharam Das, die Essenz der Inkarnation sind die Augen, die alle Seelen erwecken werden[26]. Falls einer Meinen Worten vertraut, werde ich seine Geburt und seinen Tod beenden.
Jene, die den Heiligen Geist mit Vertrauen annehmen, und jene, die das Wort Gottes Tag und Nacht wiederholen (sich im Bewußtsein halten), jene (also), die ein solches Naam erhalten haben, werden über das Meer triumphieren.

---

[24] wohl nicht wörtlich gemeint, sondern symbolisch.
[25] idV: *Gurumukh.*
[26] auch ein Hinweis auf die Bedeutung des *Darshans*, des Gnadenblicks einer Meisterseele, die spirituell sehr viel mehr bewirkt als die eigene Anstrengung.

Die Bedeutung von Arti[27]

Die Ergebenen, die in Familie und Haushalt leben, sollten Arti jeden Amaras durchführen. Kal wohnt in dem Haus, wo Arti nicht zu Amaras durchgeführt wird. Falls Arti nicht an diesem Tag erfolgen kann, dann soll man es an jedem Purnima durchführen. Falls man Naam[28] erhält, wenn der Mond am vollsten ist, und (falls) man dem Meister nach Kräften dient, dann geht diese Seele nach Sat Lok.

Dharam Das stellte diese Frage: Sage mir, wie die Seelen geschützt werden. Im Eisernen Zeitalter sind viele Menschen arm, so sage mir, was sie tun können (um den Darshan des Meisters zu erhalten)? O Herr, alle Seelen gehören Dir. Sage mir, wie sie alle in der Lage wären, diesen Dienst zu erweisen.

Der Sat Guru sprach: O Dharam Das, der Arme kann Arti alle sechs Monate ausführen. Falls Arti nicht alle sechs Monate erfolgen kann, dann müssen sie das Chauka einmal im Jahr ausführen und dem Meister dienen. Falls man (es mehr als) ein Jahr versäumt, nennen einen die Heiligen weltlich. Die Seelen, die Arti wenigstens einmal im Jahr ausführen, fallen der Täuschung nicht zum Opfer.
Falls jemand das Naam von Kabir aus ganzem Herzen wiederholt, und über dein Naam meditiert, falls jemand die Füße des Meisters fest annimmt – dann wird die Liebe für des Meisters Füße diesen (Menschen) befreien. Die Haushälter, die das praktizieren, werden durch die Herrlichkeit des Meisters in der Heimstatt der Seelen[29] wohnen.
O Dharam Das, ich habe dir sowohl von der Lebensweise der Haushälter wie jener der Entsagenden berichtet. Sie werden das

---

[27] während sonst im Text *Arti* bzw. *Chauka* als äußeres Begleitritual zur Initiation, also der Verbindung mit dem inneren Licht etc. beschrieben wird, steht es hier wohl für die wiederholten Begegnungen mit dem lebenden Meister und der Erfahrung seines *Darshans*. *Amaras* und *Purnima* beziehen sich auf Mondphasen.
[28] auch hier ist wohl nicht die Initiation, sondern *Darshan* bzw. Meditation mit dem Meister gemeint.
[29] idV: *Sat Lok*.

Heilige Wort[30] hören, falls sie sich an die(se) Lebensweise halten. Dieses Meer der Welt ist tief, bodenlos und schrecklich. Jene, die fest das Boot von Naam ergreifen, erreichen das andere Ufer.

Liebt den Fährmann, der uns hinüber nimmt: Wenn man den Sat Guru als seinen Fährmann bekommt, wird man das Meer der Welt überqueren.

Die Folgen von Sorglosigkeit

Solange die Seele im Körper bleibt, o Bruder, übe den Pfad des Heiligen Wortes. So wie der tapfere Mann auf dem Schlachtfeld bleibt, und Schande erleidet, wenn er fortläuft. Das Kostbare Heilige Wort des Meisters ist das Schlachtfeld, und Kal kriegt all die, die davon abweichen. Die Seele, die vom Meister weggeht, überlebt niemals[31]. Sie fällt in die Feuergrube und wird brennen. O Bruder, er erleidet viele Qualen. Er wird millionenfach als Schlange geboren, und da er dann der Träger von Gift ist[32], verliert er jede Geburt[33]. Sie wird in den Schmutz des Körpers eines Wurms geboren und bleibt viele Geburten lang in der Hölle. Wie-viel soll ich dir von den Qualen (noch) sagen, die eine solche Seele erfährt?

Nimm das Wort des Gottes-Schülers[34] an und sei fest darin. Wenn der Meister gnädig ist, wird auch Gott gnädig sein. Kal kann jene, die fest im Meister bleiben, noch nicht einmal berühren. Um der

---

[30] idV: *Shabda.*

[31] ob die englische Vorlage hier zutreffend ist? Die gesamte Passage klingt sehr „alttestamentarisch" und ist nicht mit jener Geduld, Liebe und Vergebung im Einklang, die Kabir Dharam Das durch mehrere Geburten hindurch immer wieder gezeigt hat. Weiter unten klingt ja auch eine andere Lesart an („Sogar wenn die Seele Millionen Yogas ausführt ..."), auch im Beispiel des Kuckuck weiter unten. Zeitgenössische Meister des Weges sagen, daß eine Seele, die einmal von einem Meister zur Initiation angenommen wird, NIE verloren geht; ihr Weg kann statt eines Lebens bis zu drei oder vier dauern.

[32] auch Tiere verursachen Karma, denn obwohl sie „unfreiwillig" und „aus Instinkt" handeln, gilt das karmische Gesetz von Kal – jede Ursache führt zu einer Wirkung, ob man das Gesetz kennt oder nicht (siehe auch Kirpal Singh: *Karma – Das Rad des Lebens*, SK Publikationen Hof)

[33] „verliert er jede Geburt" = dient die Inkanration nicht der spirituellen Evolution.

[34] idV: *Gurumukh*, also eigentlich wahrer Schüler eines Meisters; da Kabir hier von sich spricht, bezeichnet er sich als ergebener Schüler Gottes.

Seelen willen sage ich: „Jene, die Ergebene des Gurus sind – sie werden nicht verlieren!"

Sogar falls die Seele Millionen von Yogas ausführt, wird sie ohne den Sat Guru verlieren. Der Sat Guru zeigt den Pfad zum Unerreichbaren (Gott), Dessen Geheimnis noch nicht einmal die Veden offenbaren. Die Veden beschreiben (nur) den, der sie (selber) geschaffen hat – sie kennen nicht das Geheimnis Gottes. Jede Seele, die unterscheidungsfähig ist, nimmt das wahre Heilige Wort an. Unter den Millionen sind unterscheidungsfähige Heilige, die Mein Wort annehmen, rar gesät. Alle anderen sind in Kals Schlinge gefangen, und diese Unglücklichen gehen nicht nach innen und erkennen ihre Wahre Heimat (nicht).

Worte der Warnung – Kuckuck, Schwan und Erkennender

Höre von der Natur des kleinen Kuckucks, begreife seine Eigenschaften und denke darüber nach. Der Kuckuck ist klug und hat eine süße Stimme, und sein Feind ist die Krähe, die eine Grube von Sünden ist. Der Kuckuck legt seine Eier in ihr Nest und macht die Üble zu seinem Freund. Die Krähe, die den Verstand von Kal hat, brütet dieses Ei aus. Das bricht das Ei auf und das Kleine schlüpft heraus. Nach einigen Tagen öffnet es die Augen.

Wenn sein Körper stark wird, kommt die Mutter und läßt es ihre Stimme hören. Wenn es diese Stimme hört, wacht das Kleine auf, da die Stimme der Kuckuck-Familie ihm lieb ist. Wenn die Krähe kommt, um Futter zu bringen, läßt die Kuckuck-Mutter erneut ihre Stimme hören. Sie erweckt das Kleine – das ihre Essenz ist – und die Eigenschaften der Krähe bleiben nicht in seinem Herzen.

Eines Tages veranlaßt sie – vor (den Augen) der Krähe – das Kleine, fortzufliegen. Sie macht es fliegen, indem sie mit ihrer Stimme singt, und die Krähe wird ruhelos und fliegt hinter ihnen her. Sie fängt sie nicht ein und wird nach einer Weile müde, kehrt um und geht schlafen. Das Kuckuck-Kleine vereinigt sich wieder mit seiner Familie, und die Krähe wird unbewußt (sic!), nachdem sie sich in fruchtloser Arbeit erschöpft hat.

Indem es (nun) mit eigener Stimme singt, flog das Kleine und traf seine Familie. Die Krähe wurde ruhelos und ermüdete, als sie es nicht einfing. Die Krähe kam zu ihrem Nest zurück, verlor (das) Bewußtsein (sic!) und bereute. Das Kuckuck-Kleine traf seinen Vater, aber die Krähe beschäftigte sich weiter mit nutzlosen Werken. Wie das Kuckuck-Kleine, werden die Seelen mich treffen. Jene, die auf diese Weise in die Wahre Heimat gelangen – deren ganze Familie werde ich befreien.

O Bruder, einer, der den Verstand der Krähe aufgibt und die Eigenschaften des Schwanes annimmt, geht nach Sat Lok. Niemand mag die Stimme der Krähe, aber wenn man die Stimme des Kuckucks hört, ist jeder glücklich. Auf dieselbe Weise spricht der Schwan Worte der Liebe und Wahrheit und nimmt die Worte des Gurus als den Nektar der Liebe an.
Er spricht keine trügerischen Worte zu anderen und bleibt immer heiter. Falls irgendjemand kommt, um ihm das Feuer des Zorns zu bringen, wird er selber zum Wasser, um die Hitze auszulöschen. Die folgenden (Eigenschaften) sind die Zeichen des Erkennenden und des Unwissenden. Der Unwissende ist hinterlistig, hart und schlechten Verstandes. Der Erkennende ist gelassen, voller Liebe, und in ihm wohnt Wahrheit, Zufriedenheit und Unterscheidungsfähigkeit.

Der ist der Erkennende , der den schlechten Verstand beseitigt und, indem er den Stoff des Gemüts erkennt, ihn vergißt. Falls jemand harsche Worte spricht, nachdem er ein Wissender geworden ist, dann wird ein solcher „Wissender" unwissend genannt.
Gleich, ob man tapfer zu sein scheint: erkenne, daß nur jener tapfer ist, der in das Schlachtfeld (der Spiritualität) zieht und (für das Gemüt) stirbt. Der Erkennende sollte (das Leben) aus demselben Blickwinkel betrachten. Ich nenne die die Zeichen.
In einem törichten Herzen entwickelt sich keine (spirituelle) Bemühung, und der Heilige Geist und der Meister werden nicht verstanden. Falls ein Blinder in Schmutz tritt, lacht ihn keiner aus; wenn

aber einer, der sieht, auf eine schmutzige Stelle tritt, wird man ihn verantwortlich halten.

Dharam Das: auf diese Weise – durch das wahre Wort und die Erinnerung an den Meister – sollte man zwischen Wissen und Unwissen unterscheiden. Er wohnt in jedem. An manchen Orten ist er verborgen, und an anderen Orten ist er offenbart. Dies ist Sein Zeichen: daß Er sich vor allen verneigt, und sie (alle) als Seine Essenz versteht; und Er nimmt die Hingabe an den Guru an[35]. Wie fest blieb Prahlad[36] in seiner Hingabe (an Gott) aufgrund der Färbung der Liebe! Obwohl ihm fürchterliche Qualen zugefügt wurden, blieb er fest und nahm die Eigenschaften des Herrn an. Falls man den Sat Guru auf diese Weise annimmt, so wird eine solche Seele kostbar. Falls man beharrlich ist, wird man in der Unsterblichen Ebene wohnen.

Die Beschreibung des Spirituellen Weges
Nachdem man die Illusion und die Schlinge Kals aufgegeben hat, sollte man sein Bewußtsein in Sat Naam halten. Indem man auf dem Wahren Pfad wandelt, sollte man sein Bewußtsein auf dem spirituellen Weg[37] halten.

Betrachte die Kuh als eine Zeche (Schatztruhe) von Parmath: O Wissender, erkenne ihre Wege und Eigenschaften. Sie ißt das Gras auf dem Felde und trinkt Wasser, und gibt dann Milch. Sie nährt die Kälber, und durch ihre Milch und Ghee werden sogar die Götter zufrieden gestellt. Sogar ihr Dung wird vom Menschen verwendet; der Mensch aber verliert – aufgrund sündiger Karmas – seine (Chance durch die menschliche) Geburt (sich höher zu entwickeln). Wenn die Zeit kommt, daß die Kuh ihren Körper verläßt, ver-

---

[35] „Er" = klingt zunächst nach Gott oder dem Meister, ist jedoch wohl auf den „Erkennenden" bezogen; in dieser kurzen Passage wird die Einheit aller Seelen deutlich, sobald sie sich und ihren Ursprung, Gott, erfahren haben.
[36] Perkins merkt an, daß *Prahlad* Sohn eines Dämonenkönigs war, der trotz Folter seinen Vater nicht als Gott zu verehren bereit war.
[37] idV: *Parmath.*

schlingen dämonische Menschen sie[38]. Auch ihre Haut gibt viel Glück. O Bruder, so viele gute Eigenschaften sind im Körper der Kuh.

Die Eigenschaften des Heiligen auf dem spirituellen Weg

Falls – wie die Kuh – Heilige dieses Wort annehmen, dann kann Kal die (unerweckten) Seelen nicht verschlingen. Falls einer solche Eigenschaften im menschlichen Körper hat, und dem Sat Guru begegnet, wird er unsterblich. Höre, Dharam Das, auf dieses Wort des Spirituellen Weges. Indem man dem Spirituellen Weg folgt, wird nichts verloren.

Der Spirituelle Weg ist die Stütze der Heiligen. Jemand, der ihn vom vollkommenen Meister erhält, gelangt an das andere Ufer. Er erhält das Wissen vom wahren Wort und indem er dem Spirituellen Weg folgt, geht er in die Heimat der Seelen. Er vergißt sich und leistet (stattdessen) selbstlosen Dienst.
Falls er sich an sich selbst erinnert (d.h. in Ichsucht verfällt), leidet er sehr. Er nennt sich selber (dann) den „Täter guter Karmas", und über schlechte Karmas sagt er, daß Hari („Gott") sie getan hat. Auf die Weise enden (seine) guten Karmas, und, Dharam Das, wenn man die Füße eines solchen Menschen berührt, erntet man nur Enttäuschung.

Jemand, der Naam als die einzige Hoffnung bewahrt, fällt nie auf und stellt seine guten Karmas nicht zur Schau. Er bewahrt sein Bewußtsein immer zu Füßen des Meisters, wie der Fisch nie das Wasser vergißt. Er richtet seine Aufmerksamkeit immer in das Heilige Wort des Meisters, und Tag und Nacht singt er den Lobpreis des wahren Naam. Wie der Fisch nie das Wasser vergißt, auf dieselbe Weise nimmt er den Heiligen Geist an. Die Wirkung des Hei-

---

[38] Kühe, die in Indien (u.a. aus den oben angeführten Gründen) als heilig gelten, werden normalerweise nicht geschlachtet; aber selbst das Fleisch von Kühen zu essen, die eines natürlichen Todes gestorben sind, gilt als „dämonisch".

ligen Wortes Gottes ist so, daß der Schwan nicht wieder in die Welt kommt. Er geht ganz sicher zu Gott ein!

Dharam Das, es ist wie die Natur der Schildkröte. Die Seelen laufen nach Hause wie es die Natur der jungen, gerade geborenen Schildkröten ist. Die Boten Kals werden sie betrachten – und während (weil) sie schwach werden – ihnen nicht nahekommen. Indem sie furchtlos werden, werden die Schwäne (fort)gehen, während sie Sat Naam im Geiste singen. Die Schwäne werden sich mit ihrer Familie wieder vereinigen, und alle Boten Kals werden stehen und dem hilflos zusehen.

Die Wohnstatt der Wahrheit, wo die Schwäne beseligt leben werden, ist kostbar. Und die Schwäne, die wie der Glanz der Gestalt Gottes aussehen, werden glücklich werden.

Das Ende der Offenbarung[39]

Indem ich den *Anurag Sagar Granth* gesprochen habe, habe ich das Geheimnis des Unerreichbaren erklärt. Ich habe das Schauspiel Gottes beschrieben und die Täuschung Kals. Nur die Wissenden werden die (rechte) Lebensweise und das Wort der Unterscheidungsfähigkeit begreifen. Einer, der das Wort annimmt, nachdem er es prüft, wird den Pfad zum Unerreichbaren erkennen.

Habe Vertrauen in die Füße des Meisters und werde fest in der Hingabe an das Wahre Naam. Man sollte sich wie ein Heiliger verhalten oder wie eine Witwe[40] verhalten, die ihren Körper verbrennt (wenn ihr Mann gestorben ist). Der Sat Guru ist der Unverwesliche und Unsterbliche Ehemann, der niemals zerstört wird. Ich sage dies mit der erfahrbaren Kraft des Heiligen Wortes. Je-mand, der den Unsterblichen annimmt, wird (selber) unsterblich.

---

[39] idV: *Granth* = Heilige Schrift, spirituelle Offenbarung.
[40] idV: *Sati* = verwerfliche Unsitte der Witwenverbrennung; hier als (heute wohl eher mißverständliches) Gleichnis gemeint für Ichsucht und Gemüt, die aufgegeben werden, um die Kraft der Seele zu erfahren.

Die Seele, die Hoffnung auf den Heiligen hat, geht in die Unsterbliche Ebene. O Dharam Das! Erwecke deinen Geist und bleibe vertieft in die Füße des Sat Gurus. Halte den Geist – die Honigbiene – in den Wunderschönen Lotosfüßen des Sat Guru und halte dein Bewußtsein zu Füßen des Meisters. Nur dann wirst du deine ewige Heimat erreichen.

Die Vereinigung von Bewußtsein und Heiligem Geist: wenn man das Heilige Wort erhält, erreicht man das Reich der Heiligen. Es ist das Spiel von Tropfen und Meer. Was kann man sonst noch sagen? Nachdem man dem Sat Guru begegnet, versteht man das Spiel von Heiligem Geist und (menschlichem) Bewußtsein. Es ist die Vereinigung des Tropfens mit dem Meer. Was sonst kann man sagen?
Gib die Eigenschaften des Gemüts auf und folge dem Pfad des Meisters. Eine solche Seele geht in die Heimat der Seelen[41] ein und erlangt Glückseligkeit aus dem Meer der Seligkeit.

Begreife die Seele als den Tropfen, und das Naam des Sat Gurus als das Meer, spricht Kabir voller Gewißheit: Dharam Das, verstehe dies!

၆ ၄

---

[41] idV: *Sat Lok.*

Anhang

Dank

Dank sei den Lehrern der „Wissenschaft der Spiritualität" gesagt, die in Indien unter den Namen Sant Mat (Pfad der Meister bzw. Heilige Wissenschaft) und Surat Shabd Yoga (Yoga der Verbindung des Bewußtseins mit dem Heiligen Wort) bekannt ist. Dank also an Hazur Baba Sawan Singh, Sant Kirpal Singh, und deren Nachfolger Sant Darshan Singh und Sant Rajinder Singh dafür, daß sie die praktische Seite aus Kabirs Erkenntnissen und Einsichten lehren und praktisch zeigen, wie die Rückbindung der Seele mit dem Heiligen Wort und die Rückkehr der Seele in ihre geistige Heimat möglich ist. Der Herausgeber und Übersetzer wäre ohne diese Lehren und die daraus folgende, wenn auch erst geringe spirituelle Praxis nicht imstande gewesen, den Text vorzulegen. (Fehler oder Unklarheiten der deutschen Übertragung fallen jedoch natürlich ganz in die Verantwortung des Herausgebers.)

Ein besonderer Dank geht an Russell Perkins, ein Schüler Sant Kirpal Singhs, der bereits in der Einführung erwähnt wurde. Perkins ist der Herausgeber der englischen Ausgabe; er selber dankt darin wiederum ausdrücklich Sant Ajaib Singh, einem Schüler von Sant Kirpal Singh, für dessen Anleitung bei der Übersetzung und Herausgabe der englischen Fassung.

Dank auch an die beiden Lektorinnen, Mag. Elvira Pfeffer und Maria Gallinger, die dazu beigetragen haben, daß nicht nur Tipfehler, sondern auch zahlreiche Textstellen verbessert und Unklarheiten geklärt wurden. (Dieses Buch folgt, wie man gelesen hat, der üblichen „alten" und bewährten Rechtschreibung.)

❧ ☙

Kurzes Nachwort

Die Folgerungen aus diesem Text sind offensichtlich gewaltig. Zu gewaltig, als daß ein einzelner Mensch, der zwar durchaus strebend bemüht sein mag, sich aber auf dem Weg zur Wahrheit erst am Anfang befindet, gültige Schlüsse fassen und formulieren könnte. So sollen einige Gedanken des Herausgebers genügen.

Zunächst einmal: Der Text ist nicht ohne Widersprüche. Das hat er mit allen großen „heiligen Schriften" gemeinsam. Zu den schwierigsten Widersprüchen zählt die Mitteilung, Gott habe alle Seelen geschaffen, aber eine von ihm geschaffene Seele (Luzifer, Kal) stellt sich quer. Auch das Problem des freien Willens des Menschen einerseits und der Versuchung und Verstrickung durch eine höhere negative Kraft andererseits, die selber jedoch auch unter Gottes Oberhoheit steht, vermag dieser Text nicht „logisch" zu lösen. Aber wie Rabbi Tzvi Freeman im Buch seines Meisters, des Rebbe Menachem Mendel Schneerson berichtet (*Den Himmel auf die Erde bringen*), „ein Gott, der die Logik geschaffen hat, kann sie auch außer acht lassen, wie es Ihm beliebt." Ist das tröstlich? Vielleicht nicht so sehr, aber wir wissen nichts Besseres.

Tröstlich ist jedoch eine zentrale Botschaft des *Anurag Sagar* von Kabir: Es gibt Heilung und Heil, es gibt Hilfe aus den unsichtbaren hohen Himmelsgefilden! Wenn der Mensch mit Herz oder Kopf, mit Gefühl oder Geist, nach Licht und Liebe sucht, wird er/sie sie auch finden. „Wer suchet, der findet, wer anklopft, dem wird aufgetan", sagte der Messias und Meister Jesus. Wenn wir Menschen über die Logik hinausgehen und unser Herz öffnen, wenn wir die Sehnsucht der Seele nach Erlösung und Freiheit in die Welt und in die Himmel hinausrufen, wird ein/e Meister/in oder Guru, ein Pir oder Rabbi, ein Messias oder Buddha, ein/e Gottesbote/in in unser Leben treten.

Das Wirken eines wahren „Fleisch gewordenen Wortes", eines *Sat Gurus* findet im indischen Titel dieses Textes beredten Ausdruck:

Anurag Sagar – Meer der Liebe. Das „Meer der Liebe" wird, wie der Schreiber dieser Zeilen meint, nicht so sehr in *Gottes* Schaffen und Wirken offenbar (worauf sich der Titel ursprünglich lt. Perkins bezieht; denn Gottes „unerforschlicher Ratschluß", Kal bzw. dem Fürsten der Welt die zeitweise, aber eben sehr lang anhaltende Herrschaft über die Seelen zu geben, scheint aus der Frosch-perspektive des suchenden Menschen nicht gerade liebevoll). Vielmehr ist das „Meer der Liebe" vor allem im Wirken von *Heiligen*, im Wirken eines Messias, Erlöser-Meisters oder Sat Gurus zu finden, hier verkörpert in Kabir sowie seinen zweiundvierzig Nachfolgern. Solche Heiligen, die als Gottesboten zu uns kommen, widmen sich dem Dienst der Menschen auf unnachahmlich liebe-volle und geduldige Weise. Meister-Heilige haben den Menschen aller Zeiten und Kulturen, aller Religionen und Gesellschaften, die Botschaft von der ursprünglichen Freiheit der Seele gebracht. Sie haben sich um die Erhebung der Menschen und die Erhebung der Seelen gesorgt. Sie haben ihr Leben dafür gegeben, daß andere Seelen – jene, die es wirklich wollten und darum baten – den Zugang zur *unio mystica*, zur buchstäblichen Erleuchtung und Durchlichtung mit dem Heiligen Geist in diesem Leben erfahren durften.

Das „Meer der Liebe" wird für uns in der Gegenwart und im Wir-ken von solchen Heiligen spürbar und sichtbar. In Europa denken wir zum Beispiel an den Hl. Franziskus von Assisi, an Teresa von Avila, Hildegard von Bingen und Pater Pio. Heilige sind für uns wie das „Küstenufer" eines riesigen Meeres, das uns auf ungefähr-liche Weise erlaubt, in den sonst eher ungeheuren Wassern der Liebe und Unsterblichkeit zu baden und uns davon verwandeln zu lassen. Durch die Heiligen aller Zeiten umfängt uns das göttliche „Meer der Liebe" auf sanfte und gütige Weise, wie eine himmlische Mutter, in deren Armen und auf deren Schoß das Kind der Seele Erwachen und Frieden zugleich findet.

ಬ಼ ಛ

Kleines Glossar

Atman: Seele, Geist; meist austauschbar mit *Jiva*.

Darshan: allgemein Anblick; in der Spiritualität vor allem der Segensblick von oder auf eine erwachte, erleuchtete Seele.

Guru: der äußerliche spirituelle Lehrer.

Gurudev: die strahlende Lichtgestalt eines wahren spirituellen Lehrers, die auf den inneren Ebenen zum Führer der Seele wird.

Jiva: Seele, Geist; in einem Körper gefangene Seele (s.a. *Atman*).

Jyoti: inneres Licht, das über Gemüts- und Astralebene hinausführt.

Kal: „Negative Kraft" bzw. „Erhaltende Kraft"; entspricht dem „Fürsten der Welt" oder Luzifer, Iblis, Sheitan etc.; als "Richter nach dem Tode" auch *Dharam Rai* genannt; auch *Zeit* und *Tod*; idV oft auch *Kal Niranjan* genannt.

Karma: Tat, Handlung; Bezeichnung für das Gesetz von Ursache und Wirkung, wonach jeder Gedanke, jedes Gefühl, jedes Wort und jede Tat eine Folge nach sich zieht, und so die Seele bindet, immer wieder in irdische Formen zu kommen, um diese Folgen zu erleben bzw. abzutragen, wobei sie unwillkürlich wieder in neue karmische Bindungen verstrickt wird; es heißt, daß das Leben drei Viertel durch Karma vorherbestimmt sei und ein Viertel freier Wille bestünde (siehe auch Kirpal Singh: *Karma – Das Rad des Lebens*).

Naam: Heiliges Wort, innerer Licht- und Klangstrom.

Nirankar: Der Formlose Eine, Höchstes Wesen.

Parshad, Prashad: gesegnete Speise oder gesegneter Gegenstand.

Sadhu: jemand, der spirituelle Übungen durchführt; allgemeiner Begriff für "Weise" in Indien; "technisch" eine Seele die die dritte innere Ebene, oder doch zumindest die zweite erreicht hat.

Sat Guru: Meister-Heiliger; der Wahre Lehrer; derjenige, der Licht geben und die Seelen befreien kann; die Kraft, die durch *Gurudev* und *Guru* wirkt (siehe dort); der wahre Sat Guru ist der „Schöpfer-Gott" selbst.

Sat Lok, Sach Khand: Heimat der Seelen, Wohnstatt der Wahrheit; hier strahlt die Seele so hell wie sechzehn äußere Sonnen; bis hierher nimmt der Sat Guru die Seele – hier ist sie wieder frei, direkt und ohne weitere Hilfe in Gott aufzugehen.

Sat Purush: Höchste Wahrheit, Höchste Seele, Schöpfer-Gott.

Shabd, Shabda: Heiliges Wort, Heiliger Geist, Klangstrom (die Unterscheidung zu *Naam* ist für den Westen nicht deutlich).

Simran: Wiederholung von Namen Gottes, aber nicht laut oder halblaut, sondern nur gedanklich, mental; auch der Begriff für fünf spezielle Gottesnamen, die von einem kompetenten Meister „aufgeladen" werden, und so besonders wirksam sind; ein solcher Simran dient aks Hilfe zur Konzentration und Meditation, als „Sprungbrett", um die Seele vom Körperbewußtsein zu lösen und auf die inneren Ebenen zu richten, als auch als „Passierschein" für die inneren Ebenen bis zu Sat Lok; daß der Simran die Namen der Herrscher der materiell-spirituellen Ebenen enthält, bedeutet *nicht*, daß man auf einem „negativen" Wege sei – vielmehr dienen diese Namen als „Losung", um durch deren Ebenen zu gelangen und (ähnlich wie bei Rumpelstilzchen) hat die Kenntnis des Namens *befreiende* Kraft.

Yama: Bote Kals, Todesengel.

Yuga: Zeitalter oder großer Zyklus; die vier Zeitalter heißen *Sat Yuga*, *Treta Yuga*, *Dwapar Yuga* und *Kali Yuga* für das goldene, silberne, kupferne (oder bronzene) und eiserne Zeitalter. Eintausend Yugas bilden ein *Maha Yuga*, und die Zeit eines Maha Yugas wird ein Tag Brahmas genannt und dauert Milliarden von Erdenjahren.

Die Erläuterungen gehen auf die Terminologie von *Sant Mat* zurück, sowie auf Dr. Julian P. Johnson: *The Path of the Masters*, Radha Soami Satsang Beas, 1977.

Literaturhinweise

Heiner Braun-Urban, *Der Mensch stammt nicht vom Affen ab*, R.S. Schulz

Viktor E. Frankl, *Das Leiden am sinnlosen Leben*, Herder + *Der Wille zum Sinn*, Piper

K.O. Schmidt, *In dir ist das Licht*, Drei Eichen

Menachem Mendel Schneerson, *Den Himmel auf die Erde bringen*, O.W. Barth

Kirpal Singh, Karma - Das Gesetz von Ursache und Wirkung, Origo/SK Publikationen

Darshan Singh, *Spirituelles Erwachen*, Knaur/SK Publikationen

Rajinder Singh, *Die Weisheit der erwachten Seele*, Urania

Einige Bücher des Übersetzers

Geheime Herrscher der Welt-Die Meister von Licht und Dunkel, Hugendubel
Das magische Tor-Initiation in die inneren Welten, Hugendubel
Licht in der Stille-Ein Stundenbuch zu Sterben und Leben, Urania
Die Deutung des Horoskops-Astrologisches Grundlagenbuch, Urania
Was lehrte Jesus wirklich-Die mystische Botschaft der Bibel, Goldmann
Karma und freier Wille im Horoskop, Chiron Verlag

Bestellungen aller erwähnten sowie weiterer Bücher von Kirpal Singh, Darshan Singh und Rajinder Singh über jede Buchhandlung oder über SK Publikationen Hof, Ludwigstr. 3, D 95028 Hof; Tel. 09281-87412, Fax 09281-142663; skp.de@sos.org

Hinweis für spirituelle Suchende LeserInnen

Jyoti- und Shabd-Meditation (Licht- und Klangmeditation nach Kabir) Informationen zu der im Text von Kabir erwähnten spirituellen Verbindung mit dem inneren Licht und der inneren Musik sowie dem Simran, zu einem kompetenten Meditationslehrer und zur Initiation auf diesen Weg erhalten Sie über Helga Kammerl, Jägerberg 21, D-82335 Berg, Tel. 08151-50449, Fax 08151-953345; Mail WDSZentrum@t-online. de; über www.sos.org oder beim Herausgeber über den Verlag. (Es geht bei diesem Weg *nicht* um die Lichtschimmer des Gemüts oder der Astralebene, sondern um eine spezielle Meditationsweise, wie sie nur von einem kompetenten Lehrer gezeigt und mit seiner geistigen Anleitung durchgeführt werden kann. (Das ist wohl der Grund, warum zur Unterscheidung zu vielen anderen „Licht"-Meditationen neuerdings der spezifische Begriff „Jyoti-Meditation" für die Lichtmeditation für Interessenten sowie „Shabd-Meditation" für den Simran (s.Glossar) und den inneren Klang für die, die auf diesem Weg eingeweiht worden sind, verwendet wird.)

ༀ ༀ

Zum Herausgeber des Sophia Verlags

Wulfing von Rohr ist Kultur- und Religionsforscher, war zwei Jahrzehnte Fernsehproduzent für ZDF und ARD; ist Herausgeber, Übersetzer, Autor und Koautor in den Bereichen Mythologie, Spiritualität, Lebenshilfe, Meditation und Naturheilkunde, sowie Firmenberater. Er ist Mitglied in der Internationalen Gesellschaft für Tiefenpsychologie, im Berufsverband Deutscher Yogalehrer und in der Marienbruderschaft Großgmain. Er ist 1. Vorsitzender des Life Forum e.V. für Völkerverständigung und Kulturaustausch. W.v.Rohr war Organisator der internationalen Friedenskonferenz München 1999 und ist Moderator internationaler und interreligiöser Tagungen und Leiter von Fortbildungslehrgängen. Im Rahmen von „Media Services International" und der „Spirituellen Werkstätte" arbeitet er in Bergen, Oberbayern sowie am Marienheilzentrum Groß-gmain; er lebt bei Klosterneuburg, NÖ und in Bergen, Obb. Tel/Fax: +49-(0)8662-5842; E-Mail: wulfing@12move.de - Website: www.wulfingvonrohr.de

ℰↃ ℭℬ

Sophia Verlag Bergen
Wichtige spirituelle Bücher

Erscheinen für 2002/3 vorgesehen

(Änderungen vorbehalten; alle Angaben sind nur vorläufig):

Rabbi Tzvi Freeman (Hg): Ein Buch der Antworten –
Lebensweisheiten der jüdischen Mystik von Rebbe Menachem Mendel Schneerson. Die neue Folge zu „Dem Himmel auf die Erde bringen".
96 Seiten, € 12 ISBN-Nr. 3-935698-13-5

Kabir: Wach auf, warum wachst du nicht wenigstens heute auf!
Mystische Gedichte zum Leben und zur Meditation.
40 Seiten, Broschurheft, € 6 ISBN-Nr. 3-935698-12-7

Wulfing von Rohr: Geheimnisvolle Palmblätter –
Ist unser Leben Schicksal oder Zufall, Karma oder freier Wille?
Von Palmblattbibliotheken und heiligen Schriften. Bearbeitete Neuauflage eines Grundlagenbuchs zu Sinnfragen des Lebens, das unter dem Titel „Es steht geschrieben" in drei Auflagen erschienen und dann vergriffen war.
128 Seiten, € 14 ISBN-Nr. 3-935698-04-6

Das spätere Programm sieht diese Texte vor:

Pfarrer Herbert Josef Schmatzberger
Diana-Maria-Sophia: Eine neue Sicht von Religion und Mythos

Pfarrer Herbert Josef Schmatzberger
Das Aszendentenbuch – Astrologie und Mythologie

I Ging für das neue Zeitalter
Orakel und Weisheit Chinas in moderner Sprache und Deutung

Das fünfte Evangelium
Einweihungsworte Jesu Christi für seine engsten SchülerInnen
in den Worten des Thomas-Evangeliums

Ich bin die Sonne, du bist der Mond
Meditationstexte der Sufis

ༀ ༀ

Wulfing von Rohr

Geheimnisvolle Palmblätter

Ist unser Leben Schicksal oder Zufall, Karma oder Chaos?
Was in Palmblattbibliotheken und Heiligen Schriften
geschrieben steht.

Ein grundlegendes Buch zu den uralten Fragen nach dem Sinn des
Lebens. Eine Erkundung, ob das menschliche Leben von Vorher-
bestimmung oder vom freien Willen geleitet wird: können bzw.
müssen wir Verantwortung übernehmen, oder ist „sowieso alles
schon gelaufen"? Unglaubliche Phänomene der Zukunftsschau,
bewegende persönliche Erlebnisse und faszinierende Welt-sichten
werden hier spannend und anschaulich dargestellt. Eine zeitlose
und für jeden nachvollziehbare geistige Reise zu den Lebensfragen
der Menschheit – mit einem lebensnahen und im Alltag anwend-
baren Ergebnis: jeder Mensch hat den Schlüssel zum Sinn bereits in
sich und muß ihn nur noch finden und nutzen.

Aus dem Inhalt:
- o Eine Bibliothek der Zukunft? Das Rätsel der indischen
  Palmblätter
- o Chaos und Karma, Zufall und Schicksal
- o Lesen im Goldenen Buch: Vom Orakel in Delphi zur
  Moderne *
- o Der Mythos von der einen Weltformel
- o Das Mal auf der Stirn, das Licht auf dem Weg: Mystik im
  Christentum
- o Bewusstsein und Freiheit
- o Es steht geschrieben ...

ISBN-Nr. 3-935698-04-6 € 14